中国新经济
蓝皮书
研究报告之一

传统文明向现代产业的历史跨越

——中国沉香产业发展研究报告

裴长洪　吴涤心 ◎主编

中国社会科学出版社

图书在版编目(CIP)数据

传统文明向现代产业的历史跨越：中国沉香产业发展研究报告／
裴长洪，吴滁心主编.—北京：中国社会科学出版社，2017.1
ISBN 978 - 7 - 5161 - 9545 - 1

Ⅰ.①传…　Ⅱ.①裴…②吴…　Ⅲ.①沉香—产业发展—研究
报告—中国　Ⅳ.①F426.77

中国版本图书馆 CIP 数据核字(2016)第 307121 号

出 版 人	赵剑英
责任编辑	王　衡
责任校对	朱妍洁
责任印制	王　超

出　　版	中国社会科学出版社
社　　址	北京鼓楼西大街甲 158 号
邮　　编	100720
网　　址	http://www.csspw.cn
发 行 部	010 - 84083685
门 市 部	010 - 84029450
经　　销	新华书店及其他书店

印　　刷	北京君升印刷有限公司
装　　订	廊坊市广阳区广增装订厂
版　　次	2017 年 1 月第 1 版
印　　次	2017 年 1 月第 1 次印刷

开　　本	710 × 1000　1/16
印　　张	19
字　　数	228 千字
定　　价	75.00 元

编委会

目　录

第一篇　结缘识沉香

引言：沉香小故事

沉香，是置之死地而后生的灵树结晶，经伤痛、治愈、香生、木寂，是自然界罕有的一场"大修行"。它是大自然馈赠人类改造生命、提升心境最美妙、最神奇的珍贵物质，自古以来都享受着极为尊贵的待遇。沉香是极为稀少的香料资源和珍贵药材，自古就被列为众香之首，被誉为"万香之王"。沉香是千年神木，史上罕见，被评定为旷世奇珍。因其珍贵，民间流传着一些关于沉香的神话和经典故事。

神话故事：沉香救母

中国民间有个"沉香救母"的神话故事，故事情节大致是这样的。汉代有个书生叫刘向，他上京赶考，顺路登华山一游。山上有座神庙，庙神华岳三娘是一位美丽善良的仙女，自从被王母派遣到华山后，一直过着孤独寂寞的生活。这天，她正在庙中轻歌曼舞，消磨时光，突然发现一个书生跨进了庙门。她急忙登上莲花宝座，化为一尊塑像。走进大殿的刘向，一眼就看到了三娘俊丽、温柔的塑像，他被深深吸引住了，心想要是能娶她做妻子该多幸福啊！可惜这只是一尊没有情感知觉的雕像，刘向怀着深深的遗憾，抑制不住内心的激动，取出笔墨，深情地在墙上抒写了自己对三娘的爱慕之情。

三娘默默地看着这一切，心中不禁百感交集。面前这个书生英俊倜傥，文采斐然，他对自己满怀深情，而自己又何尝不被他深深吸引，又何尝不爱恋他呢？可是，一个是上界仙女，一个是下方凡人，又哪能缔结姻缘呢？目送怅然离去又依依不舍的刘向，三娘再也不能平静了。她沉吟再三，终于决定不顾天条禁令，要与刘向结为夫妻。于是，三娘便化为一民间女子，追上刘向，向他道出真情。二人两情依依，结为伉俪，恩爱难分。无奈考期已临，刘向要进京赶考，惜别之时，华岳三娘已有孕在身，刘向拿出一块祖传沉香给华岳三娘，反复叮嘱，日后生子便叫"沉香"。

刘向一举中榜，被任命为扬州府巡按。然而就在他走马上任之时，华岳三娘却遭难了——她因触犯天条被二郎神捉拿压在了华山黑云洞中。三娘在暗无天日的洞中生下了儿子沉香，为防不测，她偷偷恳求夜叉，将儿子送到扬州，留在其父刘向身边。沉香渐渐懂事了，知道了母亲被压在华山下受苦，就一心想救出母亲三娘。他把想法对父亲说了，无奈刘向只是一介文弱书生，只能叹气摇头。于是沉香便独自离家，去找母亲。他历经了千辛万苦，终于走到了华山。可是母亲在哪里呢？这个只有 8 岁的孩子，不知所措，放声大哭起来。凄厉痛苦的哭喊声在空谷回荡，惊动了路过此地的霹雳大仙。好心的大仙问明情由，深为善良的三娘和受苦的孩子鸣不平，可是他也无可奈何，只好将沉香带回自己的住所。沉香在大仙的指点下刻苦学习，渐渐学会了六韬三略、百般武艺、七十三变。16 岁生日那天，沉香向师父辞行，要去华山救母。大仙称他有志气，并赠给他一柄萱花开山神斧。

沉香腾云驾雾，来到华山黑云洞前。他大声呼唤娘亲，声声穿透重重岩层，传入三娘耳中。三娘不由心神激荡，百感交集。她知儿子已长大成人，一片孝心来救自己，激动不已，就将沉香唤到洞前。三娘自知哥哥二郎神神通广大，儿子沉香又年幼，哪里是他的对手呢，所以，三娘叫沉香去向舅舅求情。沉香飞身来到二郎庙，向二郎神苦苦哀求。谁知二郎神铁石心肠，不但不肯放出三娘，反而舞起三尖两刃刀，要向沉香下手。

沉香怒不可遏，觉得二郎神欺人太甚，便抡起神斧，与他打起来。两人云里雾里，刀来斧往；山里水里，变龙变鱼。他们从天上杀到地上，再从人间杀回天宫，直杀得山摇地动，江翻海倒，天昏地暗。这件事惊动了太白金星，他派了四位大仙去看个究竟。四仙姑在云端里看了一阵，觉得二郎神身为舅舅，如此凶狠地对待一个孩子，太无情无义，于是相互使了眼色，暗中助沉香一臂之力。沉香越斗越勇，越战越神，二郎神再也招架不住，只得落荒而逃。

沉香立即飞回华山，举起萱花开山神斧，奋力猛劈。只听得"轰隆隆"一声巨响，地动山摇，华山裂开了。沉香急忙找到黑云洞，救出了母亲。整整 16 年，受尽了苦难的三娘才重见天日，她与儿子紧紧抱在一起，百感交集，泪流满面。后来，二郎神也向三娘、沉香认了错；沉香被玉帝敕封了仙职，从此，三娘、刘向和他们的英雄儿子沉香一家三口，永远幸福地生活在一起啦。

在这个故事中，沉香作为贵重的"定情"礼品出现，以历经磨难、不惧压迫、敬父孝母的故事主人公形象出现，体现了中国文化中珍视爱情、重视孝道的民族品质，人民群众对家庭成员、和谐幸福生活的向往和对历经磨难方显尊贵精神的推崇。

历史故事：关羽的沉香身躯

沉香在古代也是高贵地位的象征。《三国演义》一书中记载：关云长败走麦城，被吴将俘杀。孙权恐刘备与诸葛亮复仇，派人将关羽首级送给曹操，意欲嫁祸。曹操也知道孙权的计谋，但又敬重关羽忠义，便命人用沉香木雕刻关羽的身躯，与首级合一，以王侯之礼祭葬于洛阳城南。

按《三国演义》的记载，曹操对于关羽的尊敬与喜爱是毋庸置疑的。当年关羽和刘备失散时，曹操为了留住关羽，三日一小宴，五日一大宴；既赠赤兔宝马，又饶恕其过五关斩六将之罪。关羽亦以释放曹操于华荣道来回报曹操的知遇之恩。因此，除了政治上的考虑之外，曹操确实有心以王侯之礼埋葬关羽，见到关羽只有首级而没有身躯，便为他打造了尊贵的沉香身躯。曹操在这种情况下选择使用沉香，由此可以了解到沉香的高贵。

文化故事：沉香亭前赏牡丹，诗仙醉酒成名篇

陶弘景《名医别录》（公元502—506年）中，就把沉香列为中药中的"上品"。到了隋代，沉香又被皇室、皇族大量使用于饰品及建筑装潢上。到了唐朝，皇宫和大臣之家多有沉香亭、沉香阁、沉香柱、沉香床，人们用香炉烧沉香，取其久之不散的香味，驱宫内阴秽之臭气。唐玄宗、杨贵妃与牡丹的故事甚多，最

著名的莫过于沉香亭前赏牡丹，为此，李白醉写《清平调词三首》，将牡丹与杨贵妃相比拟，花与人融为一体，情趣盎然，为世人所赞美。

据《杨妃外传》载，开元初年，唐玄宗、杨贵妃在宫中沉香亭前观赏变色珍品牡丹"娇容三变"，并让著名乐师李龟年领着16名优秀乐工执乐伴奏，还让著名歌女念奴唱歌，来为他们助兴。

念奴唱了几支歌，玄宗一听全是旧歌词，心中不悦，便对乐师李龟年说："速召翰林学士李白进宫，写出新词为我演唱。"

李龟年听说李白正在前街的一家酒楼上喝酒，便赶到此处，把已喝得酩酊大醉的李白搀下酒楼，扶上马鞍，接到了沉香亭。

唐玄宗见李白醉得不省人事，不能朝拜，也不怪罪，只让人铺好毯子，让他躺下歇息。但杨贵妃却急着听新词，她叫念奴端来一碗冷水，喷在李白的脸上。不一会儿，李白醒了，一见玄宗和贵妃，赶紧朝拜请罪。唐玄宗指着身边盛开的牡丹对李白说："朕召你来，只为朕与贵妃同赏牡丹，没有新歌相伴，故召学士来作新词。"

李白听了玄宗的旨意，用眼瞟了一下牡丹，马上索笔，一挥而就，便有了《清平调词三首》：

> 云想衣裳花想容，春风拂槛露华浓。
> 若非群玉山头见，会向瑶台月下逢。

> 一枝红艳露凝香，云雨巫山枉断肠。
> 借问汉宫谁得似？可怜飞燕倚新妆。

名花倾国两相欢，常得君王带笑看。

解释春风无限恨，沉香亭北倚阑干。

第一首是写玄宗的贵妃比牡丹还美，美得就像群玉山头王母娘娘身边的仙女。第二首写贵妃的美丽不仅赛过牡丹，而且还超过了巫山神女；就是那汉代的著名美人赵飞燕，也得画上新妆才敢与贵妃媲美。第三首是写牡丹与贵妃相互辉映，常使皇帝看不够；就是满怀春愁的人，看了名花与美人也会消愁的。

玄宗听着诗，品着味儿，知道这三首诗是赞美贵妃的，不由心中十分高兴。他命乐工伴奏、念奴演唱，因而才有沉香亭游赏、力士脱靴、贵妃捧砚、醉仙制新调成千古名篇《清平乐》的佳话流传。从此，清平调中的名句与沉香亭一道名噪天下，千古流芳。

报国故事：岳飞分赐沉香

继唐之后的宋更推崇沉香，他们不仅用沉香来制茶，而且还用来沐浴，有的还用于送终。也有古代术士以沉香木火化遗体，以求升仙羽化解脱，故宋代的街市便有出售沉香木的商店。大家熟知的《清明上河图》上便有商旗广告——"刘家上色沉檀拣香"字样。

黄元振《百氏昭忠录》载，岳飞有一天把沉香分赐给属下的官员，每人都获得了一块，但主管档案的黄纵得到的却最小。岳飞觉得分得太不均匀，便又将一包裹的沉香分给大家，可是这次黄纵得到的仍旧是最小的。岳飞总觉得未合自己的心意，但黄纵说："我只是单身投军，虽然分赐到沉香，也没有什么用处。"岳飞就说："我过去也喜欢焚香，不过只是在瓦炉中燃一般的柏香罢了，后来也抛弃了。有志气的男子要为国家建立功勋，怎么能老是想着个人的爱好呢！"大家都露出惭愧的神色。岳飞通过分赐珍贵的沉香激励众将士立功报国的故事就此流传。

宫廷故事：乾隆沉香狮子情

"泰山三宝"中的沉香狮子为一对，是乾隆皇帝于 1762 年御赐岱庙的。这对狮子后腿蜷坐于地上，尾巴高高翘起，双目圆睁，微微启口，显得生动可爱，树根的天然造型将狮子刻画得形神兼备。更值得一提的是，这两只狮子是用沉香精心雕刻黏合而成的，沉香的凹凸疙瘩自然形成了狮子的卷毛，造型栩栩如生。这对材质特殊的国宝，背后还有一个乾隆皇帝的浪漫故事，据说这件国宝和有着传奇身世的香妃有关。

香妃，这位美丽的维吾尔族女性，1760 年进入清朝后宫，7年之后被册封为贵妃，在宫中享有特殊地位，可是即便皇帝给她再多恩宠，生活在中原的香妃也从来不曾对乾隆动心，甚至冷若冰霜。后来为慰藉香妃思乡之苦，乾隆皇帝下令在后宫修建西域毡房，宫女太监全部换上维吾尔族服装，可香妃依旧一脸愁容，茶饭不思。无奈之下，乾隆命宫女太监带香妃出去散心，然而香妃在街上还是闷闷不乐，直到看到集市上的舞狮表演，才露出笑容。香妃的一颦一笑被暗中观察的乾隆看在眼里，据说从此以后乾隆对狮子便情有独钟了，后宫中的许多摆件饰品都有狮子的影子。

为什么香妃看到狮子会开心呢？原来，在古时中国并无狮子这种动物，只有几个靠近西亚边境的地方才有狮子的踪影。东汉明帝时，西域的疏勒国国王把一头狮子作为贡品献给汉明帝，然而猛兽养在深宫，平民很难见到，于是后来民间艺术家便开始用浪漫的图腾式装饰创作了一种狮子的形象。

有趣的是民间艺人描绘出来的狮子肩上有一双翅膀，身上刻画云纹或火焰纹，以显其神威，被人称为辟邪。然而狮子的这一艺术形象传到西域，当地人认为进献到中原宫廷的狮子变成了神物，长出翅膀，飞回了家乡。所以当远离家乡的香妃看到狮子，便嫣然而笑，其实是希望自己也像长了翅膀的狮子一样，逃出清朝后宫，回到家乡。可是，乾隆皇帝并不知道香妃的心思。没过几个月，乾隆皇帝登临泰山便御赐了这一对沉香狮子，其造型与舞狮中的狮子造型如出一辙，恐怕也是借用了舞狮的吉祥寓意，希望自己如狮子滚绣球，好事在后头吧。

总之，到了明清时期，宫廷王室崇尚用沉香制成的笔筒、木瓶、觥杯等工艺精细的摆件，特别是小巧玲珑的雕件，握在手里可以把玩，挂在身上可散香味，这种艺术品特别时尚。如鸳鸯暖手既可用于贵妇闺秀，又可作为夫妇、恋人之间爱情的信物。

宗教故事：佛说沉香显智慧

有一位年老的富翁，非常担心他从小娇生惯养的儿子，虽然他有庞大的家产，却害怕遗留给儿子反而给其带来灾祸。他想，与其将财产留给孩子，还不如教他自己去奋斗。富翁把儿子叫来，对儿子讲述自己如何白手成家，经过艰苦的奋斗才有今天。

富翁的故事感动了这个从未出过远门的青年，激发了他奋斗的勇气，他发誓：如果不找到宝物绝不返乡。

青年打造了一艘坚固的大船，在亲友的欢送中出海。他驾船遇到了险恶的风浪，经过了无数的岛屿，最后在热带雨林中找到一种树木，这树木高达十余公尺，在一片大雨林中只有一两株，砍下这种树木经过一年时间让外皮朽烂，留下木心沉黑的部分，会散发一种特别的香气，把这种树木放在水中不像别的树木那样浮在水面而是会沉到水底去。青年心想，这真是宝物呀！

青年把香味无以比拟的树木运到市场出售，可是没有人来买他的树木，他非常烦恼。偏偏在青年隔壁的摊位上有人在卖木炭，那小贩的木炭总是很快就卖光了。刚开始的时候青年还不为所动，但日子一天天过去，他的信心终于动摇了，他想："既然木炭这么好卖，为什么我不把香树变成木炭来卖呢？"

第二天他果然把香木烧成木炭，挑到市场，一天就卖光了。青年非常高兴自己能改变心意，他得意地回家告诉他的老父，老父听了，忍不住落下泪来。原来，青年烧成木炭的香木，正是这个世界上最珍贵的树木"沉香"，只要切下一块磨成粉屑，价值就超过了一车的木炭。

这是佛经里释迦牟尼说的一个故事，他告诉我们两个智慧：一是许多人手里有沉香，却不知它的珍贵，反而羡慕别人手中的木炭，最后竟丢弃了自己的珍宝；二是许多人虽知道成圣成贤是伟大的心愿，一开始也有成圣成贤的气概，但看到做凡夫俗子最容易、最不费功夫，最后他就出卖了自己尊贵的志愿，沦落为凡夫俗子了。人生最大的缺憾就是和别人比较，和高人比较使我们自卑，和下人比较使我们自满。外来的比较是我们心灵动荡不能自在的原因，也使得大部分的人迷失了自我，障蔽了自己心灵原有的氤氲馨香。

地名故事：香港名称来源

1843 年 4 月 5 日，《香港宪章》签署，正式宣布香港为英国的殖民地。

香港地名的由来与沉香关系密切。古时，香港所属的东莞一代以人工种植沉香闻名于世。据宋代人记载："昔之香生于天者已尽，幸而东莞以人力补之……盖以人力为香，香生于人者，任人取之，自享其力，鬼神不得主之也。"而"以人力补之"的沉香，本出交阯（今越南），移植广莞，而于莞土尤宜。

莞香兴盛的主要原因，一是地理环境适宜，所谓"粤南称众香国……越莞则如橘与枳矣，盖未知其独宜莞土也"。二是种植技术成熟，当地人"凿香贵以时"，深知：春天气候湿润，采收的莞香多水气；夏季气候炎热，采收的香料较干燥；秋冬季节，气候转凉，精华内敛，香气最为纯正。

莞香集散转运之地尖沙头（今尖沙咀），今也称"香埠头"，石排湾（今香港仔）今也称"香港"，香港地名即由此而来。

第一篇

❖❖❖

结缘识沉香

第一章 揭开沉香神秘面纱

沉香香气高雅、浓郁芬芳，为万香之首，自古就是备受皇家贵族珍爱之香品。沉香还是一味名贵中药材，其味辛、苦，性微温、无毒，具有通关开窍、畅通气脉等功效，能行气止痛、温中止呕、纳气平喘。沉香香气独特，能定心安神、灵通三界，为熏香佳品和宗教供奉圣品。沉香以其稀有和珍贵自古以来就被披上神秘的面纱，世间凡人难以企及，更无法认识。本篇尝试揭开蒙在沉香身上的千年面纱，让大家来了解和认识高贵的沉香。

第一节 缘识沉香

沉香是一种植物类香料，是一种名贵的中药材，因其珍贵，被誉为"植物中的钻石"和"万香之王"。近年来，伴随沉香热的兴起，沉香的概念在市场所谓"专家"和一些不明就里的媒体的宣传下呈现似是而非的泛化态势，人们将沉香、沉香木（材）甚至沉香树混为一谈。为了正确认识沉香，促进沉香市场的健康发展，急需理清沉香及其相关概念，以便引导业内人士规范使用。本章的主要任务是介绍沉香基础知识及相关概念。

一　沉香的身世

沉香在中国有着悠久的历史，但沉香命名的源起以及何为沉香，目前几乎没有人能说清楚，也许坊间传闻是一种质朴的解释。关于沉香，有这样一个传说：古人发现一种高大的树，其中有些部分完全不同于树体本身，或者脱离在地，或者暗结于内，焚烧后异香扑鼻，很是有趣。更令人吃惊的是，这部分香料放于水中，居然入水即沉，因此，人们把这种既能沉水又能发出异香的香料定名为"沉香"。当然，这是人们以传说的形式来表述对沉香的认知，即沉香来源于一种香树，但与树体本身又完全不同。在文字记载方面，西晋嵇含的《南方草木状》中有载："交趾有蜜香树，干似桂柳，其花白而繁，其叶如桔。欲取香，伐之经年，其根干枝节，各有别色也。木心与节坚黑，沉水者为沉香。"这是以文字形式为沉香定名的记录，与传说中的来源于香树以及"香"和"沉水"的特征一致，都反映了古人对沉香朴素的认知。

沉香香品高雅，而且十分难得，自古以来即被列为众香之首。那么沉香到底是什么呢？有学者为沉香做了定义性的表述，如国内部分学者认为沉香是瑞香科（Thymelaeaceae）沉香属（Aquilaria）的部分种（已知 25 种）和拟沉香属（Gyrinops）的部分种（已知 7 种），以自然、微生物或人工方式使之发生生物化学过程形成的带有香味的木材。[①] 国外学者 Eurlings 认为，沉香是瑞香科沉香属或拟沉香属植物含树脂的木材，是树体受伤之后分泌出来

---

① 黎建雄、马华明：《白木香产香研究进展》，《林业实用技术》2010 年第 3 期，第 38—39 页。

的油脂成分和木质成分的固态凝聚物。可见，国内外学者都认为沉香是一种含有树脂且能散发香味的木材；也就是说，尽管沉香在形态上是木头，且是烂木头，但沉香并不是沉香树的必然产物，因而，沉香并不是木头，而是一类特殊的香树"结"出的，混合了油脂（树脂）成分和木质成分的固态凝聚物，是沉香树体历经伤害及系列异化后的产物。

二　沉香的面目

沉香是瑞香科植物白木香树 Aquilariasenensis（Lour.）在受到自然界的伤害如雷击、风折、虫蛀等，或是受到人为破坏以后在自我修复的过程中分泌出的油脂受到真菌的感染所凝结成的分泌物（树脂）和其含有的木质成分的固态混合物。沉香有广泛的传统医药价值，如镇静、强心、祛风、减缓胃部疼痛、镇咳、祛风湿和退烧等。除药用外，沉香还是名贵的天然香料和佛教用品。在全球不同地区沉香的称号有很多，在中国称沉香（chenxiang），其他国家和地区称 Aloeswood、Agalloch、Eaglewood、Jinkoh、Gaharu 和 Kanankoh 等。全球约有 15 种沉香属植物由产生芳香芯材而闻名，这些树种主要分布于印度、东南亚、巴布亚新几内亚和中国（主要为海南和广东）等地。传统上，人们通常依据含油量将沉香划分为四个等级：一等沉香无白木，含油量十足；二等沉香少白木，含油量占 70% 以上；三等沉香白木稍多，含油量占 50%—70%；四等沉香白木较多，含油量只占 20%—50%。在药用上，含油量十足的沉香为特等，含油量 70% 以上的为上等，含油量 50%—70% 的为中等，含油量为 20%—50% 的为下等。国际上，一般含油量 20% 为沉香入药的标准；在中国含油量在 15% 以上即可入药。

三　沉香的香味

沉香的香气主要分为如下几种，并可由此区分其优劣。我们一起来感受一下沉香的香味。

（一）甜香

沉香的香气最明显的自然是甜香，甜香可谓沉香最重要的感官享受。不同的沉香所具有的甜香也有所不同：甜味偏清者会在发甜的同时产生一种清幽之感，如果细细去感受香气的走向，会感到香流从鼻腔进入后幽幽直上，有种甜感冲上头顶直达百汇的感觉，令人闻后立刻有精神为之一振的愉悦感受；甜味偏浊者则更具蜜感，令人感受到香味沉稳踏实，甜感醇厚，入鼻后香流并不上行，转而凝聚于鼻腔后部，具有令人口中生津、心神宁静的作用。

（二）乳香

沉香一般具有不同程度的乳香，常与甜香相伴。乳香也称沉香的"奶味"，是一种柔和浓郁的油脂香气。一般而言，产自印尼的沉香奶味较浊，偏向于乳味和脂香，比较浓郁厚重；而国内沉香和越南沉香奶味相对较淡，且奶味中常带有熟坚果的醇香。

（三）清凉香

沉香还会带有凉味，这种凉味一般又伴随甜味一起发挥，类似薄荷散发出的清凉香气。细细品味，会感受到香气进入鼻腔后在舌根部、喉上部等位置产生丝丝清新的凉意，令人有通鼻省神之感。甜、凉两味相互交融，凉味隐于甜味之后，清幽舒爽，淡淡体现，给人以品香的愉悦感。

（四）果仁香

一般好香在品香的尾香期会表现出浓郁的果仁香，这种香气凝聚在鼻中久而不散，令人有食欲大振的感觉。一般沉香如果不上炉加热就很难闻到其果仁香，但也有例外者，如惠安东区所产之棋楠在常温下也可闻到果仁香，其中隐隐带有药味，所以也称为"人参味"。

（五）花香

沉香的花香是一种融合了沉香的"凉"和"甜"的气味，因香气像花朵散发出的清新花香而得名，有时又类似于青草香。产自中国香港地区的沉香多有这种独特香味。

（六）辛麻感

沉香香气中的辛麻感一般出现在品质较高的沉香或者棋楠中。辛麻感严格来说并不是一种嗅觉感受，它更接近触觉感受。咀嚼好沉香时口腔会有一种麻辣的感觉不断扩散，棋楠更甚。好沉香尤其是棋楠在加热后会散发出一种带有丝丝辛麻感的特殊气味，这种气味往往被香友们称为"棋韵"。这种辛麻感也是辨别好沉香和棋楠的重要标志，其中海南所产的沉香以其强烈的辛麻感而闻名。

四　沉香的本性

沉香的形成是一个长期、复杂的积累和演变过程，不同产地的沉香化学成分不同，如进口沉香和广东沉香是以芳香族化合物为主要成分，而海南沉香则是以倍半萜类物质为主要成分。另外，不同的结香方法形成的沉香化学成分也有所不同，如利用"刀砍法"形成的沉香化学成分与天然沉香相似，而化学刺激法所结沉香的 2 - （2 - 苯乙基）色酮类化合物含量明显高于倍半萜类物质。

沉香的本性决定于沉香的成分结构，近现代以来，随着研究手段和技术的进步，人们开始研究沉香的化学成分结构。国外自 20 世纪 30 年代就开始对沉香的化学成分进行研究，国内研究则始于 20 世纪 70 年代。目前的研究测试结果表明：沉香的主要成分有倍半萜类化合物（挥发性成分）、2 - （2 - 苯乙基）色酮、三萜类、芳香族类物质。不结香的健康沉香木材组织中不含沉香倍半萜类和苯乙基 - 色酮类成分，主要含有脂肪酸及烷烃类物质如棕榈酸、十八碳二烯酸 - ［10，12］ - 酸和十八碳 - ［9］ - 酸等。截止到 2011 年年底，国内外专家从沉香中分离得到 132 种化合物，其中倍半萜类化合物有沉香螺醇（agarospirol）、沉香醇（agarol）、石梓呋喃（gmelo - furan）等 69 种，占总数的 52%；色酮类有 6 - 羟基 - 2 - （2 - 苯乙基）色酮（AH3）、6 - 甲氧基 - 2 - （2 - 苯乙基）色酮（AH4）、6，7 - 二甲氧基 - 2 - （2 - 苯乙基）色酮（AH5）等化合物 54 种，占总数的 41%；另外还含有少量的脂肪酸和烷烃等成分。

五　沉香的秘密

沉香在组织结构上包括韧皮部（筛管、油管、油线）、导管、射线和木纤维几个部分。韧皮部一般与木质部相联合，构成维管植物的维管系统。它和木质部一样是由多组织所组成的复合组织，其主要功能是运输有机物。导管指维管植物木质部由柱状细胞构成的水分与无机盐长距离运输系统，存在于木质部，运输水和无机盐。射线来源于形成层中的射线原始细胞，由射线薄壁细胞组成；存在于植物的次生木质部，是一种贮藏组织，起横向输导养分作用。木纤维在植物体中主要起支持作用。

沉香的结香进程如下。首先，有机物（油脂）在受伤后的韧皮部（筛管、油管）聚集。其次，随着韧皮部的有机物不断聚集、饱满、充盈，开始逐步沿着导管和射线向木纤维输送、储存、聚集。再次，伴随射线原始细胞和导管中有机营养物质储存量的逐步增加，开始向木纤维组织细胞渗化、聚合，使木质部也逐渐储满有机营养物。最后，本来只是输送水和无机盐的导管也逐渐积累、充盈剩余的有机物，致使导管彻底堵塞。至此，结香过程结束。

沉香结香的进程或阶段决定了结香的程度和有机营养物（油脂）含量的多少。一般情况下，能完成木质部结香阶段的沉香已经是上好沉香了；若能完成最后一步，定是最好的沉香。因此，沉香的所有秘密都隐含在这里。

六　沉香的品级

（一）依产地分

一般而言，沉香品级是依产地、香气及树脂的含量而分。同一种沉香树，在不同产地出品，往往香气差异颇大，此现象是否与微生物、环境因子等有关，值得进一步探讨。在印度、泰国、越南、柬埔寨及中国海南等处生产的沉香有诸多被认为品级较高；马来西亚的产品一般被认为是中等品；而印尼、巴布亚新几内亚等地产品的品级大致被认为较低。

（二）按比重分

在韩国和日本，树脂含量超出 25% 的沉香才能药用；在中国则被定为15%以上即可。沉香原木之比重约为0.4，沉香中油脂的含量不同，其比重差异较大。沉香比重的变化可以判定含油量，一般将其分为沉水和不沉水两种。之所以沉水，是因为所含油脂（香脂）较多，比重增大，故而沉水，价格也较不沉水者高出很多。明代《本草纲目》则按沉水的程度，将之分为三类，"能沉水者名沉香，亦曰水沉；半沉者为栈香；不沉者为黄熟香"。

（三）按含油量分

沉香专家指出，自古人们就将沉香划分为四个等级：一等沉香无白木，含油量十足；二等沉香少白木，含油量占70%以上；三等沉香白木稍多，含油量占50%以上；四等沉香白木较多，含油量只占20%以上。

（四）依色泽分

有关沉香的颜色分级，众说纷纭。一般均认为色黑有光泽者为上品，据陈让的《海外逸说》记载，沉香颜色有五种：第一级为绿色，第二级为深绿色，第三级为金黄色，第四级为黄色，第五级为黑色。在一般认知中，以为沉香树脂的颜色为黑色，但其实树脂含量较高的沉香中，黑色反而少见。

沉香在燃烧前几乎没有香味，其树脂浓度越高者，燃烧时的香味越是醇而温和且不具辛、苦之味；推测原因不外是原有植物纤维等在燃烧时可化成辛、苦味之物质，含量越多，其味越浓。

（五）依特殊品质分

一般沉香质地坚硬，而另有一种却质软而性糯，刀刮之碎屑能捻捏成丸，嚼之则黏牙，树脂含量较一般沉香高，有史以来量少而质优，世人以伽楠、奇南或琪南香而称之。伽楠香燃烧之香味均远佳于一般沉香，加上其稀少珍贵，在分级时，通常自成一格。

七　沉香的生成机理

沉香的形成是一个长期积累和演化的过程，健康的沉香树是不会结香的，只有在受到自然或人为因素伤害后才会分泌油脂而结香。沉香的生成总是与伤痛相伴，沉香树受伤后，由于真菌的侵入而使其薄壁组织细胞内的淀粉产生一系列的化学变化，最后形成香脂，凝结于木材内，这就是沉香的结香原理。

在中国民间，人们早就知道不是所有的白木香树都能结香。据古籍记载，处于自然山林中的白木香树"有香者百无一二"[①]；且有"因蠹隙而结者""因木朽而结者"和"乃刀斧伐仆膏脉结聚者"的记载。在广东沉香产区，还流传着"一年砍面，二年烂面，三年落面，四年红面"的歌谣。也就是说，在自然条件下，健康的沉香属植物（包括橄榄科、樟树科、瑞香科和大戟科四大类）如果没有遭受自然因素（雷劈、风吹、虫蛀等）或人为因素（砍伤或砍倒等）的伤害，不会生成沉香；只有树体在受到外界伤害，如虫蛀、雷劈、风断、伤病、微生物侵害或机械损伤等刺激后，沉香树才会在伤口处形成树脂，浸润木质部，再经多年的沉积才有可能结成沉香，表现为白色木材慢慢转化为黄褐色或黑褐色。关于沉香生成的过程及其机理主要有以下三种观点。

（一）真菌感染病理说

关于沉香生成，最早存在的假说是"真菌病理说"，而且有众多的学者支持真菌感染病理假说。他们认为沉香是真菌侵染的

---

① （北宋）寇宗奭：《本草衍义》，张丽君、丁侃校注，中国医药科技出版社2012年版，第53页。

产物，强调的是真菌侵染在沉香形成过程中的作用。最初的研究者也通常以观察沉香树树势的衰败状况或其他具有指标性的病象来判断树体是否有沉香。支持该观点的学者们认为，沉香的形成是由于树干受损伤后被真菌侵入寄生，在真菌体内酶的作用下使木薄壁细胞存的淀粉发生一系列变化，形成香脂，经过多年沉积而得沉香。研究者们通过模拟病理条件，接种从染病树体分离所得的菌株，发现附球菌、可可球二孢菌、曲霉菌、芽枝霉、镰刀菌、青霉菌、毛霉菌、木霉菌、色二孢菌、尖孢镰刀菌等微生物与沉香的形成有关。但是对以上真菌为沉香形成主因的假设进行的研究，均未达到稳定高效结香的效果。

（二）创伤病理说

民间业者历来以传统方法将沉香树干近土三尺处挖孔（直径10厘米、深6厘米），即以土密封，经数年后打开，取其积存凝结的沉香，此乃古法所谓"开香门"。该方法有时有效，但也有效果不明显的情况。有些研究者据此认为，创伤是沉香形成的主要原因，而真菌感染是次要因素，这就是创伤病理说。Rahman等[1]从马来西亚沉香木块分离真菌并接种于树体，结果表明沉香的形成是由开放性伤口引起的，并非由特定活性真菌产生。

有学者认为沉香受到物理伤害后出现两个明显的生理变化阶段：第一阶段是薄壁组织细胞内淀粉减少直至消失；第二阶段是在淀粉粒消失后，会有显著液胞化现象，并出现褐色小滴状物。在液胞化的过程中，发现空胞转化成耐高渗透压状态，

① Ranman M. A., Basak A. C., Agar Production in Agar Trees by Artificial Inocula-tion and Wounding Bano Biggyan Patrika, 1980.9 (1/2)：87 - 93.

他们推测可能与沉香形成有密切关系，在此过程中未发现任何真菌或菌丝。

也有学者发现芳香油脂主要集中于韧皮部，在沉香形成过程中还观察到有隔膜的真菌菌丝以及由内涵韧皮部的某些额外形成层进行异常的三生生长。异常的三生结构极有可能是由一些生理阻碍（如创伤、昆虫或真菌的侵染等）引起的，与沉香的形成有密切的关系。总之，持该观点的学者认为沉香是树体受到外来伤害或因开放性的伤口引起的，而并非因特殊的真菌产生的，健康未受伤害的树体不能产生沉香。

无论是真菌感染病理说，还是创伤病理说，都是基于沉香的形成与真菌感染有关的假说，都是在一定的条件下提出的理论观点，无法解释沉香在任意环境中都可以结香的真实原因，因而，目前依然没有充足的证据表明真菌感染是沉香形成的必要条件。

（三）防御反应说

生物受到外源性伤害，都会自动产生防御机制，如动物受伤，会有大量白细胞产生；水稻受到胡麻叶枯病菌侵害时，叶面会自动产生褐色斑点以阻止病菌无限扩大。沉香的形成也可能是该树对于创伤的防卫性反应。该观点认为，伤害或真菌侵染等均是作为"激发子"诱导了源植物产生防御反应，产生具有抑菌活性的防御物质，这些防御物质填充在植物的导管及木射线和内涵韧皮部的薄壁细胞内，阻塞了物质纵向与横向的运输，从结构上构建了物理屏障抵御外界物理、化学伤害或真菌侵染对植物体的进一步损伤，因而沉香的形成是由树体对外界创伤产生防御反应而引起的。该观点被认为是防御反应假说理论。

　　持防御反应假说主张的学者认为沉香的形成与沉香属树体受伤后木薄壁细胞组织学特性改变相关，伤害产生的生理变化诱导了沉香的形成。植物组织在树体受伤害后产生了两个明显的生理变化：一是木薄壁细胞内的淀粉呈现减少与消失的趋势；二是在淀粉粒消失的同时，出现了明显的空泡化特征，并出现褐色小滴状物质。而在液胞化的过程中，空泡中积累了大景嗜锇物质，进而细胞基质转化成嗜锇状态，这些嗜锇物质的产生与沉香的形成有着密切的关系。他们在研究中并未发现树体内存在任何真菌或菌丝，由此推断，"创伤"可能是形成沉香的重要因素。然而，沉香树的创伤，亦不能保证一定会有沉香形成，因此仍需进一步研究创伤在沉香形成过程中的作用。该观点认为伤害产生的生理变化诱导了沉香的形成，据此认为"创伤"引起的沉香树的防御反应可能是形成沉香的重要因素。

　　总之，不管是病理说、创伤说还是防御反应说，沉香形成都必须满足三个条件：一是树种必须是沉香属植物，且树干中有发育良好的树脂腺（一般为30年以上的树龄）；二是受到外界深达木质部的伤害且不能快速痊愈，伤害可能是来自自然界的风吹雷击、虫蚁噬咬，也可能是来自人工的刀斧伤害；三是受伤的伤口受到微生菌感染，产生病变、溃烂，激发树体启动自我防御机制，树脂异化为膏脂状结块，封闭四周组织以防止伤口继续扩散，这种树脂结成的块状体及其旁边的木质成分便是我们所说的沉香。因其生成的树种、环境、微生菌以及树木倒伏之处土壤性状不同等因素，沉香便有了各种各样的气味，并因此被冠以不同的名称。

八　清香示人，苦辛自知

沉香作为一种名贵的香料为人们所熟知，其独特清新的香气使无数人陶醉，但沉香究竟是如何而来，它在形成过程中又经历了些什么呢？依据沉香在形成过程中是否有人为因素的干涉，人们一般将沉香分为野生沉香和人工沉香两大类。

（一）野生（天然）沉香生成过程

野生沉香是指在自然条件下沉香树受到风吹、雷击、虫蚁噬咬等伤害而结成的香。野生沉香来自野外的天然树木或朽死枯木，在自然条件下形成沉香通常需数十年的时间，树脂含量高者更需要数百年的时间。因其结香形成时间一般较长，产量较少，品质上乘，故自古以来沉香就供不应求。

基于野生沉香结香成因的差异，人们又将其分为三种，即熟结、脱落、虫漏（又名蛊漏）。

图1—1　沉香

熟结指的是香树因为自身的病变而引起树脂分泌导致结香，也就是说没有通过外力使香树受伤而结香，这样就叫作熟结。

脱落指的是香树死后，死树因腐烂而结出的香。

虫漏指的是香树被虫蚁蛀蚀，在伤口附近结出的香。

这种分类方式是古人依据结香成因进行的分类。宋朝蔡绦在《铁围山丛谈》中记载，"谓之熟结，自然其间凝实者也"；"谓之脱落，朽木而解者也"；"谓之蛊漏，因伤蛊而后膏脉亦聚焉，故言蛊漏也"。其中"自然脱落为上，而其气和"，"蛊漏，则其气烈，斯为下矣"①。

明代的《本草乘雅半偈》中分析了这几类自然结香的原因："蛊酝者，因凿隙而结；脱落者，因水朽而结也……熟络者，因自腐而结也，故熟结一名死络。"②

清代纳兰常安在《宦游笔记》中也有关于虫漏的记载："香木枝柯窍露，大蚁穴其窍，蚁食石蜜，归而遗香其中，岁久渐渍，木受蜜气，结而坚润，则香成矣。"因此，采香时"见有蚁封高二三尺，随挖之，则其下必有异香"。

香农依据经验判断是否结香，首先看树干有无伤口、腐朽、残枝、断干、雷劈；其次看树势，正常情况下，出现枝叶枯黄、生长不旺盛、局部枯死等现象，大多数已结香。据此，香农总结出三句话："有伤疤有树瘤就有香"，"有虫蚁有洞口就有香"，"枝枯叶黄就有香"。野生沉香在生成过程中多是自然非人为因素致使树体受伤而结香。

① （北宋）蔡绦：《铁围山丛谈》，中华书局1983年版，第98页。
② 卢之颐：《本草乘雅半偈》，人民卫生出版社1986年版，第450页。

（二）人工沉香生成过程

人工沉香是生结沉香，是指在人为的刀劈、斧砍或其他致伤结香因素的作用下引致沉香树（包括天然和种植）所结的香。因野生沉香形成多为偶然因素，因而结香率低，产量少，无法满足需求。先人们在采集天然沉香的同时，在采集实践中，为了提高沉香产量也逐步总结出了人工结香的方法，但多限于简单的刀砍斧劈，以砍伤的形式使香树加速结香。《铁围山丛谈》中记载："人以刀斧伤之而后膏脉聚焉。"南朝宋沈怀远的《南越志》云："彼人取之，先断其积年老木根，经年其外皮干俱朽烂，木心枝节不坏，坚黑沉水者，即沉香也。"宋代寇宗奭的《本草衍义》中记载："盖山民入山，见香木之曲干斜枝，必以刀斫成坎，经年得雨水所渍，遂结成香。"① 宋代苏颂的《本草图经》中记载："欲取之，先断其积年老木根，经年其外皮干俱朽烂，其木心与枝节不坏者即是香也。"② 明代《本草乘雅半偈》中将人工砍伤结香的原因归结为："因斫凿而结者也。"③ 明代之后，人工结香方法中又增添了"火烙法"与"凿洞法"。清《崖州志》中记载："铁皮香者，皮肤渐渍雨露，将次成香，而内皆白木。土人烙红铁而烁之。"《东莞县志》载："凡种四五年，则伐其正干，正干者白木香也……又越三四年，乃凿香头，初凿曰开香门，凿数行如马牙。凿后用黄沙土封盖，使之复生……开后年年可凿。"种植经验表明，树龄越大，结香就越多；种菌期限越长，树脂凝结时

---

① （北宋）寇宗奭：《本草衍义》，张丽君、丁侃校注，中国医药科技出版社2012年版，第53页。

② （北宋）苏颂：《本草图经》，安徽科学技术出版社1994年版，第342页。

③ （明）卢之颐：《本草乘雅半偈》，人民卫生出版社1986年版，第450页。

间越长，结香质量就越好。人工沉香生成是由人为因素致使香树受伤而结香，与人的活动密不可分。

图1—2　沉香木

　　近现代以来，全世界野生沉香资源处于濒危状态，传统的普通结香技术所需的结香周期较长，往往需要数年甚至数十年，远远不能满足沉香市场的需求。人们基于对沉香结香机理的研究和认识，开始探索快速结香技术。目前，国内外常用的人工快速结香技术主要有物理伤害结香法（包括砍伤法、凿洞法、半断干法、断枝法、打钉法等）、接菌结香法、化学伤害结香法以及通体结香技术。通常情况下，人工培植的沉香一般不会等到沉香树株体泌油丰富后采集，而是会基于市场需求只要沉香树株体稍有油线即采收。因而，人工沉香在产量增加的同时其质量远远不如天然沉香，其在市场中的价格差异也较大。

九　沉香人工培育

　　当天然沉香形成的偶然性及长周期性已远远不能满足市场的需求，人们便开始使用各种人工"结香方法"促进沉香的形成，并且从未间断对沉香形成机制的探索。目前中国每年对沉香的需求量为550吨左右，其中约450吨要靠进口获得。

1. 自然结香

沉香树在自然生长状态下，健康的源植物树体并不能产生沉香，只有在受到自然界的虫蛀、病腐、风断、雷击、虫食等侵害后，造成树干枯烂、腐朽或死亡，这些受到外界伤害的部位往往能够结香。事实上，在实践中发现由自然因素引起的沉香树结香率较低，可谓"有香者百无一二"，大概只有10%左右的树体能产生野生沉香。随着市场对沉香需求的增加，野生沉香树资源遭到毁灭性的砍伐，野生沉香资源不断减少，濒临灭绝。自然结香的野生沉香目前越发稀少、罕见，身价倍增，甚至胜过百倍。自然结香的偶然性及其生成的长期性使得野生沉香产量极为稀少，无法满足市场的需求，促使人们开始探求人工结香方法。20世纪70年代以来，国内外开始探索物理伤害法、化学法、生物法等人工结香技术。

2. 物理伤害结香法

物理伤害人工结香法主要有砍伤法、半断干法、凿洞法、打钉法和火烙法。砍伤法是民间香农的经验方法，即在香树树干上用刀横向砍出伤面，露出木质部，大概到树干直径的1/3，或在树干上凿几个深2—3厘米、宽和高4厘米的方洞，到第四年在腐烂的木材下方能形成黄褐色或赤褐色的沉香。半断干法也是香农的经验方法，即在香树同一方向不同高度的树干上锯几个伤口，伤口之间的距离为30—40厘米，深度达树干直径的1/4—1/3，高3—4厘米，香农形象地称其为"开香门"，多年后在伤口下方能形成沉香。开香门时伤口必须具有一定的高度和深度，否则伤口附近会形成愈伤组织将伤口愈合填满，达不到形成沉香的目的。凿洞法也是中国香农常用的经验方法，即在从距离基部50厘米处至树冠下方的树干上用电钻打洞，圆形小洞贯穿树干，直径2—3.5厘米，上下洞口相距15—20厘米，几年后，在洞口周围的木质部内可以形成沉香。凿洞法易致沉香树死亡，是一种"掠夺式"的结香方法。打钉法就是用锤子将10厘米左右的铁钉打进树体，上下两个铁钉之间的距离为10—15厘米，几年之后在铁钉周围可以结香。火烙法就是用锤子将烧红的凿子凿穿树体，形成伤口，每排2—3个孔，每隔20厘米一排。火烙法是在凿洞法的基础上发展来的，比凿洞法破坏力度更大。

3. 化学法

化学法包括普通化学法和通体结香技术法。普通化学法也是香农经验方法，即用甲酸、硫酸和乙烯利等试剂处理白木香伤口，可刺激伤口，使其提早结香。国外学者也发明了用氯化钠、亚硫酸氢钠、氯化亚铁等对木质部细胞有伤害作用的化学物质结合打洞法诱导沉香属植物结香，大大提高了结香效率。通体结香技术是一种新型结香技术，即把植物激素（乙烯、茉莉酸甲酯、赤霉素）和化学试剂（铁盐、钠盐）以特定比例混合配成沉香"促香剂"，以输液方式滴入白木香树体内，通过树体本身的疏导组织，利用蒸腾拉力使液体随着水分的运输从树的基部延伸至树梢，最终在整株香树体内甚至树枝内形成沉香，达到通体结香的目的。

4. 生物法

生物法主要包括人工接菌法和小孔滴注法。人工接菌法就是将成年树体的树干用锯子或凿子在树干的同一方向从上到下每隔40—50厘米开"香门"，"香门"长为树干直径的一半，深度为树干直径的1/4—1/3，宽为1厘米。"香门"开好后将菌种放入，用塑料薄膜包扎封口，经过一段时间后可以在树体内形成沉香。小孔滴注法是无创伤诱导沉香生成的方法，即以从沉香组织中分离出的真菌作为接种菌，将真菌菌丝体打碎后过滤，用水稀释至适当浓度，通过一次性注射器将真菌菌丝体稀释液注入香树体内，从而诱导香树结香的方法。

第二节　沉香家族

沉香家族成员众多，分布较广，根据不同的分类方法对沉香有不同的归类。为了深入认识沉香家族的成员，下面我们从不同视角来认识沉香家族及其成员。

一　成员区域分布

在沉香界常有"一半岛，两个系"的划分法。"一半岛"是"中南半岛"，指的是曾经有过或现在还有沉香出产的中南半岛国家。"两个系"是指"惠安系"和"星洲系"，"惠安系"是指到越南惠安镇交易的沉香，"星洲系"是指到新加坡交易的沉香。

历史上，中南半岛包括现在的越南、缅甸、泰国、老挝、柬埔寨、印度等国家。在这个区域内，都有沉香树且出产沉香，其主要产地为越南、老挝和柬埔寨，即古称之占城、寮国和真腊；缅甸、泰国也有沉香产出，但产量较少；印度也是一个重要的沉香产地。这些国家所生产的沉香数量不等、质量不同，各有各的特点。

中南半岛的沉香是蜜香树沉香，蜜香树因为甜味大，易受虫蚁啃咬和细菌攻击，所以沉香产量也最多，是沉香市场上的主力军。销往东南亚的半岛沉香主要集中在曼谷和新加坡，并以越南中部的惠安为集散地，故通称为越南沉香或"惠安沉"。"惠安沉"中，老挝和柬埔寨的沉香深受中东市场欢迎，因为其熟香气味已成为当地人嗅觉上偏好的"文化气息"。越南本地所产的沉香主要集中于中部山区，以甜、凉两味为最佳，且其样貌与同属中南半岛的老挝、柬埔寨所产的看起来外貌花花的（俗称麻雀斑）沉香不同，通体只有一色，木质部呈黄白色，相当松软。越南沉香不但以"红土沉"为佳品，还产奇楠，尤以板片状奇楠为绝品，堪与海南极品绿奇楠争锋，其肉呈红紫色，口感麻涩有苦味，焚之初香若淡雅之花香，而后转为甜凉浓烈之本香，尾香则有杏仁味。

近期由于过度采伐和环境破坏，该区域内自然生长的沉香树的数量急剧减少，沉香的产量在减少，质量在降低。比如，缅甸沉香甜香丰富，煎香时绵绵的蜜糖香味相当讨人喜欢，缅甸本来就是中南半岛国家中沉香产量最少的，现在就更少了。泰国沉香历史上可与冠绝天下的海南沉香相媲美，但目前好沉香几乎被采伐殆尽。印度开采和使用沉香较早，也是高品相沉香主产区之一，但由于过度采伐，现在老沉香树存量已经不多了，质量好的沉香也少之又少。越南、老挝、柬埔寨的沉香，虽然数量上也在减少，质量上也在下降，但相对上述三国稍好一些，尤其是越南更好一些，所以至今越南仍然是世界上沉香的产出大国。

星洲为早年华人对新加坡的习称，新加坡本身不产沉香，所谓的星洲鹰木沉香的原产地是马来西亚、印尼和泰国南部。之所以叫鹰木香，是因为它结的沉香外表看来在灰褐色木肉中有较粗大的树脂腺，很像老鹰的翅羽。这种生长于赤道地区的瑞香科植物，因日照长、雨量足、季节变化不大而生长迅速，能结成大块的沉香。星洲鹰木沉非常适合中药界和日本香道的需求，而且价格相对便宜，香味偏于沉郁浓重。台湾所产的大戟科沉香，色白而木质松软。

二　成员出身：野生和人工

沉香成员出身是指沉香生成的环境及条件，人们一般将沉香分为野生（天然）沉香和人工沉香两大类。野生沉香是指在自然条件下沉香树受到风吹、雷击、虫蚁噬咬等因素伤害累积而结成的香。野生沉香来自野外的天然树木或朽死枯木，在自然条件下形成沉香通常需数十年的时间，树脂含量高者更需要数百年的时间。因其结香形成时间一般较长，产量较少，品质上乘，故自古以来沉香就供不应求。野生沉香基于结香成因的差异，人们又将其分为三种，即熟结、脱落、虫漏（又名蛊漏）。

人工沉香是生结沉香，是指在人为的刀劈、斧砍或其他致伤结香因素的作用下引致沉香树（包括天然和种植）所结的香。因野生沉香形成多为偶然因素，因而结香率低，产量少，无法满足需求。先人们在采集天然沉香的同时，在采集实践中，为了提高沉香产量也逐步总结出了人工结香的方法，但多限于简单的刀砍斧劈，以砍伤的形式加速香树结香。

三　生成方式：生结和熟结

按结香时寄主树木的生存状态，可以将沉香分为生结和熟结两种。

生结就是指通过刀砍斧劈、树体打洞、折断等人为手段使香树受伤，然后分泌树脂结出的香。目前海南沉大多都是生结，比如板头、壳沉。还有一种是因动物、自然灾害导致香树受伤而结香，这种结香的原理和生结一样，所以也被认为是生结。总的来说，生结就是树木生长期间因人为因素或兽咬、蚁噬虫咬等外力因素，致使伤口渗出树脂结成沉香。

熟结就是香树在自然状态下由于自身的病变引起树脂分泌导致结香，达到一定年限枯死后，或某个部位自然脱落，树根树干倒伏地面或沉入泥土，经年累月，慢慢分解，收缩而最终留下以油脂成分为主的凝聚物。也就是说，没有通过外力使香树受伤而结香就叫熟结，亦叫熟沉。由于沉香熟结需要时间醇化，难以人工制作，是纯天然的产物，因此只能到原始森林采集，产量非常稀少。

人工沉香是生结沉香，但生结沉香并不必然是人工沉香；因为在野生沉香中，有受动物、自然灾害的伤害导致香树受伤而结的香，鉴于这种结香的原理和生结一样，所以也被认为是生结。现实中，如果有谁说有一个熟结的虫漏沉香，那他就根本不懂沉香；认为香树活着的时候结香，死后继续醇化就成了熟结的说法也是没有依据的；将脱落认为是熟结的观点也不准确，因为脱落结香通常都会被叫作死沉香。

四　来源树种：莞香、蜜香、鹰木香

大家都知道沉香是沉香树所结的香，但事实上我们常见的沉香树主要有三种，一是莞香树，二是蜜香树，三是鹰木树，这三种沉香树都属于瑞香科植物。依据结香树的树种，人们将沉香划分为莞香、蜜香和鹰木香。其中，莞香树主要分布在中国广东、广西、云南、贵州及海南等地，因而，莞香与按产地划分的国产沉香相对应。蜜香树主要分布在中南半岛的老挝、柬埔寨、越南等地，因而与按交易地划分的星洲系沉香相对应；在这些沉香产区中尤以越南沉香的香味最具代表性。鹰木香树主要分布在印尼和马来西亚，因古代这块区域所产沉香经常在星洲交易，所以被称为星洲沉香。

五 出生地归类：国产（土沉）和进口沉香

沉香的产地不同，其成色差异也较大。通常情况下，人们会依据沉香的产地对其进行分类。在中国，沉香被分为国产沉香和国外沉香两大类。中国古代就盛产沉香，当时最好的沉香产自海南岛，被称为"琼脂"。国外沉香主要指越南、印度尼西亚、马来西亚、泰国、缅甸和柬埔寨等地处热带、亚热带的国家产的沉香。如果按照产地对沉香进行详细的划分，那就是产于哪个国家或地区的沉香，就以该产地进行命名，例如越南沉香、印尼沉香等。再细化时应精确到地区，例如印尼的加里曼丹沉香，中国的海南沉香、东莞沉香等。

六 沉香生成位置：树心油沉香和边皮油沉香

依据结香位置，可分为树心油沉香和边皮油沉香。树心油沉香具有浓密的油脂线，且大多数是黑油，当油脂含量达到一定比例后，放入水中会"沉水"的为上品。那么，树心油沉香又是怎样形成的呢？当沉香树树体受到比较大的伤害，伤害深达木质内部时，由于木质内部的树汁充足，能够为香体提供丰富的营养，这一位置就容易结出颜色较深、油脂丰富的树心油沉香。树心油沉香在因结香位置、伤口大小、形状及时间等外在因素的作用下，呈现出不同的形态。

图1—3　树心油沉香

边皮油沉香一般为薄片状，树体伤口一般都停留在树皮表面，到达不了树干内部，这时，沉香油脂就会沿着树皮表层游走，并一直附着在树皮的表层。边皮油沉香一般结油较薄，香体较薄，难以形成厚实的香体，一旦加热，油脂很快便会挥发出来。边皮油沉香为靠近木质部分的排油沉香和直接结在树皮之上的皮油沉香两部分。

图1—4　边皮油沉香

排油沉香和皮油沉香是沉香木边皮结香后的两面，二者都属于边皮油沉香。排油沉香靠近沉香树的木质部分，油脂纹理清晰，均匀地沿导管分布；皮油沉香位于沉香树树皮之上，是沉香树皮结出的油，纹理呈树皮状。皮油沉香比排油沉香更为罕见。

七　沉香成因：倒架、土沉、水沉、蚁沉、活沉、白木

依据沉香的成因及形成时的形式，沉香可分为倒架、土沉、水沉、蚁沉、活沉、白木六类。

"倒架"一词源于香农采香时的一种特殊情况。简单地说，倒架沉香就是沉香树体在结香之后，因年代及自然因素倒伏死亡，横卧于泥土之中，经长时间风吹雨淋、土埋醇化、木质腐朽风化后，剩余不朽之材，称为"倒架"。倒架沉香的形成极为复杂，需经过漫长的岁月腐蚀。首先，香树在生长过程中因为各种原因受伤。其次，受伤后树的内部因多种真菌的感染及寄生而结香，且结香树木会慢慢枯死，倒下。然后，经过多年的自然侵蚀，树木木质部分朽坏，仅剩余结香的部分。这就是倒架沉香的形成过程。一般倒架沉香结香时间长，醇化时间久，味道厚重醇香，闻起来非常悠长，非常有穿透性，而且留香时间长，香味久久不散，是非常让人着迷的一种沉香。倒架沉香是沉香最好的种类之一，它的味道非常奇妙，远闻清醇甜美，有点像奇楠的味道，近闻却觉得虽浓而微苦。倒架还有一种认主的说法，据说认了主人后，生人闻不到味。

倒架沉香产于越南（惠安沉）、柬埔寨（高棉沉香）、马来西亚（马拉沉）、印度尼西亚（星洲沉）等地。往往在人迹罕

图1—5　倒架沉香

至而又危险性较大的深山老林中，且不易寻觅，故非常珍贵。民间有些说法，即倒架沉香唯有福德缘分俱足者方可遇之。

土沉香是一种熟香，古时称为"黄熟香"。土沉香是在植物活着的时候结香，当香体脱落或香树自然死亡，香体落入含水分较少的干泥中，逐渐风化、熟化，木质部分充分腐烂形成酥松多孔的质地，油脂部分残存而形成的沉香。土沉香多数成于植物根部；少数为植物倒伏地面，随地质变化如泥石流、山体滑坡、地表陷落等因素被埋于地下而结香。土沉形成时所处的环境不同，表面的颜色会根据土质及其所含杂质发生变化。这是因为沉香木倒伏以后，受埋藏地不同颜色土壤"污染"所致，香味也随之不同。依据其外在的色泽通常将产自越南的熟香分为黄土沉、黑土沉和红土沉三种。黄土沉以香甜气取胜；黑土沉以清凉气见长，是沉香中凉意最好的；红土沉则香气浓烈，甜中带辛辣味，又有些杏仁味。土沉香根据其不同的熟化程度和风化程度会有不同的外在形态，风化程度较低的外表依然坚硬，香体厚实。风化程度较高的，表面多呈现多孔、酥脆的质感。土沉演化于干燥的泥土中，属阳，性热燥，有温中、降气的功效。

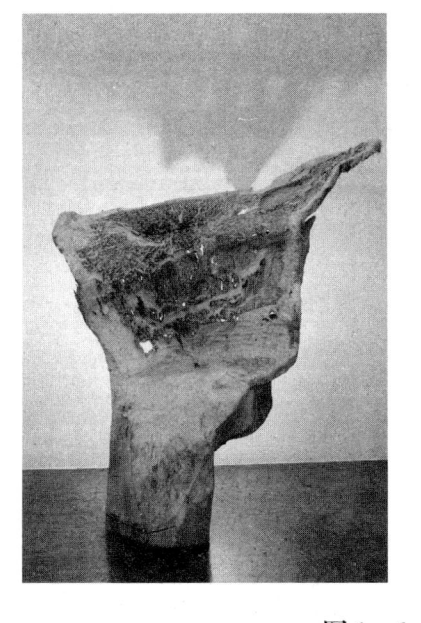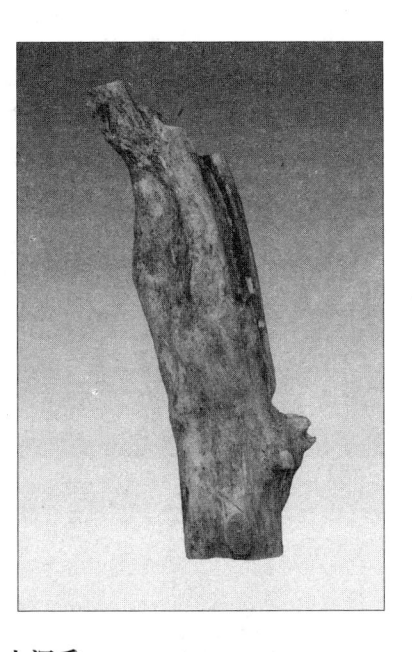

图1—6　土沉香

　　水沉香最开始是来自香农的一种叫法，也被称为水纹沉香、水格沉香。水沉香是香体脱离沉香树后掉入潮湿的泥土和沼泽中，伤口通过水感染病菌产生病变，不断熟化后形成的沉香。水沉香的形成特点是面积大、颜色偏黑、结香厚深；同时因为水分充足，香体没有被严重风化，因此即便是熟香，其油脂纹路也很清晰。水沉香成香稍快，举例来说，水沉香5年的结香厚度，往往相当于一般非水沉香50年甚至更久的结香厚度。水沉香的特点是质地坚硬、有韧性，香体厚实，常年浸泡在湿润的环境中，属阴，性温和，有暖肾的奇效。业内一般认为，水沉香是仅逊于奇楠、倒架的沉香。

　　虫漏也叫虫眼，虫蚁最喜欢在香甜松软的沉香木上噬木做穴，也最易使香木受伤感染，因此虫蚁噬木做穴也是最常见的结香成因。白木香树因受到虫蛀，分泌出来的油脂自然会保护受伤的部位，受虫蛀的部位被沉香自然分泌的油脂所包裹住，这样形成的沉香就叫虫漏。虫漏结的香味多浓烈且富有变化。

图1—7　虫漏　　　　　　　　　图1—8　蚁沉

蚁沉是沉香树为活株时经白蚁蛀食、噬咬等，受伤的树木分泌出汁液与白蚁的分泌物混合，进而导致真菌感染而形成的香体。蚁沉是与虫漏近似的一种说法，但蚁沉香相比于虫漏，一般油脂等级更高，年数更长。从香气上来区别，蚁沉香一般甜蜜味更重，香味更加醇厚，而虫漏的香气凉味更重。蚁沉香由于其厚重的甜味，也被称为蜜香。还有一种说法是蚁沉大多不是虫蚁导致的，而是虫咬后的沉香树被人工砍伐，仍然有生命力分泌出树脂愈合伤口，这些树脂与虫的分泌物结合导致真菌感染而形成的沉香。

活沉就是在沉香树尚为活株时，即予以人工方式结香开采而得，树木并非自然死亡。简单地说，就是活树砍伐直接取得的沉

图1—9　活沉

香即为活沉。活沉因醇化时间不够，含油量较少，熏燃时有些会带有一丝原木气味。

白木指树龄尚在十年以下，已稍具香气的沉香树。还有一种说法是还没有结香的沉香树统称为白木。

沉香成因不同，香味各异，一般形容土沉厚醇、倒架清醇、水沉温醇、蚁沉清扬、活沉高亢、白木清香。

八　沉香成员归类：惠安沉、星洲沉和奇楠

沉香产地主要分布在中国海南、越南、老挝、柬埔寨、缅甸、泰国、马来西亚、新加坡、印度尼西亚群岛等东南亚地区。根据沉香的韵味感受，将沉香产品划分为惠安沉香与星洲沉香两种。惠安沉香主产区分布在中国海南、越南、老挝、柬埔寨、泰国、马来西亚西半岛。以地理位置来划分，东北至马来西亚，西南至东帝汶产出的沉香皆为星洲沉香。惠安沉香的香韵带凉，有甜味，较通透，有的含有水果香或花香，感觉上味道成丝状，其原材通常以虫漏居多，呈碎片状，很脆，以熏料为主，不适宜做成

雕材。星洲沉香韵味醇厚、醇和，带甜不凉，其原材生结平和，而熟结张扬。熏烧时，感觉其味道是成片的，相对惠安沉香，星洲沉香材质大多可做雕材。

按综合品级一般将奇楠归于特殊一类，"奇楠"是从梵语翻译而来的词，唐代的佛经中常写为"多伽罗"，后来又有"伽蓝""伽南"和"棋楠"等名称。奇楠是沉香中的极品，油脂含量比普通沉香要高，而且几乎看不到树木本身的毛孔。奇楠的比重不及水沉，在水中呈半浮半沉状；质地比较柔软且有黏韧性，放入口中以舌尖触碰，口感芳香并带点甘苦味，甚至微带辛麻。奇楠的鉴别，主要在于它的香味，一是奇楠在正常状态下有一股清凉香甜的味道；二是奇楠受热后散发出来的香味不但如一缕丝线状的青烟直冲脑门，而且还呈三段式变化，有头香、本香和尾香之别。如海南绿奇楠焚烧之后，初香（头香）若淡雅之花香，而后转为甜凉浓烈之本香，尾香则有杏仁味。奇楠按颜色不同可分为白奇、青奇、黄奇和黑奇等，尤以白奇最为罕见和珍贵。依照性状，也有人将奇楠分五种：鹦哥绿（绿奇）、兰花结（俗称紫奇或蜜奇）、糖结（俗称红奇）、金丝结（俗称黄结）和铁结（黑奇）。奇楠香的成因与普通沉香基本相同，但两者的性状特征又有很大差异，所以习惯上让它单成一类，且列为沉香中的极品。

第三节　沉香成员派系

依据沉香成员的产地与交易地的综合特征，传统上一般将其分为三大派系，即惠安系、星洲系和奇楠。如果我们把奇楠归为沉香的特殊一类，那么沉香成员的产地（交易）分类派系就只有惠安系和星洲系两大类。

一　惠安系沉香成员

沉香家族的惠安系成员主产区分布在中国海南、越南、老挝、柬埔寨、泰国、马来西亚西半岛。惠安系香韵带凉，甜，通透，含水果香或花香，感觉上味道成丝状，通常虫漏居多，呈碎片状，很脆，以熏料为主，雕材极罕见。

（一）越南沉香

越南沉香树多为蜜香树，也有部分鹰木香树，大部分产于越南中部山区，韵味清甜。历史上的交趾和占城都在现今的越南境内，越南沉香树所产沉香品质在古时并不算高，而今却是现有沉香的优质产区，有富森红土、芽庄奇楠、顺化沉香、广平沉香、林同沉香、广义沉香等多种名香。越南沉香品种丰富、品相多样，主要有黄土沉、黑土沉和红土沉。黄土沉出土于黄色土壤山区，味道香甜；黑土沉出土于黑色土壤山区，皮表呈黑色，味道清凉；红土沉出土于红色土壤山区，皮表呈红褐色，香气浓烈，甜中带辛辣，且略带杏仁气。

越南壳沉主要出产于芽庄、大乐、顺化和岘港；越南土沉横丝主要出产于芽庄、富森、大乐等地；越南黑奇主要出产于芽庄、顺化、广平、大乐等地。越南流传"一芽庄，二富森"的说法，芽庄和富森是越南沉香的一流产地，其中，芽庄是越南沉香品种最多、质量最好的地区。富森，也称富山，富森山脉是越南中部一条南北走向的山脉，也是多产沉香之地。广平出产的黑土沉块，是非常稀有的沉香品料，生闻有浓郁的黑糖甜味，这是由于其产于沼泽的湿黑泥土中，置久会自体发酵的缘故。其甜中略带些微酸气，令人闻之生津，是沉香甜韵中非常特别的一类。广平出产的黑土倒架，属越南老沉香，味道清甜，油质厚黑。顺化出产的老壳沉香，甜味很足，有醇厚怡人的香气，也是煎香用的上材。顺化虫漏树心油，甜味较生涩，扩散性较缓。岘港所产沉香也以甜、凉味为主，但香气稍显酸涩，甜蜜度不高。

总之，越南沉香名闻天下，现有产量也已非常少，而越南政府早已明令限制野生沉香的出口。天然的沉香资源已经所存不多，曾经可以在地面上采集到的沉香，如今要在地下深挖才能找到些许，十分难得。

1. 富森红土沉香

红土沉香目前有富森、惠安以及顺化三个产区，其中，富森是最好的，并且难有大块，极少沉水。富森红土是土沉香，因在土中掩埋的时间较长，外壳非常松脆且个别炭化严重，无法再加工，只能作为熏材使用。业内有"千年沉香，万年红土"一说。在香道高度发达的日本，红土的需求量不差于奇楠，甚至红土在日本已经被当作另一种奇楠在交易。

图1—10　红土

2. 芽庄沉香

芽庄产的奇楠在所有奇楠类里一直居于首位，芽庄也因奇楠而被大家知晓。其实，芽庄也产普通沉香，就是芽庄沉香。芽庄沉香也多空洞，多以熏材出售。芽庄熏材味道丰富，并且随着温度和时间的变化也会呈现出不同的变化，甜凉而悠扬。芽庄目前开始种植人工沉香，因此市面上一部分为野生芽庄料子，一部分为人工芽庄料子。

图1—11　芽庄沉香

（二）柬埔寨（高棉）沉香

柬埔寨树种为蜜香树，韵味中带有浓郁的蜜香气。历史上的真腊国地处现今柬埔寨境内，它是中国古代对中南半岛吉蔑王国的称呼。真腊沉香多次出现于各种有关沉香的笔记典籍中，也是古代进口沉香的主要来源之一，是仅次于海南沉香的优质品种。柬埔寨的好沉香结油均匀、纤维少、密度高，那些白色的纤维都很细密，结油密度都很紧实。中东人在居家、祭典焚香时都偏好此香。此香常用于艺术品雕刻，制成的手珠供不应求，可供收藏。不能入品的生香，当地俗称"黑木头"，主要用来提炼"沉香油"，沉香油是重要的中药原料、宗教用品和化妆品用料。中东人最喜爱柬埔寨熟香的气味，这应该是世世代代形成的一种嗅觉上的偏好，也可以说是一种"文化气息"。现今，市面上很少能见到柬埔寨沉香，一方面是由于一些产香地区已资源稀缺（如菩萨省），另一方面柬埔寨几经战乱，可能存在沉香的密林中往往布满地雷，想要进入都非常困难，更不用说采集了。

　　柬埔寨沉香主产区集中在菩萨省，故该区沉香也称为菩萨沉，多空洞，多以熏材出现。菩萨沉表面有棕黑色丝状细纹，犹如老鹰翅羽一样；因其香味浓郁，能消除一切臭味，在中东市场（斯里兰卡、阿联酋等地）最受欢迎。用它提炼出的沉香油，渗透力强，被誉为大自然中最好的香水。菩萨沉与奇楠一样本身就有香气，因为也有人称其为"菩萨奇楠"。

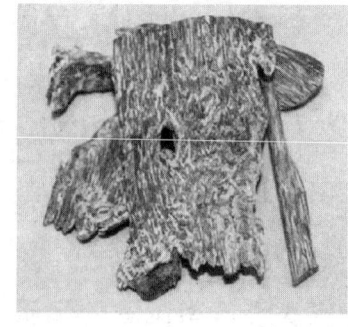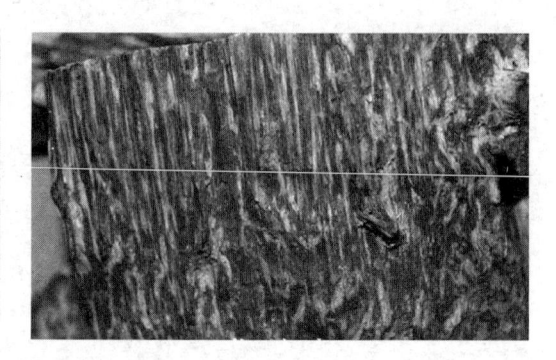

图 1—12　菩萨沉

（三）老挝沉香

老挝沉香也称作寮国沉香，树种为蜜香树，香气浓烈。老挝沉香大都产自老挝和越南交界的山脉，在阿拉伯市场上，老挝沉香受欢迎的程度仅次于柬埔寨沉香。可能是由于土地相连的关系，从外观上看，泰国南部、老挝和高棉的沉香木极像越南蜜香树和南洋鹰木香树混种。老挝沉香的品级也很多，主要有蜜棋、糖结以及黄地黑斑（棕黄色底上有黑咖啡色雨点状斑纹，且两种花色所占的比例大约相等）。老挝沉香黑色多于棕黄色，雀斑纹多，香味甜蜜、凉甘。品质上略优者上炉后会有香甜、辛麻的香气，多数老挝沉香比越南沉香香气要淡得多，一般用来提炼精油或制香。产于边界的黑奇楠，质地坚硬，是雕刻与居家摆饰的上选香材。老挝沉香的交易也受到当地政府限制，非特许批准不能擅自售卖，只有领有执照的许可商才准买卖沉香，因此市场上也很少见。

（四）缅甸沉香

缅甸沉香树种为蜜香树。历史上缅甸不是一个完整独立的区域，故无立名于药典上，也没有关于缅甸沉香的明确记载。缅甸沉香气味温浓带甜，而且甜气丰富，煎香时有绵绵的蜜糖香味，相当讨人喜欢。有大块者俗称"光香"，可以成为家中摆设，平时在室温 25℃以上时，或在日照下，也能散发出宜人的清香气味。

缅甸沉水老沉香兼具棋楠与普通沉香的综合香味，香气入鼻，有绵绵渗出的余韵，闻之令人如痴如醉，有不可言喻的安定平和之感；但较高品质的沉水香在当今市场上十分罕见，应该是东南亚国家中数量最少的。缅甸沉香的收藏价值介于越南沉香与柬埔寨沉香之间。缅甸产虫漏奇楠和黑奇楠，质量很好，尤其是油质丰富且造型奇特的黑奇楠，块块沉水，每一块都拥有特殊的香气，不论生闻、煎香都非常适合，作摆设更是令人醉心的艺术品。缅甸黑奇楠在沉香公开市场上目前几乎绝迹，难以见到。最为奇特的应是缅甸虫漏，虫死化丝凝结为香，有烧身供佛之意，最受中东国家、印度富贵人家喜爱。

（五）泰国沉香

泰国东邻老挝和柬埔寨，西邻缅甸。泰国沉香属蜜香树种，历史上曾为高级沉香的重要产地，沉香入口香软麻凉粘，香味甘甜、清凉，有果香味，也有奶油味，曾与冠绝天下的海南沉香相媲美。《香乘》引《稗史汇编》云："在海外则登流眉片沉可与黎峒之香相伯仲。登流眉有绝品，乃千年枯木所结，如石杵、如拳、如肘、如凤、如孔雀、如龟蛇、如云气、如神仙人物，焚一片则盈室，香雾越三日不散，彼人自谓无价宝，多归广帅府及大贵势之家。"这里的"登流眉"指泰国。在日本人对沉香"六国五味"的总结中，暹罗（中国对泰国的古称）沉香也占有一席之地。

泰国沉香色系偏黄，壳沉的种类较为多样，在品相等级上，与老挝相近，味道不及越南和柬埔寨沉香。很多巨木沉香因为表皮受伤结油，油质含量只有薄薄一层，内里几乎都是纤维。早期泰国沉香多用于香料与雕件的材料，多见水沉品相。现如今，可用于雕刻的块状沉香也很少见，多为虫漏片状品相。也有少量天然野生的大件虫漏沉香，属生木，有淡淡香气。时隔四五百年的今日，泰国沉香的条件早已今非昔比，再也难以找到天然野生的沉香了，多为人工种植品种。

（六）菲律宾沉香

菲律宾沉香的产量较高，价格相对低廉，香味与马来西亚的有相似之处，往往带有很重的酸涩味，品质远不如越南沉香。近年来由于越南沉香资源匮乏，一些商人将菲律宾沉香带到越南冒充越南沉香出售。

（七）中国沉香

国产野生沉香分布于海南、广东、广西、台湾等地，一般分为莞香和海南沉香。广东、广西、海南和台湾的沿海地区，地理、地质、气候环境基本相同，适合于白木香的生长。古代东莞县地域广阔，现在的香港、深圳、宝安、中山及东莞市本土都属古代东莞县范围。东莞自古盛产沉香，所产之香为莞香，习称土沉香或白木香。隋唐以前，每年有大批"莞香"进贡朝廷。

海南沉香曾冠绝天下，被称为"琼脂"。蔡绦在《铁围山丛谈》中说："占城不若真腊，真腊不若海南黎洞。黎洞又以万安黎母山东峒者，冠绝天下，谓之海南沉香，一片万钱。"明代名医李时珍在《本草纲目》中称海南沉香，一片万钱，冠绝天下！海南沉香从宋朝开始就成为朝廷的贡品。海南古时被称为香州，据古籍记载，宋、明、清时的海南岛，可谓香岛，以盛产沉香而出名，源源不断的海南沉香通过各种途径运往内地。

二　星洲系沉香成员

星洲即现在的新加坡，作为沉香集散地而闻名遐迩，由此将周边多国沉香称为星洲系沉香。星洲系沉香一般质地结实坚硬，多为实心，容易制成珠子或是雕刻成摆件，尤其以加里曼丹和打拉根为最。星洲系沉香主要产区包括印度尼西亚、马来西亚、文莱、新加坡以及巴布亚新几内亚等地。目前，市场上 90% 以上的沉香为星洲系沉香。星洲系沉香主要分布在马来西亚、印度尼西亚、文莱、巴布亚新几内亚等国。

（一）马来西亚沉香

马来西亚因为地理位置的关系，有多种沉香树分布，马来西亚鹰木树种较多，也有少量蜜香树。由于赤道地区的日照长且雨量充足，季节变化不大，树木生长速度较快，所以树脂线更为明显粗大，其树干肉质的颜色比较深，一旦结香，往往结香块很大，结香块不太密、不太硬，气味也很稳定，较之越南沉香的本味甜、凉，非常适合做中药材。马来西亚沉香产量较高，并且出产很好的红奇楠和金丝奇楠。

马来西亚分为西马和东马，因距离较远、气候不一，两地沉香的特征和味道有所不同。西马接壤东南亚半岛，其沉香略带有一些惠安系的特征。西马产区比较大，每个产区的沉香味道都有所差异：靠近北部的产区沉香略带酸韵，味道浓郁，品之类似李子干的香韵；靠近南部的产区沉香略带花香气味，甘甜而清凉。西马沉香的油脂线非常细腻，沉水的产量相对于加里曼丹等地要低一些。靠北的西马沉香木色略带土黄，靠近南部的西马沉香则黑白分明。东马地理位置接近加里曼丹岛，其气味和北加里出产的非常接近。东马沉香的特征是油脂乌黑发亮，并且木色也不会像西马沉香那样略带土黄色。东马靠近文莱国一带的沉香味道甘凉带甜，与文莱的非常接近，因此也被作为广义的文莱沉香出售与加工。大部分东马沉香香韵凉而略带一点草药味，比较清香。马来西亚沉香在所有沉香中品质属中上乘，虽产量尚算稳定，但也不算丰富。目前，在马来西亚有全球最大的人工沉香种植林，而且世界上大部分的沉香精油都来自这里。东马靠近加里曼丹边界所产沉香，很多具有花香味，性温而不燥，体积不大的上等沉香多半能沉水，用于煎香、雕刻、把玩或制成手珠等的沉香都是上等材料，用途十分广泛。

（二）文莱沉香

文莱是在东马来西亚北部面积不到6000平方公里的一个小国家，土壤中钾元素丰富，出产的沉香香韵醇厚，味道多苦麻，近似奇楠种，结油质软而密。文莱沉香为鹰木树种，香韵一流，是星洲沉香中的精品。文莱沉香的油脂乌黑发亮，其香韵中带有强劲的甜凉之味，素有文莱奇楠之称。文莱沉香产区非常小，所产沉香数量也极为有限，在市场上并不多见，优良的品质加上稀有的产量使其成为星洲沉香中最为珍贵的品种。文莱沉香含水，湿时刀削为软质，待五六年阴干后多转为硬质，有奇楠苦麻的口感韵味，市场上有"文莱奇楠"的称号，是上等雕材与珠材，也是较好的收藏品。因为国土面积较小，文莱沉香的产量不高。

（三）印度尼西亚沉香

印度尼西亚沉香树是鹰木树种。鹰木类的沉香树结油，油块外层几乎没有活性纤维；纤维通常包裹在结油层里面，与结油层是分开的，不像蜜香树的结油因为纤维与油脂相间，故而形成各种花色斑纹。印度尼西亚的沉香产区分布于加里曼丹、苏门答腊、伊利安、巴布雅等地。所产沉香品质坚硬、油质丰富；多巨木，非常适合雕刻，供观赏、佩戴、把玩。只要油质够，印尼沉香大多能沉水，且油脂中几乎无白色活性纤维，晶莹剔透，非常美观。印度尼西亚沉香因为属性燥烈，不得入药、泡酒、泡茶。若煎香，宜于远闻，适用于广阔通风的寺庙和道场。收藏印度尼西亚沉香有如下要点：第一，要沉水；第二，味道清甜者；第三，要色泽黑亮转红油；第四，高密度细丝材质优于粗丝；第五，天然野生。

1. 加里曼丹沉香

加里曼丹沉香树为鹰木树种。加里曼丹岛纬度接近马来西亚，是印度尼西亚的一个大岛，被热带森林覆盖，是印度尼西亚沉香产区中香味最温甜、最接近惠安系气味的沉香产地。加里曼丹沉香是印度尼西亚标杆性的沉香，香味出众，以奶香味为主，燃烧后香气略带青涩，清香宜人。除此之外，昆殿是加里曼丹产区中的高品质沉香产地。昆殿沉香有奇楠的香气，结油特殊，与蜜香树种一样，有木质纤维与油质相间的结油，入口有苦麻感。加里曼丹是星洲系沉香最大的一个产区，但却不是产量最多的产区。曾经加里曼丹产区的沉香只能算得上三流品质，偶见优质品种，但随着一些优质产区的沉香绝迹，其逐渐上升为二线品种。不过，虽然名次有所上升，其产量却不容乐观。目前的加里曼丹沉香产量大有步越南沉香后尘的趋势，天然野生香十分难寻。

2. 达拉干沉香

达拉干沉香树为鹰木树种。达拉干是地处加里曼丹岛东北部的一个小岛屿，是沉香较集中的发散地，其所产沉香的韵味十分有特点，既不带星洲沉香味道中的甜醇感，也没有惠安沉香的清甜味，而是浓郁的甜味之中带有淡淡的清凉之味。达拉干海拔较高，树茂林盛，少人开发，那里沉香树生长较慢，出产品质很高的沉水香，香味十分出众，不用燃烧加热就会散发出浓郁的甜味和奶香，尤其奶香十分浓厚，并带有星洲系沉香中少有的清凉感，并且能出现大块的香料。达拉干是现在最知名的一个产区了，甚至成了高端沉香的代名词。不过，据说达拉干本岛已经不产沉香了，目前市场所见，除了一些存料之外，都是来自岛周边的山里所产；即便如此，产量也依旧很少。

3. 马尼涝沉香

马尼涝沉香树为鹰木树种。马尼涝产区位于达拉干北部，产区非常小，因与达拉干相邻，所产沉香的韵味与达拉干有相似之处。区别在于马尼涝沉香的凉意较为单纯，而其中的甜味较淡，有些还带有清香或乳香味。在油脂的形成上，马泥涝比达拉干的乌黑程度略差一点。高油脂与达拉干在外观上并无差别，油脂略低的可以看到类似"虎斑"的油脂线是形成在表面的。虽然马尼涝沉香并不像达拉干沉香那么有名，但是市场表现却不俗，属于稀有品种，与文莱、达拉干都属于一线产区，价格不分上下，要高出其他普通印尼沉香不少。

4. 安汶沉香

安汶沉香树为鹰木树种。安汶岛位于苏拉维西岛东部，这里盛产各种香料。安汶沉香外表与苏拉维西沉香相近，多见虎斑纹路，但是韵味总体上要好出很多，品相较好的安汶沉香也有着接近惠安沉香的甜味，但又秉承了印尼沉香的醇厚，且更加清醇甜雅，尾韵带有丝丝凉韵，回味无穷。不过遗憾的是，安汶产区也属于印尼沉香中的小产区，产量不多，因此不常见。

5. 巴布亚沉香

巴布亚沉香树为鹰木树种。巴布亚沉香的味道较为清淡，常温下少有如惠安沉香那般明显的香气，多数需要加温才可闻到其真正的香韵。不过，巴布亚沉香多为树根结油，因此常见沉水品质，且质地坚硬，十分适合制成工艺品。目前，世界沉香的70%

都产自印尼，而巴布亚是印尼沉香的主要来源地之一。尽管当地沉香的开采量很大，但据专家统计，这里仍然蕴藏着世界60%的天然沉香。

6. 伊利安沉香

伊利安位于印度尼西亚东端，伊利安沉香树为鹰木树种。伊利安沉香的清香味更淡，奶香味更重，乳味偏腥，泥土气味和油脂香味很浓。伊利安产区的加雅布达是印度尼西亚沉香产量较大的区域，但沉香质量不如加里曼丹，加雅布达沉香只适合做雕刻材料，不适合车珠。如果要选择加雅布达手珠，必须整串全天然黑亮光彩，色泽均匀、沉水。伊利安产区马拉OK沉香是品相多样、品质较高的小材。巴布雅紧邻伊利安，巴布雅沉香品相、品质与伊利安沉香相近，巴布雅沉香通常表面偏土黄色，可以选择细丝、光泽黑亮、沉水者作为收藏品。因而，此地所产沉香也常被细化为加雅布拉、马拉OK、索隆、瓦恩沉香等。伊利安沉香是近几年才被引进的品种，因为产量比较集中，所以价格也很亲民。不过伊利安沉香并没有什么特征规律，优劣不等，差异非常大。

7. 苏门答腊沉香

苏门答腊位于印度尼西亚最西端，苏门答腊沉香树为鹰木树种。苏门答腊沉香几乎都是深黑色，味道较为刺鼻腥臊，甜韵味差，爆发力不足。现今，在苏门答腊岛已经很难找到沉香的踪影了。从现存的苏门答腊沉香来看，处于岛中位置的北干巴鲁地区所产沉香韵味较为出色，清凉香甜之中又富有醇厚的韵味，很是受人喜爱。

8. 苏拉维西沉香

苏拉维西沉香树为鹰木树种。苏拉维西沉香的品质参差不齐，而且差别较大，其中品质好的有着近越南沉香的甜味，差一些的土腥味重，产量也比较少，市面上不多见。

（四）印度沉香

历史上，印度也是沉香的重要产地之一。现如今老沉香的存量已经很少了，大件更难得。佛教历史上，最早有记载的沉香产地是斯里兰卡所产的绿沉香和古印度的紫油蜜香，古称"迦南香"。佛教界曾把以上产地的沉香命名为佛香，它的沁香古朴儒雅、宁静醇厚，喜马拉雅山脉圣洁的雪水汇入恒河流域才使这一地区所产的沉香品质极佳。佛经上讲的印度沉香，在市场上几乎绝迹。总的来看，印度沉香质地坚硬，多能沉水，油质密度高，色泽黄中透黑，生闻就有奇香四溢。印度沉香普遍带有微微的咖喱味，花纹呈卷曲状。印度沉香在常温下，其香悠长、自然，沁人心脾；加温与燃烧时，香味冷冽、厚重，贵气袭人。在常温、加温以及燃烧三种状态下都能散发美妙香味的为极品。

印度沉香树为蜜香树种。现代对印度沉香的了解几乎都源于古代的一些佛经或香方。印度虽然与其他盛产沉香的东南亚各国同属热带季风气候，但综观地理形态，能够生长蜜香树的地方却不多。另外，从存世的笔记中来看，印度沉香大多被提及，却没有过多关于质地的描述，想来品级不会太高。如今印度沉香树多为人工种植，沉香也多是人工培育的。

三 奇楠——沉香家族中的贵族

沉香还有一个特殊的品种——奇楠香，其产量比沉香更少。奇楠香的成因与普通沉香基本相同，但两者的性状特征又有很大差异，习惯上让它单成一类，且为沉香中的上品。奇楠沉香是越南的特产之一，有黑奇、绿奇、紫奇、黄奇和白奇。除此，越南还有虎斑黑油沉香、虎斑红油沉香、虎斑黄油沉香。

奇楠香不如沉香密实，上等沉香入水则沉，而奇楠却是半沉半浮；沉香大都质地坚硬，而奇楠香较柔软，有韧性，削下的碎片甚至能团成香珠。在显微镜下可发现，沉香中的油脂腺聚在一起，而奇楠香的油脂腺则很分明。奇楠香的油脂含量一般高于沉香，香气更为甘甜、浓郁。

多数沉香不熏烧时几乎没有香味，而奇楠不同，不用火熏也能散发出香甜的气息。在熏烧时，沉香的香味稳定，而奇楠的头香、本香和尾香却有较明显的变化。这也是品香时，品香师乐于探索和体验气味变化的原因。种种原因，使得奇楠香显得尤为珍贵。宋时，占城（今越南）境内奇楠香就已经是"一片万金"。

奇楠与沉香最基本的区别有如下几点。

第一，表面干涩且有风化或氧化现象，但切开后油脂丰富，几乎全是油脂。

第二，加热后散发的味道完全不同。

第三，相同含油量的奇楠很软，而沉香则很硬。

第四，奇楠咀嚼后会粘牙，感觉类似年糕，而沉香咀嚼后的结果是木渣。

第五，味道辛辣，麻，但回甘，生津则更持久、更强烈。

第六，相同含油量的沉香绝对会沉水，而奇楠则绝对不沉。

奇楠古记

奇南香品杂，出海上诸山，盖香木枝柯窍露者、木立死而本存者，气性皆温，故为大蚁所穴，蚁食蜜归而遗渍于香中，岁久渐浸，木受蜜，香结而坚润，则香成矣。其香本未死、蜜气未老者，谓之生结，上也木死本存，蜜气凝于枯根，润若扬片，谓之糖结；次也其称虎皮结、金丝结者；岁月既浅，木蜜之气尚未融化，木性多而香味少，斯为下耳。有以制带挎，率多凑合，颇若天成，纯全者难得。其香有绿结、糖结、蜜结、生结、金丝结、虎皮结，大略以黑绿色。用指掐有油出，柔韧者为最，佩之能提气，令不思溺，真者价倍黄金，然绝不可得，倘佩少许，才一登座，满堂馥郁，佩者去后香犹不散。今世所有皆彼酋长禁山之外产者。

第四节　沉香八大故乡

沉香以其香韵独树一帜、产量稀有珍贵、药用价值广泛，位列于众香之首，誉为香中之王。根据对于沉香的了解，适于沉香生长以及形成的地理条件非常严苛，其对于产地的气候条件、湿度要求、地域特性都极为挑剔。目前，市场上比较活跃的八大沉香产地为中国海南、越南芽庄、柬埔寨、马来西亚（西）、文莱、加里曼丹岛、印尼达拉干、印尼马泥涝。

一　中国海南

中国沉香的主要产地为广东、海南、广西、云南、福建等省区，其他省区的野生分布的沉香已非常少。在云南主要分布在西双版纳州，而且野生存量也不多，主要在保护区内有零星分布。沉香树含树脂的木材带有香气，为中国特有而珍贵的药用植物、天然药库中的瑰宝，是十大广药之一，能行气止痛、温中止呕、纳气平喘。近年来，由于沉香供药用，对林木的损伤极为严重，分布较为集中的林木已被砍尽，现仅有零星散生的残存植株。沉香被喻为植物中的钻石，其与生俱来的香气，淡雅宜人，汇集天地阴阳五行之气，而成为唯一能通三界之香品，其香气至今无法人工合成，因而十分珍贵。为保护土沉香，国家和广东省林业部门将其载入《国家植物红皮书》和《广东省珍稀濒危植物图谱》。

中国海南地区的湿度、温度、整体环境条件相当适合沉香的生长与形成。海南沉香"文理致密，光彩射人，斤斧之迹，一无所及，置器以验，如石投水，此宝香也，千百一而已矣！夫如是自非一气粹和之，凝结百神祥异之含育，则何以群木之中，独禀灵气，首出庶物，得奉高天也"。丁谓在《天香传》中如此形容国香海南。

海南沉香的香气清雅蕴藉，纯透清澈，不俗不媚，符合东方人的审美，并且与文人追求的中庸之道相吻合，而舶来香张扬霸气与之相悖。国人对海南崖香极为推崇，认为其冠绝天下，一片万钱。然而，在12世纪中叶以后，海外香开始登场，并且流行，加之国香海南产量日渐稀少，只有当地的官员能够得到，商船上的香贩很难获得，且市价极高，海南崖香似乎开始隐退。

目前，国香海南的产量仍然是几大产区中稀少的一个，一方面是沉香自身结香年限特性所导致（沉香的成香过程非常缓慢），另一方面是当时对于国香海南的消耗过大，导致了目前市面上海南沉香非常稀有，但其品质却是少中带精，膏脂丰腴、纹理细致。由于海南香的香韵清甜优雅，海南沉香多被用于上炉熏闻以及制成高端烧闻线香来利用，其中不乏烧闻、熏闻用途中的佼佼者，清雅爽澈、留芳醇厚。

二　越南芽庄

芽庄位于越南中部沿海地区的兴和省，是越南众多滨海城市当中一个较为僻静、优美的海边小城市。芽庄的恬静安逸渐渐受到游客的关注，其质朴的海滩和卓越的潜水环境使其迅速成为受欢迎的国际旅游目城市，吸引了大量的背包游客。而这个地方所拥有的沉香原材料的品质之高更是誉满全球。

越南芽庄作为沉香的重要产出地，其地理位置沿海，常年温度适宜，1 月的平均温度为 24 度，盛夏 8 月的平均温度也不超过 28 度；湿度亦恰到好处，这样的环境不但适合度假旅行，更是适宜沉香的成香与生长。

越南芽庄所产沉香香气亦被称为香中上品，其香气中带有极强的甘甜韵味，层次变化丰富，清爽无比，如同当地吹来的海风一样，舒适、沁人。相较其余几大沉香产地，越南芽庄的沉香产量适中，多于国香海南，却不如星洲几大产区来得多。

根据芽庄产区沉香的香韵特点不难发现，这个产地的沉香也是熏闻、烧闻派系中数一数二的香材。芽庄沉香在熏闻时凉意扑鼻，清新舒畅；烧闻时韵味层次丰富、后韵悠久。

三　柬埔寨

真腊（柬埔寨）香之闻名遐迩，无须赘述。柬埔寨位于中南半岛南部。东部和东南部同越南接壤，北部与老挝交界，西部和西北部与泰国毗邻，西南濒临暹罗湾，属热带季风气候，年均气温为 24 度。中部和南部是平原，东部、北部和西部被山地、高原环绕，大部分地区被森林覆盖。其得天独厚的地理优势为沉香的生长提供了优质的条件。

柬埔寨所产沉香香气清雅柔和，甜韵悠然，相较其余几大惠安产区的沉香而言，其香韵穿透力亦较强，花果蜜意明显，灵动润鼻的奶韵更是惠安系沉香香材中的佼佼者。柬埔寨作为一个独立的沉香产区，产量偏少，但品质优良，珍贵程度亦不亚于国香海南。

与惠安系几大产地的沉香类似，熏闻仍然是柬埔寨沉香品闻的主题；相较于其他几个惠安系产区的沉香来说，柬埔寨沉香亦在生闻派中占有一席之地。

四　马来西亚（西）

西马来西亚（以下简称"西马"）旧称马来亚，又称马来半岛、马来西亚半岛。其北临泰国，向南与岛国新加坡通过桥梁和堤坝相连。由于西马接壤东南亚半岛，因此在香气特征上具有部分惠安系沉香的特质。与多数东南亚国家一样，西马产区无论是气候、温度、湿度还是地理环境条件都非常适于沉香的生成。

根据其地域特性我们已经知道，西马虽然被归于星洲系沉香一类，但其出香特质却与惠安系香材沾了边，西马沉香的香气在穿透力中带有丝丝的甜韵以及果香，是星洲系中比较独树一帜的香气。综合各种优势条件，西马沉香的产量适中，产出非常稳定，其中也不乏较高品级的香材。

西马沉香香材的主要用途在于生闻佩戴，其生长特性以及香韵特质非常适合做成手珠或雕刻成佩件，生闻散香优势亦比较明显。与多数星洲系香材一样，其并不适于熏闻和烧闻。

五 文莱

文莱，位于加里曼丹岛的北方，国土面积相当小，属热带雨林气候，终年炎热多雨，年均气温28℃。得天独厚的地理环境优势使得文莱这个国土面积小却精致的国家也拥有相当珍贵的沉香资源。由于当地的土壤中钾元素非常丰富，这片土地所孕育的沉香气韵醇厚，品质极高，无论结油密度、纹理品相还是香气品味都属于星洲系沉香中一等一的品质。

在全球沉香资源日益稀少，好香难得的当下，文莱沉香香韵中的甘甜凉沁、纯透奶韵、稳中带劲具有非凡的感染力，优良品质被誉为星洲系中的"奇楠香"。

文莱沉香在生闻佩戴这方面的优势亦十分明显。与多数星洲系沉香一样，文莱沉香在佩戴时散香馥郁，结合自身香韵特征，悠然香气沁人心脾，偶尔上炉熏闻也让人印象深刻，不似其余星洲产区沉香浓烈辛辣，稳步散香的同时还有几分甜凉透彻。

六 加里曼丹岛

加里曼丹岛位于东南亚，属于世界最大的群岛之一。加里曼丹岛许多地方都被原始森林覆盖着，世界上除了南美洲亚马孙河流域的热带雨林外，就数加里曼丹岛的热带森林最大了。该岛正位于地球的赤道，气候炎热。

加里曼丹岛的各种条件都非常适宜沉香树的生存以及沉香的形成，地理条件可谓得天独厚。加里曼丹岛所产沉香的香气甘草药香明显，醇厚干净，纹理特征稳定，纹路清晰，材料整体品相完整。

由于加里曼丹岛优越的产香条件，其每年的沉香产量较大，在星洲系沉香中占据了很大比例。作为结香特性稳定、材料完整性比较强的沉香，加里曼丹沉香的主要还是用于佩戴生闻、雕件制作，并且占据了半壁江山，是生闻派系中的大佬级产品。

七　印尼达拉干

达拉干是"打拉根"的演变词，达拉干是一个小岛，属于东加里曼丹省（加里曼丹分为东西南北四省）。加里曼丹与东马和文莱属于一个板块，故其产出的沉香外观特征和香韵都非常类似。达拉干地貌丰富，土壤肥沃，适于沉香生成，所孕育出的沉香亦有它独特的风味。达拉干产区所产沉香，结油纹理丰富、饱满，结油密度高，外观品相完整。

产自于达拉干产区的沉香香材，生闻香气奶香十足，甜凉沁人，清新无比，相较同味系香材，生闻香气属于优质等级。在星洲系沉香中，达拉干沉香香材在接触人体后，散香稳定持久，穿透力强，阵阵乳香随着人的一举一动悠然散发，十分宜人。由于地理环境的特性，达拉干沉香的产量在星洲系沉香中位列中等偏上，较为稳定。根据其香气特征以及原材料特性不难得知，达拉干所产沉香的主要用于手珠、雕挂件生闻佩戴，品相完整，散香持久明显，稳定有序，沁人心扉。

八　印尼马尼涝

马尼涝实则为"马利瑙"的演变词，起初此产地香材流通到国内时，大多商家只知读音，却并未弄清其正确地名的写法，久而久之，我们口中的马尼涝就替代了"马利瑙"。

马尼涝的地理位置靠近东马来西亚国境，同样隶属于加里曼丹省，其环境、气候、湿度等与达拉干相近，山脉土壤肥沃、地貌丰富。马尼涝产区所产沉香，生闻发香浓郁，甘甜醇厚，略带奶香的香韵让人心旷神怡，作为生闻香气优质的星洲系材料，深得人心。

马尼涝产区所产沉香香材的结油密度同样比较高，品相完整，油脂充盈饱满。与多数星洲系产地的情况一样，马尼涝沉香的产量也比较稳定适中。将马尼涝沉香制作成手珠与雕刻佩件，香材在接触人体后散香稳定持久，香韵具有穿透力，醇厚宜人，是生闻派系沉香非常好的选材。

第五节　沉香品性与功用

一　沉香气场神秘

气场，是一种看不见摸不着却能感觉到的一种心理状态，能够感染他人于无形。每个人身上都有属于自己的独特气场，有些人天生气场强，在其周围的人总能受到他的影响，有些人气场弱，总是被人忽视。气场也是沉香爱好者津津乐道的一个话题，那么，沉香是否也有气场呢？如果有，又是一种什么样的气场？

曾听闻过这样一个故事：一名资深沉香玩家有一次在一位藏家家中做客品香，当时参与品香者数人，其中有一位女士脸色苍白，显得极没有精神。藏家问其原因，该女士道：因经期不调导致身体欠安，昨夜有轻微血崩。藏家闻言微笑，去房内取出一奇楠，交于女士手上，令其捧于下腹处。随后众人并未在意，继续品香。良久后，玩家朋友惊奇地发现适才脸色苍白的女士面部渐渐红润，原本萎靡的精神也逐渐好转，直至神采奕奕，他大为惊讶。藏家道：奇楠本有气场，其气场可与人体交流，感人之身体不适，调阴阳不协，补中气不足。这个故事确有些神奇，难免有夸大的嫌疑，但许多人还是相信沉香确有气场一说。

沉香驱虫，却不杀虫；沉香树易腐易烂，但沉香不腐不坏。一块沉香无论其油脂比例多高，始终含有木质，但是许多沉香在山野、泥泽中，它的油脂若在，它本身就不会腐坏，虫蚁不食、野兽不食，确有神奇之处；沉香的形成与其他大多数物质不同，沉香是因伤而生，形成于病痛之中，而它形成之后，却并不伤害其母体的虫蚁、细菌，祛之而不灭之，暗合大道仁慈为怀之理，以感化、教化为主，而非以祛除、破坏为目的。沉香的形成暗含天理，因此人们认为沉香确实是有气场的，具有宁静肃穆的力量和强大的气场能量，具有祛而不灭的强大气场。

二　历经磨难品性高

沉香香品高雅，而且十分难得。与檀香不同，沉香并不是一种木材，而是一种由香树"结"出的，混合了油脂（树脂）成分和木质成分的固态凝聚物。这类香树的木材本身并无特殊的香味，而且木质较为松软。在形式上，沉香也是木质部含有树脂的芯材，其质坚硬而重，能沉水或半沉水，气味浓，燃之发浓烟，香气强烈，有油渗出。以质坚沉重、香浓油足、色紫黑者为佳，锉末或磨粉用。

　　沉香形成的原因复杂，沉香在历经岁月的磨炼、长期痛苦的漫长生成过程中，将天地之间有形无形的物质经过凝聚、沉淀、挥发、转化，饱经自然的摧折，具有拙朴、内敛、越陈越香的品质。沉香成香年数的长短、含油的多少、活树还是枯树等因素都直接影响香的质量。

　　沉香的形成是由自然界诸多无法量化的偶然因素促成的，是一种自我修复、自我保护的油脂，经过时间与各种自然条件的催化，呈现出一种特有的香气。沉香气味疏忽而来，疏忽而去，在有无之间悠然变化，包含自然界所有的香气，却没有任何一种香气可以与之比拟，故沉香乃天地之合香。

　　沉香香气高雅、沉稳，能够驱虫辟邪、净化环境、安心稳神，自古以来就被人们所喜爱，奉为熏焚香的上品，被列为众香之首。人们在品味悠忽淡然的沉香香气的同时，也品味着人生的有无哲学精神之道。

　　沉香不仅香气典雅，还有通关开窍、畅通气脉、养生治病等功效，历来是一味名贵的中药材。

　　沉香因饱含高密度的沉香油脂，质地坚硬，是雕刻工艺品的上等材料。沉香雕品古朴浑厚，深沉润泽，别具风韵。沉香对雕工的技艺要求很高，其硬度远大于普通木材，而且又凝聚了油质和木质两种材料，质地不匀，不易雕琢，所以好的沉香木雕极为珍贵。

　　在佛教中，沉香的地位也很高。沉香是"浴佛"的主要香料之一，沉香木雕刻的念珠、佛像等都是珍贵的佛具，沉香制作的熏香不仅用于礼佛，还是参禅打坐的上等香品。

三　药用广泛身名贵

《本草新编》载："沉香，味辛，气微温，阳也，无毒。入命门。补相火，益阴助阳，养诸气，通天彻地，治吐泻，引龙雷之火下藏肾宫，安呕逆之气，上通于心脏，乃心肾交接之妙品。又温而不热，可常用以益阳者也。"沉香的医药功效主要是降气温中，暖肾纳气，但是阴虚火旺、气虚下陷的人应该慎服。在食疗中，沉香气香行散，降而能升，具有行气温中降逆、暖肾纳气平喘的功效，主治气逆喘息、呕吐呃逆、脘腹胀痛、腰膝虚冷、大肠虚秘、小便气淋、男子精冷。

沉香香气典雅，主辛散疏通，入肾、脾、胃经，属自然界中罕见的具有强烈抗菌效能的生药材，是一种温性药物，对冷胃、风寒湿痹有祛除作用，是行气药中最上等的药材，具有止痛、通关开窍、畅通气脉、安神、镇惊、收敛祛风等功效。在中医药效上，它是芳香健脾胃的驱气药，治气逆喘特别有效；对闭尿症、神经性呕吐、腹痛，精神抑郁导致的胸闷、胃绞痛、肝郁不舒、心绞痛等都有效果。在中国古代很多药书中都有关于沉香的记载，比如《本草备要》有记载，沉香能顺气化痰，它的气香入脾，能够调理身体，属于阳性，所以沉香的香气能进入人的右臂的命门，能暖精助阳。《大明本草》也有记载，沉香能调理五脏，益精壮阳，暖腰膝，止转筋，吐泻冷气。

《本草纲目》里记载：沉香可治风水毒肿、心腹痛，去恶心，疗霍乱，清人神，补五脏，暖腰膝，补脾胃、疗寒痹，益气神，益精气，助阳道，治淋浊，清暗疮，解瘟毒。此外，沉香对于心脑血管突发性病症也有奇效，在日本著名的急救药"救心丹"

里，沉香就是其主要成分之一。

古印度和古埃及的古籍文献都记载着香味治病的方法，所以香味疗法历史非常悠久。沉香在燃烧之前，大多数都几乎没什么香味，但在燃烧时，会产生清凉甘甜、摄人心魂的香味，这种香味能宁心定志，使人紧张的情绪放松下来，对易失眠者有镇静安神之效，能辅助入眠。它的香气也能行气、理气，祛除体内的"恶气"，调节体内气的运行。

古人用芳香疗法来医治疾病，绝大多数采用熏蒸法。人们常常燃点艾叶、菖蒲、乳香、沉香、檀香、玫瑰花等芳香物，以香气驱逐秽气、杀虫灭菌，对一些病人进行治疗以达到满意的效果。

此外沉香还具有清热祛风、凉血通脉、养心安神的作用，对心脏病引起的心跳气短、心神不安、神经衰弱、失眠多梦、昏迷丧失知觉等，有帮助和治疗的功效。

四 安神养容功效显

沉香不仅宜于熏燃，也可以研成粉末内服（外用还可治疗外伤并有镇痛作用），或以沉香片、沉香粉冲泡饮用，皆为传统的养生妙方，具有活血行气、补养气血之功效；女性常食能调经补血、驻颜美容，治疗气血两亏、面色萎黄、头晕目眩、月经不调等症。

在美容品中，沉香占有重要的地位，它是各种高级香料和美容品的香味固定剂。在中医理论里，沉香的熏燃能帮助人体激活微循环系统，缓解压力、治疗失眠，使人体保持在最佳状态。中医古籍《普济方》中记载，沉香具有活血美肤、消除黑斑、去油脂的美容功效，适合油性皮肤、易长青春痘的朋友。

泡个粗盐袋、喝碗酸枣仁汤、闻闻沉香香熏，具有安神、解郁之功效，可令人容颜白嫩，皮肤细滑，皱纹减少。沉香不止可使皮肤润泽，还可去掉难以除去的斑痕。只要极其微量的沉香末，就可使香水和脂粉的味道保持得更持久。

五　工艺收藏价非凡

沉香和沉香木还可以用来雕刻佛像，制作念珠、供香，装藏供佛等。大块的沉香已十分难得，又因其本身特殊的物理特性，凝结的地方硬，腐朽的地方脆，用刀须十分小心。沉香或沉香木制成的念珠也十分珍贵，算是念珠中的精品，一心持捻称颂佛号，香气幽荡，随用功深入而香气弥漫，能提神醒脑，开窍生慧，增加定力，助于修持。在信教群众心中，用沉香木供佛或装藏都是极有功德的。檀香也是香中之精品，沉香或檀香粉末制成的涂香或熏香也是香中之极品。沉香的产量极少，市场需求却非常大，可见沉香非常珍贵，具有很高的收藏价值。近年来沉香拍卖的成交率较高，且成交价格往往是估价的数倍甚至数十倍。1克沉香的拍卖价格从1000元至上万元不等，最高价格曾超过1万美元。

世界有三大沉香产区：一是越南、老挝、柬埔寨，二是新加坡、马来西亚、印尼、文莱，三是中国的海南、广东、广西、贵州、云南、台湾、香港等地。有资料显示，目前三大产区可供开采的沉香一年仅一吨，越南每年产沉香仅20公斤。所以，物以稀为贵，如今的收藏市场，"生病的木头比金贵"，沉香木从过去的每公斤万元飚升到每克万元，沉香木古玩屡创天价，而且大多数时候是玩家想买，但市场却不一定有货。

六　宗教圣品

汉代，随着道教、佛教在神州大地日渐兴盛，人们对这类在香木心上长成的黑褐色树脂聚合物予以神秘化，或时常在皇宫、寺庙、宅第的烟炉点燃，或制成辟邪物随身佩带。

在世界五大宗教的庆典、祭祀仪式中，燃烧沉香被视为敬奉神灵的至高形式，更是个人修行时不可或缺的圣品。沉香被视为敬佛礼神的圣品，其香能够理气开窍，且其神秘香气人工无法合成；沉香能够镇邪化煞，趋吉避凶，其气善神喜近而恶鬼远离；沉香能够定魄安魂，是唯一能通三界的香气，能祛除种种不洁，因而，沉香是世界五大宗教都认同的稀世珍宝和供奉圣品。

在道教中，香气通灵为神之信使。道教在降魔驱邪的仪式中燃烧沉香，以铜制容器装盛沉香，终日点燃，象征天地间和合而盈盛之气，称为"氤氲缭绕"。在道家养生中，沉香是修持中悟入圣道必备的珍品。其另一项用途为雕刻神像、制作木质法器等。

在佛教中，沉香的地位也很高，被认为是唯一能通三界的香气，其气味美好，能祛除种种不净，是重要的供养之一，也是"浴佛"的主要香料之一。对于沉香末、片，一般用于参禅静坐或诵经法会熏坛、洒净、燃烧。沉香木块通常制作成佛珠佩挂于身前、手腕处，于念经时拨动佛珠，沉香受体温加热，散发出香气以定神安灵。沉香对学佛弟子的静坐（坐禅）诵经、持咒有非常大的帮助，最著名的《楞严经》中的香严童子，以闻沉水香、观香气出入无常而悟本心。总之，沉香被奉为香中之王，沉香木雕刻的念珠、佛像等是极珍贵的佛具，沉香制作的熏香不仅可用于礼佛，还是参禅打坐的上等香品。

在基督教、天主教中，沉香是基督降世前三位先知带来世间的三件宝物（沉香、没药、乳香）之一。基督教《约翰福音》第十九章三十九节提到："又有尼哥德慕，就是先前夜里去见耶稣的，带着没药和沉香约有一百斤前来，他们就照犹太人殡葬的规矩，把耶稣的身体用细麻布加上香料裹好了。"

在回教中，沉香常用于重要庆典中的香熏仪式，并以沉香油为往生者擦拭身体。

除此之外，沉香有其特殊的时代使命，对于现代人的生活环境与生命境界的追求影响深远。

第一，沉香树有多高，根就有多深，种植时不需喷洒农药，有驱虫但不会杀虫的特性，是最慈悲的树种，也是修行最好的环境。反映出佛法的智慧、一切众生圆满成佛。

第二，沉香林有使人修行增长的环境，林相优美，极适合游憩、灵修区之景观，对其他树种不产生排挤，其祥和洁净的环境使人心生欢喜，心明性悟。

第三，在柬埔寨、越南，沉香树是正气的代表，而它也喜欢与其他植物共生。山林村民更视沉香为降妖驱魔的灵物。

第四，香是净土中常见的庄严，是人生命的向往，使人身心舒畅的世界。在《悲华经》《毗耶婆论经》中，详述香是净土中常见的殊胜庄严之一。也有记载香的净土，如《维摩诘经》中的香积国土，《华严经》中也说华藏世界被重重无数的香水海所围绕。

第五，沉香、沉香木或正檀香制成的香在供佛时都是上品，能传递良好的信息给诸佛菩萨，能够增长修行者之身体诸种大根。香在火中点燃，是由热中升出的清凉，弥漫于内心，使人维系正念，化烦恼为菩提。佛法修行的要义在于上供下施，以无上妙香供养诸佛菩萨、金刚、护法和历代祖师具无量之功德。《法华传记》卷十《十种供养记九》中，鸠摩罗什曾说，若要供养《法华经》，须依经说，略备十种供具，一花、二香、三璎珞、四抹香、五涂香、六烧香、七幡盖、八衣服、九伎乐、十合掌也。其中香就占四种，可见香在诸供养中之重要，而上好妙香之供养尤为重要。在诸供养中，涂香又代表戒波罗蜜，烧香代表精进波罗蜜。

唐密之中，《苏悉地羯罗经》卷上《分别烧香品》载，修佛部法应燃烧沉水香，金刚部应燃烧白檀香，莲华部应燃烧郁金香。其经卷下《备物品》中载，成就诸真言须备办五种香，即沉水香、白檀香、紫檀香、娑罗香、天木香。而在唐密六祖不空三藏《佛顶尊胜陀罗尼念诵仪轨》中载，修息灾法应焚沉水香，增益法应焚白檀香，降伏法应焚安息香，敬爱法应焚苏合香。而修《孔雀经》时应烧五香，即沉香、白胶香、紫香、安息香、熏陆香。而唐密作坛法时，须用五香，即沉香、白檀香、丁香、郁金香、龙脑香，代表一切香与五宝、五谷共置于瓷瓶中，或瓷盒、金银器中，以天地真言加持一百零八遍埋于坛中心。在唐密护摩法中，以散香、丸香投入火中，烧以供养，一方面表精进之义；另一方面散香表微细之烦恼、表痴，丸香表嗔，花表贪，燃供于火中，表示以智慧之火烧尽贪嗔痴诸烦恼。沉香在诸多香中大都列在第一位。

第六，妙香是修行中不可缺之物，佛经中就以"香光庄严"来比喻念佛三昧的作用，以母子相忆及香气染于人身比喻念佛相应，如念佛者熏染佛陀之功德，盈满身心。诸菩萨发愿成就的净土中，众妙香风随想吹拂，欲界诸天常以柔软香风触身。佛经中八功德水因发清香又称香水海，而在诸佛净土中又有以香著称的香积世界，可见香之重要。

另外佛教中眼、耳、鼻、舌、身、意六根所应对的六尘即色、声、香、味、触、法中，鼻根所应对的是香尘。另孙陀罗难陀以鼻根入道而证得阿罗汉之圣果，世尊授记其未来当得无上菩提。《楞严经》中谈到诸根圆通法门，其中香严童子就是因闻沉水香而发明无漏，证得罗汉果位："香严童子，即从座起，顶礼佛足，而白佛言，我闻如来教我谛观诸有为相，我时辞佛，宴晦清斋，见诸比丘烧沉水香，香气寂然来入鼻中。我观此气，非本非空，非烟非火，去无所着，来无所从，由是意消，发明无漏。如来印我得香严号。尘气倏灭，妙香庄严。我从香严，得阿罗汉。佛问圆通，如我所证，香严为上。"

这些是佛教中关于沉香的记载。而在基督教中，沉香则伴随着耶稣基督出生甚至死亡。《耶稣被埋葬》书中记载："这些事以后，有亚利马太人约瑟，是耶稣的门徒，只因怕犹太人，就暗暗地作门徒。他来求彼拉多，要把耶稣的身体领去。彼拉多允准，他就把耶稣的身体领去了。"

"又有尼哥底母，就是先前夜里去见耶稣的，带着没药和沉香药有一百斤前来。他们就照犹太人殡葬的规矩，把耶稣的身体用细麻布加上香料裹好了。"

七　净化环境用途多

大多数沉香木在常态下几乎闻不到香味，而在熏烧时则香气浓郁，能覆盖其他气味，且留香时间甚长，是制造香精油和天然香水的高档香料。同时，沉香香气能够去污除臭、驱虫辟邪、安心定神，使人身心舒畅，因而，在一些重要的典礼和聚会上常常直接熏烧沉香来净化环境，给人带来美妙的感受。近年来，沉香保健品、日用品的开发也越来越多，如沉香空气清新剂、沉香防晒霜、沉香牙膏、沉香香皂及洗发精等。另外，沉香的用途也越来越广泛，沉香的树头、树根及树身都可用来制作高级线香，用于拜祭和家居熏香。

第六节 人工结香、采收和加工

沉香结香有两个条件：首先是内部条件，即白木香树已经长成大树，有一定粗度、高度，内含较多油脂，有作为结成沉香的物质基础。一般情况下，树龄越大，基础越好，产量多、质量好。其次就是外部条件，即外来力量（刺激）对白木香的机械损伤，促使树干内油脂的分泌，形成沉香。还有白木香一定生长在气温高的地区和阳光充足的一面，结香好的部位都是阳光直照的一面。柬埔寨产的沉香比中国产的质量好，即因该国地处热带；中国海南沉香产量高、质量好，也是气温较高之故。据观察，郁闭度太大的地方，是不会结香的。

一 人工结香

沉香树的茎干，在正常情况下，未受伤前是不会结香的，只有经过刀砍、虫蛀、病腐后，被真菌感染，可能是在菌丝所分泌的酶类的作用下，致使木材的一些薄壁细胞里贮藏的淀粉或其他有机物质产生一系列的变化，最后才形成香脂。因此可以通过人工干预促进其结香。

（一）砍伤法

通常选择 8—10 年生、树干直径 30 厘米左右的立木，在距地面 1.5 米—2 米处顺砍几刀，刀与刀间距离 30 厘米—40 厘米，伤口深 3 厘米—4 厘米。经过一段时间后，伤口附近的木质部会分泌油脂类物质，数年后逐渐变成黑棕色，这便是沉香，时间越久越好。取香后造成的伤口，仍有可能继续结香。

（二）半断干法

在离树干基部 1 米—2 米处的树干上锯一伤口，深度可达干粗的 1/4—1/3，可在同一方向不同高度锯几个伤口，伤口间的距离为 30 厘米—40 厘米，伤口宽 3 厘米—4 厘米，呈"匚"状。群众叫开香门。久之在伤口处也能结香，经数年后便可在伤口处取香，取香后香门仍有可能继续结香。

（三）凿洞法

在距树干基部 1 米—3 米的树干上，凿数个宽、高均为 6 厘米—8 厘米和深为 3 厘米—4 厘米的圆形小洞，亦叫开香门。然后用泥巴封闭，小洞孔附近的木质部会逐渐地分泌树脂，经数年后便有可能结香。一般情况下，此法比上述两种方法结香快、结香好。

（四）人工接菌结香

在避风、向阳面，从树干同侧自上而下，每隔 40 厘米—50 厘米，用锯或凿按垂直于树干的方向开香门，深约为树干的 1/3，口宽 1 厘米—2 厘米，凿去中间的断木。如天气干燥，可用冷水淋湿伤口，随即将结香菌种塞满香门，再用塑料薄膜包扎封口，防止杂菌感染和昆虫、蚂蚁的危害，以及保持菌种所需的水分。经过几年时间，即可采收三四级的沉香，4—5 年可采收二级沉香。

（五）化学法。

经过多次试验观察，用甲酸、硫酸、乙烯利处理伤口，可刺激伤口结香，采收后再用药物处理，仍可继续结香。

（六）枯树取香法

在自然界，白木香常被虫蚁蛀蚀、病腐，受风及雷击倒（断），造成枯烂腐朽或枯死，这些部位常常结香。虽历时较长，但品质优良，至于产量多少，则难于估计。

二　采收沉香

既然沉香树经过机械（人为、自然）损伤才能结香，那么如何判断一株树是否结香呢？据老香农的经验，首先是看树干有无伤口、腐朽、残枝、断干或雷劈；其次是看树的外貌和长相，在正常情况下，出现枝叶生长枯黄、不旺，局部枯死等现象，大多数可以断定已经有香。

采收沉香一年四季都可进行，但是人工接菌结香以春季采收为宜，以便采收后菌种能继续生长。具体采收方法是选取凝结黑褐色或棕褐色、带有芳香性树脂的树干或树根（如果从树干结香后一直延伸到树根，那一定产量高、质量好），把结香的树干砍回来，根也挖回来，然后用利刀剔除白色部分和腐朽部分，进行阴干。

三　沉香加工

（一）产地加工

把已结香的木材采回后，用半圆形刀口的小凿和刻刀雕挖，剔除不含香脂的白色轻浮木质和腐朽木，留下黑色坚硬木质。然后再加工成块状、片状或小块状，放室内阴干，即为商品。

（二）炮制

取沉香或白木香含树脂的木质部分，除去枯废白木，劈成碎块，晒干，用时研成细粉或刨丝。

四　国产沉香与进口沉香的比较

进口沉香呈条块状或战盔状，表面黑棕色，花纹不明显，微有光泽，并有黑棕色树脂凝结于表面，质峰重，不易折断，纵裂面木质纤维较粗，气味与国产相同，但较浓烈。国产沉香佛珠分为四个等级，主要依据含油多少而定。一等沉香应无白木，含油十足，体质坚重；二等沉香稍显白木，含油部分占70%以上；三等沉香白木显多，含油部分占50%—70%；四等沉香白木比较多，含油部分占20%—50%。

沉香品种鉴别歌

进口沉香条盔状，表面棕黑微泽光，燃烧浓烟香四溢，油足落水优沉香。

一等沉香无白木，含油十足质坚强；二等沉香木稍显，含油七成木占三；三等白木占一半，含油五十不可偏；四等白木比较大，木占八十油汁担。最高品种茄楠沉，多年不见无迹寻，油质乌黑无木样，碎捻成团不散分。

五　沉香贸易

沉香作为天然香料，其交易形式多种多样，广泛用于香料、医药、工艺品雕刻等领域。据记载，世界上第一本关于沉香交易的说明来自 1200 年的中国官方记录，文中记录了中国主要在婆罗洲、印尼的苏门答腊岛、马来半岛和柬埔寨的沉香交易活动。此外，沉香在中国传统中医学中也有几千年的应用历史，并有"香道"等独特的艺术形式。

在国际贸易中，沉香每年的交易量可达上百吨，交易规模超过数百万美元。其两个主要终端市场分别是东北亚（包括中国台湾、日本和韩国）和西亚（中东地区），新加坡则是沉香进出口贸易的重要交易枢纽。有数据显示，中东地区仅沉香小木片的进口量在 2004—2007 年就增长了 300%，而台湾在 1995—1997 年进口量也已达到 402 吨。

中国内陆地区的沉香进口量也在逐年增加，2011 年仅 12.53 吨，到 2013 年已增加至 81.42 吨，涉及马来沉香（A. malaccensis）、柯拉斯那沉香、丝沉香（A. filaria）三个物种，主要通过新加坡中转进口到中国，并几乎全部销往莆田。福建莆田仅 2007 年至 2011 年上半年，利用沉香就已达 2.75 吨左右，交易金额为 2675 万元。

中国出口的沉香产品则以中成药和木材为主，包括白木香和马来沉香，主要出口日本、马来西亚、泰国和美国等地。随着中国国内需求量的扩大，同时受沉香资源的限制，2013 年中国仅出口马来沉香 40.22 千克。

第七节　沉香辨识

沉香全身是宝，经济价值很高，历史上就是奢侈品，现在越来越成为收藏家们关注的目标。正因如此，在利益驱动下，目前沉香赝品越来越多，学会识假显得越来越重要。真正的沉香味道纯正，可以随着时间的流逝越来越香，而赝品沉香味道五花八门，而且不久就消失变淡。真沉香的色泽会随着时间推移越来越深，油脂线越来越多，假沉香则相反。这些都是研判真伪的基本原则。

一　假货泛滥

伴随沉香价值的发现和市场的繁荣，沉香市场出现了鱼龙混杂的现象，沉香珠、沉香摆件等假货、劣质品众多。业内一位资深人士认为，沉香市场太乱，新手去买几乎100％买不到真东西，90％的人都上过当。据相关调查统计，在一些文玩市场和一些靠近东南亚的沉香集散地，沉香的假货占有率达到了90％以上，可谓假货横行。在网络市场迅猛发展的背景下，沉香假货也从线下扩展到了线上，可谓假货泛滥。据了解，现在的沉香造假已经形成了一个从收购、加工到销售的成熟产业链条。沉香假货横行，已经致很多香友和爱香人士遭受了金钱和精神损失，这对于整个正在复苏的沉香市场而言，有着非常消极的影响。

假货为何如此泛滥？有专家分析，一方面，目前沉香行业缺乏权威的行业标准和级别评定，缺乏行之有效的鉴别手段，也没有成熟的判断准则，这是沉香市场鱼龙混杂、假货泛滥的一个根本原因。另一方面，沉香市场缺乏透明的信息源以及监管措施，导致市场"跟风"严重。而法律法规方面出现的空白地带以及执法部门对沉香缺乏相应的鉴别知识和检测手段，也导致市场上流通的假沉香大行其道。所以，不少真正的玩家疾呼，为了避免沉香步红木、玉石、梅瓶等的后尘，沉香市场除了自律外也需要他律，应通过政府与行业的监管让市场理性发展。

二　造假沉香

事实上，沉香制假源头源于东南亚，已有 20 年历史。据一位不愿透露姓名的沉香商家介绍，早在 20 世纪 90 年代初，来自越南、印尼的沉香行业人士看到不少中国人在他们国家买沉香工艺品、摆件，便跟着来到中国市场考察，发现原来中国有那么多人喜欢沉香，于是制作各种假沉香产品，然后自己销往中国，甚至带着中国翻译奔赴各种展会。也就是说，海外沉香制假者和中国市场对接的时间长度，至少已经有 20 年之久。目前，业内公认的沉香制假技术比较好的就在东南亚国家，以中国台湾、越南河内为主的加工坊数不胜数。越南河内是全球以加工沉香为主的"基地"，高仿占大多数；行业内把越南的高仿沉香叫作"越南 B 货"。有沉香从业者爆料：现在有很多在越南投资建厂、专门造假的中国人将假沉香运到中国销售，当然也有部分越南人为了利润而参与，而且这些造假的工艺技术都是中国人的技术，那些造假的关键人员也是中国人。

现在的沉香市场，不仅造假手段层出不穷，而且技艺精湛。制假技术在白木泡油、打磨、仿真原木、高仿等方面几乎可以假乱真。如白木泡油，制假者会把整块白木或车好的白木珠放进一个锅炉，里边盛有化学香精材料，然后用高压注入，所打磨出来的珠子制成手串、佛珠、挂件之后，一般人肉眼看不出来，厉害的连资深行家都难辨别。造假的形式也是多种多样，竹子仿制、鳄鱼木等滥竽充数的现象也是屡见不鲜，大量的假沉香充斥市场，高价出售。辨别原料的难度要比辨别珠子大很多，因为珠子可以很明显地观察到沉香的特征，而原料除了切角来烧，基本没有其他的方式可以辨别。而且一般原料交易时，卖家是极不愿意买家当面切角来烧的，除非商家知道这块料子没有问题，但也有一些卖家不愿意。

鉴别沉香的真假首先要弄清楚目前市面上常见的假香和造假方法。

一是高压注油，做成所谓的"石头沉"，目的就是增加重量，看起来油很重，拿手里沉甸甸的，其实与真香完全不同。因为它与天然油性有着本质不同，天然的油性一般分布极不平均，而假的看上去满料都是油。沉香中的油性是通过数十年、数百年凝结而成的，部分早已成为结晶体，表面的油脂光泽简直像玻璃光一般，肉眼观察的话能轻易看到反射光芒；指肚触摸非常光滑，无任何障碍感。而煮过的料表面看上去黯淡无光，触摸无光滑感。

二是水煮或浸泡染色，人工添加香味等辅料，这种造假对新手很有欺骗性。用各种杂木泡药水、泡油做成假沉香，新手大多没尝过沉香的味道，所以一旦添加自然香味，闻起来相对比较自然，就会信以为真。有时连添加的化学香味也闻不出来。其实真香只要闻过，就会刻骨铭心。

三是注胶，也是为了增加重量，但是更为简单直接，通过针孔打入成品内部，增加其重量。

四是真假混杂，以次充好，把结香浅的做成结香深的样子，或把一般的白木香或香柏木弄上油，靠木材本身自有的香味蒙骗消费者。

三　假货特点

（一）色黑

一般来说，好的沉香是同品种之间越黑越好，不法分子制作假沉香的时候一般都会做得很黑，就好似假币大多为100元的道理一样。这也是因为大多沉香购买者一入手就喜欢要最好的，却又想要最便宜的，却不知道只有很高等级的沉香才会颜色很深，那些很便宜却很黑的沉香大多是人工染色造假的沉香。

（二）味烈

有人说"沉香香味是越浓越好"，造假者就改变工艺，使得假沉香香味比真的还要浓。虽然假沉香的香味变浓了，但缺乏真沉香香味的醇厚。大家鉴别沉香要闻其味，如果味道浮躁刺鼻，那再浓也不可买。如果其味道很醇，却不是很浓，起码能说明其是一串真的沉香。请记住，再浓的假沉香也不如淡淡的真沉香。另外"沉香是越浓越好"这个观点也是错误的，天然沉香有的开始不怎么香，但后来会越戴越香的，这些就是好货。而有的沉香味道很浓，却意味着寿命快结束了。所以辨别沉香的等级，应该根据其醇度来分辨，往往那些味道很醇却不怎么香的也是一支潜力股，以后会越来越香。

（三）掉色

沉香颜色会越来越深，有时也掉色，是为包浆做的准备，油脂只是暂时被沉香木质吸了进去，过一段时间还会变回来。假沉香由于是染色的，掉了就变不回来了。如果发现沉香掉色，请看看自己的手腕，是不是留下一圈黑色或褐色的颜色。如果有，那就是假的，因为真沉香的油脂不会留下任何痕迹。

真的沉香也会掉色，如果是真的沉香手链，其掉色的时间是无法估量的，和主人的体温变化、环境的湿度都有关系，所以说每条手链都是不同的。不同品种的手链颜色的改变也是不同的，其中最稳定的是红色的土沉沉香，变得最慢。黑褐的蚁沉沉香变得最快，其次是青黑色的水沉沉香，变得比普通黑色的土沉沉香还要快。对于水沉来说，掉色意味着会形成包浆，会变得更加香，而对于红色的土沉来说，也许其几百年都不会褪色，但如果颜色变淡也就意味着寿命的结束。而普通的土沉的情况则和水沉差不多，掉了色也会重新包浆，然后变得更香，只是土沉掉色慢，形成包浆也慢。

（四）造型

很多买家购买沉香的时候都会要求珠子要颗颗正圆，而且要无瑕疵。这说明他们不了解沉香。事实上，天然沉香的材料并不是均匀的，好的部分和次的部分是并列的，如果求好的货色，不免会捎带点次的部分进来。因而，即使是一串手链也不可避免地有点瑕疵。在加工时能做到尺寸几乎一样就很不错了，如果还要求颗颗正圆，这只有用机子加工的假沉香才可以办到。所以，如果要求好的沉香，都要容忍有点小瑕疵。人无完人、金无足赤的道理也可以应用到沉香的辨别中来。

四　辨识技巧

识别假沉香，必须凭借长期玩香、品香的经验，摸索出一定的规律。中医讲究望、闻、问、切，沉香识别讲究望、摸、闻、烧。在这里为大家介绍几点鉴别真沉香的方法，不过因为沉香的种类繁多，形成原因也不尽相同，因此也只能作为一个参考。

（一）看

在拿到一件沉香时，需要先观察其油线（纹理）是不是很清晰，颜色有没有相同的，因为天然的沉香是不可能很完美的，或多或少都会有一些小瑕疵。天然沉香不管沉香结油多寡，香和木之间都有很明显的区别，俗称花纹、油脂线。真沉香都有明显的花纹，人造的假沉香看起来比较完美，但是颜色都会有相同的地方，外观几乎没什么变化，无浓淡之别，人工做上去的花纹极其一致。仔细观察应能识变，劣质的还会掉色。

（二）摸

通常真品沉香表面会有一些油腻和冰凉的触感，这两点都是假沉香没有的。好的沉香看起来好像有层油，但摸起来不脏手，手也不会沾油。如果是假货，做上去的油会在手上留下脏脏的印记。用手反复触摸和摩擦，真沉香还会发出清幽的香味。再者可以用手去掂其重量，沉香的含油量越高其重量越大，含油量少则轻，但是这一点需要有对比，又或者有丰富的经验才能判断出来。

（三）闻

沉香是香中的极品，香味非同一般，或清新雅致，或高远悠扬，但其味一定是香的。天然的真品沉香是大自然赐予的最珍贵的香料，根据产地的不同、结香原因的不同，其香味是有区别的，这些香味是现代高科技无法合成或者复制的。一般沉香的味道刚开始闻就觉得像某种熟悉的药味，但仔细闻却想不起到底是什么味道。闻沉香的味道主要感觉就是"钻"，真沉香的味道是沿着线丝状的路径钻到鼻子里去的，感觉是一阵一阵的。把沉香装到袋子里合紧，香味可以透过袋子飘出来。目前假沉香基本上都是使用沉香油或者化学香精，高压压缩或者泡制而成的，所以假沉香的气味没有真品沉香那种清新自然的感觉。闻是最重要的鉴别手段，人的嗅觉有区别，所以闻到的味道因人而异，特别依赖经验。

（四）烧

烧是一种最直接的鉴别方法。如果通过上面三步还是无法判断出真假的话，那就只能通过熏烧的办法来闻其香味了。真香用火烧一下就会发出清幽、浓郁的香味，沉稳清神，闻起来会让人有舒服的感觉。假沉香被烧后味道一般会很浓郁刺激，气味比较浑浊，有化学品的气味，香味短促，香气杂陈，浑浊不适，闻着甚至会有恶心的感觉。

五　沉香化学成分辨识

国产沉香化学成分的研究开始于20世纪80年代，沉香中挥发与半挥发性成分，主要有倍半萜成分70多个、2－（2－苯乙基）色酮类成分90多个，此外，还有简单挥发性芳香族成分30多个。通过对沉香提取物及精油进行检验，已发现其中含有沉香呋喃型倍半萜、杜松烷型倍半萜、桉烷型倍半萜、孤木烷型倍半萜、愈创木烷型倍半萜、2－（2－苯乙基）色酮、四氢－2－（2－苯乙基）色酮，以及其他挥发性芳香族化合物等。

2015年12月1日前，中国药检部门鉴定沉香，主要参照2010年版《药典》执行，标准要求样品在符合白木香属木材构造特征的基础上，只需分析乙醇抽出物含量、显色反应、TLC即可，其中醇溶性浸出物含量按热浸法测定，不得小于10%。上述方法操作简单、分析成本低，可提供直观形象的彩色图谱，适用于日常分析检验，但是存在灵敏度低、微量成分检出困难、无法断定造假用物质的具体名称等问题。

为进一步判断沉香及其衍生产品的真伪，国内学者早期在沉香性状、理化、薄层色谱（TLC）等方面集中开展研究。对沉香木材中分离出的 132 个化学成分的统计发现，2 -（2 - 苯乙基）色酮衍生物可达 52%，且在健康的沉香木材组织中，并未发现倍半萜类成分。沉香是少数能产生 2 -（2 - 苯乙基）色酮的植物之一，因此，倍半萜及色酮类成分是当前沉香化学成分的研究重点。

采集沉香的化学指纹图谱，并借助相似度评价系统软件，以标记特征峰的方式进行判断，已成为鉴别沉香真伪的有效手段。

（一）气相色谱—质谱联用（GC - MS）

气相色谱—质谱联用具有检测灵敏度高和速度快等优点，被用于对挥发性的倍半萜类及芳香族类化学成分的定性定量分析，如苄基丙酮等有效成分的含量测定、海南沉香挥发油的气相色谱（GC）指纹图谱共有峰等。

（二）高效液相色谱（HPLC）

高效液相色谱适于分析沉香中沸点较高的色酮类等天然高分子化合物，并测定 6 - 羟基 - 2 -［2 -（4′- 甲氧基苯乙基）］色酮等沉香中活性成分的含量，可以直观、全面地反映沉香的质量。2015 年版《药典》增加了 HPLC 测试要求，确定供试样品的特征图谱中应呈现 6 个特征峰：峰 1 为沉香四醇（C17H18O6），含量不得小于 0.1%。

（三）美国鱼类及野生动物鉴定试验室（USFWS）

美国鱼类及野生动物鉴定试验室使用实时直接分析飞行时间质谱（DART - TOFMS），检出了 17 个色酮类成分，确定沉香在质荷比（m/z）为 319.118 或 349.129 时出现特征离子峰，并具有 10 个或以上 2 -（2 - 苯乙基）色酮成分。当质荷比（m/z）为 319.118 或 349.129 时，离子峰为 5，6，7，8 - 四氢 - 2 -（2 - 苯乙基）色酮及其他沉香特有成分。DART - TOFMS 检出成分虽然仍以沉香色酮类物质为主，但操作简单，可直接对固体样品进行检测，有深入研究的意义。

总之，GC、GC – MS、HPLC、DART – TOFMS 等典型化学识别技术，均满足沉香微量成分检出的需要，能够直观全面地反映沉香质量，但各方法检测的主要成分有所区别。因此，建立沉香识别技术标准，需要多种方法结合使用。同时，样品前处理方法及实验条件的不同，会使分析结果有所差异，需要优化试验条件，并建立统一的标准。

除了化学指纹图谱技术外，其他识别技术也得到了部分应用。根据沉香及其伪品的紫外吸收光谱的一阶导数光谱的区别，及两种溶剂提取物的零阶、二阶导数光谱和荧光光谱特征，可对沉香进行直观鉴别。

近红外光谱（NIR）则可以根据不同类别样品的性质分别建立模型，实现沉香的快速检测。

电子鼻基于聚类分析法（HCA）和主成分分析法（PCA）可区分不同种类的树脂。由于沉香树脂成分非常复杂，目前仍有许多成分无法得到鉴定，还需要进一步试验，明确其特征性化学成分，并对沉香有效化学指纹图谱进一步进行系统研究。同时，以化学成分分析为主的沉香识别技术的发展，需要建立具有明确身份信息的沉香标准样品库，对标样的收集提出了更高的要求。

第二章　沉香与沉香木

第一节　沉香与沉香木辨析

一　沉香

沉香是瑞香科植物白木香树受到自然界的伤害如雷击、风折、虫蛀等，或者是受到人为破坏以后在自我修复的过程中分泌出的油脂受到真菌的感染，所凝结成的分泌物（树脂）和含有的木质成分的固态混合物。沉香在组织结构上包括韧皮部（筛管、油管、油线）、导管、射线和木纤维几个部分。

二　沉香木

沉香木是瑞香科植物白木香树在结香过程中被沉香树脂浸润的木质部分。沉香树在结香过程中，分泌的树脂会浸润或滞留在其木质部分，这些含有沉香树脂的木材就是沉香木。换句话说，沉香木就是沉香木材中含有沉香树脂的木质部分。这样，沉香木就是含有沉香的木质体，只是因其结香程度不够，内部树脂含量较低，木质部分较多，因而称之为沉香木。依据沉香树的结香机理，沉香木内的树脂腺体发育成熟，在一定的条件下也可以继续结香。

三　沉香木材

沉香木材是瑞香科植物白木香树在结香过程中，树脂没有浸润的干燥木质部分，这部分源自沉香树的木质就是沉香木材，有时也被称为白木。沉香木材内不含油脂，木质疏松，其价值不大，或者基本没有价值。

四　沉香、沉香木与白木辨析

市场上，绝大多数人对沉香和沉香木认识不清，有的认为沉香就是沉香木，沉香木就是沉香；也有的认为沉香木是没有结香的白木。

事实上，这两种观点都存在误区。为了让大家明白沉香和沉香木的区别与联系，我们可以从沉香树的结香机理或者沉香的成香过程来做个分析。首先，大家都知道，在正常条件下，沉香树自然生长并不结香，只有在受到自然或人为因素的伤害后，才会分泌树脂且在受到病菌感染后才会结香。其次，树龄较低、腺体生长、发育尚不够成熟的幼龄沉香树也不会结香，只有树龄较长、腺体成熟的大的、老的沉香树才会结香。

这样，树龄较长、生长正常、没有受到伤害也不结香的沉香树，以及树龄较短的沉香树体内，都没有沉香树脂分泌和浸润至其木质部分。这类没有沉香树脂浸润的正常沉香树的干燥木材就是白木，白木木质疏松，质地较轻，经济和应用价值都不大。而树龄较长、受到外来自然或人为因素的伤害并在病菌的作用下结香的沉香树，其木质部分大都有沉香树脂的浸润。这类浸润有沉香树脂的干燥沉香木质部分才是沉香木。

五　沉香木与沉香的区别

通过以上辨析，结合上述沉香与沉香木的概念可知，沉香和沉香木都是沉香树脂与沉香木质部分的混合物，其区别在于：沉香是沉香树脂中含有少量沉香木材或木质部分；而沉香木是沉香木材中浸润有或含有少量的沉香树脂。换句话说，沉香指的是混合物中沉香树脂含量较高、比例较大的树脂及木材混合物；而沉香木指的是含有树脂，但树脂含量较低的树脂及木材的混合物。可见，沉香与沉香木在本质上是一样的，只不过其结构中沉香与树脂的比例存在差异而已。因此，在下文中，我们将对沉香和沉香木在概念上不再加以区分而统一使用沉香的概念。

六　沉香木与白木的区别

结合上述辨析，我们知道尽管沉香木和沉香木材（白木）都是来自沉香树，都是沉香树被砍伐或枯死后的木质部分，但沉香木在被砍伐前是已经结香的沉香树树体，其体内的油脂分泌腺体已经被激活，木质部分已经含有少量的沉香。而沉香木材或白木的树体在被砍伐前处于正常生长状态，没有受到伤害，体内的油脂分泌腺体还没有被激活，木质部分也没有油脂分泌。沉香木在以后的存续时间内可能会继续结香，而白木不可能结香。这样来看，沉香木与白木的本质区别有二：一是木质部分是否已经含有油脂；二是以后是否可能会继续结香。白木没有且不能结香，因而，其实际经济价值和意义都不大，也许只适合烧火用。

七 沉香木的功用与价值

沉香的价值视等级而定，一般根据地域、香气、颜色、手感等来判断沉香的级别，香味的良窳和油脂的多寡是判断沉香好坏的重要因素。沉香木则视木质纤维中油脂的多寡，以及油脂的品级、味道来定。

沉香木价值很高。首先，沉香木中含有沉香油脂，焚烧时会散发出幽幽的清香，与沉香一样是上等香料，因而有时人们对沉香和沉香木并不区分使用。在世界上很多地方，沉香木被视为珍贵的香料，用作燃烧熏香或提取香料。

其次，沉香木可以像沉香一样用来做中药。沉香木性微温，味辛、苦，能行气止痛、温中止呕、纳气平喘。沉香木的药用功能导致了其价格的昂贵。

再次，沉香木中含有沉香树脂，也具有质地坚硬的特征，自古以来还是非常名贵的工艺雕刻材料，是工艺品最上乘的原材料。明、清两代，宫廷皇室皆崇尚用此木制成各类文房器物，工艺精细，与犀角制作相同。由于沉香木珍贵且不易雕刻，少有大材，因此在拍卖市场上一旦有沉香木制作的大件物品出现，往往会有令人惊讶的表现。也正是因为它的这些过人之处，沉香木艺术品较为珍贵。沉香木雕刻成装饰品，例如手镯、茶具之类，有很好的观赏价值和收藏价值。更有甚者，将其用于制作床、椅等家具，由于兼具收藏、保健和镇宅作用，更是价值连城。

此外，沉香木还可以加工提炼沉香精油。沉香精油可以作为香水的定型剂，还可以用于医药和保健领域。沉香木纤维管内结香的油质成分和沉香同源同质，因此从沉香木中提炼的沉香精油和沉香一样含有镇静通气的有效成分，对人的健康有益。

八　沉香木的加工利用

沉香木属木材呈黄白色，久露空气后材色转深，心边材无明显区别，有光泽。其结香部位呈黑线或黑斑状；结香多时，整块木材呈黑色或黑褐色。

沉香木木材的重要鉴别特征如下：生长轮不明显，微具甜香气味，散孔材，管孔数少，略小至中，放大镜下明显，大小略一致，分布颇均匀，散生。侵填体未见，轴向薄壁组织通常不见。木射线数目中等，极细至略细，放大镜下可见，径切面有射线斑纹。无波痕及胞间道。目测观察可见内含韧皮部甚多，为多孔式（又名岛屿式），均匀分布于基本组织内。

野牡丹科的谷木和马钱科的马钱子属木材，虽然与沉香木木材构造相似，也具有内含韧皮部，但可以通过微观构造特征进行区分。沉香木木材的微观特征识别，是根据横、径、弦三个面切片的特征综合判断的。沉香木木材微观上明显可见其内含韧皮部甚多，四周围以薄壁组织，多为两侧呈突起的不规则椭圆形或长椭圆形，系多孔式，均匀分布，单位面积内的分布数量有所差异，是鉴别的重要特征之一。此外，导管为径列复管孔及管孔团，散生，单穿孔，管间纹孔式互列，导管、射线间纹孔式似管间纹孔式。轴向薄壁组织甚少，环管状，木纤维胞壁薄，具缘纹孔数多，明显。木射线非叠生，单列射线（少数多列射线，宽2列细胞），射线组织主为异形单列，少数 III 型。

对结香白木香属木材三个切面的综合观察，发现导管与射线细胞中易观察到内含物，且不同样品中内含物含量存在一定差异，这可能与产地、树龄及采集部位等因素有关。然而，依靠传统木材解剖技术一般只能识别木材到"属"，无法实现木材"种"和"产地"的识别。目前，DNA 条形码技术及稳定同位素技术得到了重点关注和较快发展。国内外学者已有实验表明，沉香树种的新鲜材及其高温干燥样品可以通过 DNA 条形码准确识别。木材构造特征识别，可以初步满足树种鉴定的需要。

沉香木板材容易干燥，板面微裂；极不耐腐，容易蓝变；切削容易，但因横断面上有内涵韧皮部存在而不易刨光；油漆后光亮性不佳；容易胶粘；握钉力弱。

沉香木木材色浅，材质轻软，宜用作绝缘材料如电线用原木、线板、开关木板、浮子，农场用作风箱、锅盖、冰柜等；亦可用于轻型包装箱、盒，独木舟，木碗及玩具等；宜作佛珠、手镯、雕刻用材。

第二节　古沉香木

一　古沉香木

古沉香木是生存百年以上的沉香树枯死或被砍伐后的干燥木质部分。在外观上，野生沉香古木是树龄在百年以上的野生沉香古树，砍伐后经剥皮、去根须处理，只留茎、干木质部分，表皮层弥漫性结有沉香，也称为沉香原木。这样，古沉香木有两大关键特征：一是来源于树龄在百年以上的野生沉香古树；二是表皮层弥漫性结有沉香。

古沉香树在百年以上的存活过程中分泌油脂的腺体已经成熟，

且绝大多数都会或多或少受到自然或人为因素的伤害，依据沉香树的结香机理，古沉香树多数已经结香，且油脂已经浸润到其木质部分。这样，源自古沉香树的木材多数都是含有沉香树脂的沉香木，被砍伐或枯死后仍然会结沉香。相较于其他木材，古沉香木可以继续结香；无论是原木形态，还是加工为沉香手串、手链、沉香木家具、沉香木木雕艺术品等，其内部都会不断产生沉香油脂，也就是说结香过程没有停止，可以继续结香。

我们已经知道，在自然状态下，沉香树在结香后枯死、倒地，无论是落入土中、落入水中，还是暴露空气中，折落的结香体都会继续结香，直至木质部分腐烂、枯朽完毕，留下高纯度的天然上品沉香。这类香品形成时间长，数量稀少，基本属于难得的珍品。稀世珍品的形成过程告诉我们，已经结香的木质香体在离开沉香树活体后依然会继续结香。基于同样的道理，我们有理由推断古沉香木会继续结香，且留存时间越长，油脂会越丰富，品性会越好。就我们所知，年份长到百年以上的野生古沉香树，在被环境干扰的情况下，许多是沿纤维管道结有沉香油脂的，并非只是在受创伤的木心部结香，而是在木质纤维中弥散性生成油脂。

现实中，一些以古沉香木为原料加工成的产品，如古沉香木被车制成珠子、手串、手链等以后，这些成品依然会结沉香油脂，时间越久，效果越明显。很多百年以上的野生古沉香树，被砍伐或枯死后的古沉香木本身都结有沉香，用这种古老的沉香木车制成的珠子、手串、手链，包括雕刻的木制艺术品，会继续结沉香油脂，结香过程不会中断，时间久了会渗出油来，也会越来越香。

二　古沉香木油脂

古沉香木内含有沉香树脂且弥散性结有沉香。依据古沉香木内沉香油脂及结香的分布形态，一般我们将市场上能见到的古沉香木分为三种：一是从根到茎到树梢，集中在树干表层较均匀地分散结香，为表层结香古沉香木。二是树表无油脂分布，但在深层木质部分分散结香，为木质部结香古沉香木。三是从根到茎到树梢，或深层或树表不规律性地呈点状、条带状分散结香，为表层、木质层不规则类结香古沉香木。这三类古沉香木形态的共同特点是都属弥散性分散结香，都没有形成集中的密集的块状堆积；并且这些古沉香木在放置1—5年后油脂分布散结会更加显现，结香特征会愈发明显，散发出的香气越加高雅。

三　古沉香木结香

如果野生沉香树生长的年头足够长，那么，取自这种古沉香树的沉香木内极有可能已经结香，且依然会不断结香。不过，这类古沉香木木质内的油脂及其继续产生的沉香油脂多形成于树的木质纤维中，呈弥漫性分布，且主要集中于木质的表层。就我们所知，年份长到百年以上的野生古沉香树，在被环境干扰的情况下，许多是沿纤维管道结有沉香油脂的，并非只是在受创伤的木心部结香，而是在木质纤维中弥散性生成油脂。我们曾剖开过野生古沉香木，发现沿着树干表层的纤维管道，有沉香油脂充塞其中；因为结香油脂分布分散且散布于木质整体，故这类香是不能用传统的取香方法截取出来，但其作为香料、药材的价值比较突出。

目前理论上认定的创伤说只是影响结香的激发因素之一，香树内部分泌油脂的腺体发育成熟应是结香的内在因素。在油脂分泌腺体发育成熟后，在受到外来伤害的刺激时就会刺激腺体分泌油脂结香，并且一旦结香条件激发，即使是离开香树母体后，也依然会延续其结香机制。这也许就是古沉香木能够继续结香的秘密。

四　古沉香木价值

野生沉香古木是野生沉香古树树龄在百年以上的，砍伐后经剥皮、去根须处理，只留茎、干木质部分，表皮层弥漫性结有沉香，被称为沉香原木。野生古沉香木的特征有四：一是来源于野生沉香古树树龄在百年以上的沉香古树。二是木质表皮层弥漫性结有沉香。三是死后可以继续结香。四是成为原木、制成各种不同的沉香木产品后仍然可以结香。无论是沉香原木，还是沉香手串、手链，又抑或是沉香木家具、沉香木木雕艺术品等，统统可以继续结香，1—5 年后年年有进展，内部结香的过程将不会停止，会不断产生沉香油脂，色泽会有变化，闻起来会越来越香。古沉香木的木质纤维中含有弥散性分布的沉香油脂，这是沉香木作为香料、药材的价值所在。

如前所述，沉香的价值一般视等级而定，根据地域、香气、颜色、手感等的不同来判断沉香的级别，香味的良窳和油脂的多寡是判断沉香好坏的重要因素。木质纤维中油脂的多寡，以及油脂的品级、味道是判定沉香木价值大小的重要依据。

古沉香木因其木质纤维部含有大量沉香树脂，且沉香弥散性分布，因而价值很高，用途甚广。沉香木纤维管内结香的油质成分和沉香同源同质，因而沉香木的主要应用领域和价值与沉香类似：

首先，是医药和保健领域，沉香木，性微温，味辛、苦。行气止痛，温中止呕，纳气平喘，可以用来做中药和保健品原料。

其次，沉香木散发出幽幽的清香，在世界上很多地方都被视为珍贵的香料，用作燃烧熏香或用来提取香料。

最后，沉香木自古以来就是非常名贵的香木料，是工艺品最上乘的原材料。沉香木艺术品属于珍贵的一类。明、清两代，宫廷皇室皆崇尚用此木制成各类文房器物，工艺精细，与犀角制作相同。

由于沉香木珍贵且不易雕刻，少有大材，在拍卖市场上一旦有沉香木制作的大件物品出现，往往会有令人惊讶的表现。沉香木雕刻成装饰品例如手镯、茶具之类的，大都有很好的观赏、收藏价值。更有甚者，将其用于制作床、椅等，由于兼具收藏、保健和镇宅作用，更是价值连城。

此外，野生百年沉香树的古木香料对人的健康有益，保健效果明显。沉香木可以提炼沉香精油。沉香精油可以作为香水的定型剂，且和沉香一样含有镇静通气的有效成分。也正是因为古沉香木的这些价值所在，致使其身价高扬，一般人难以企及。

随着野生沉香树的减少，古沉香木也越发罕见。野生古沉香木制品主要有四种：一是保留原木外观的摆件；二是用来制成手串、手链等手工艺饰品；三是用来制成家具等用具；四是制成沉香木木雕艺术品。相对沉香木，古沉香木价值更高，特别是野生百年沉香树的古木香料保健效果明显。目前，在一般市场上很难见到古沉香木，古沉香木及其制品多是出现在艺术品市场和拍卖市场。

第三节　沉香的药用价值与研发前景

我们都知道沉香的药用价值极高，素有"药中黄金"的美称。沉香的药用历史是比较悠久的，沉香作为药物，最早见于梁代《名医别录》，明代李时珍在《本草纲目》中对沉香的品种、主治和附方作了更为系统的总结。清代在沉香功效应用上又有了多种见解，更加丰富了沉香的药用功能。由此可见，沉香用药历史悠久，并且从古至今积累了丰富的用药经验，在此基础上形成了现代医学对沉香药性功效的总结，即性味辛、苦，微温，行气止痛、温中止呕、纳气平喘。在临床使用中沉香一般不单独用药，多与其他药物配伍，主要用于呃逆、功能性消化不良、尿道综合征、皮肤病、各种痛症（痛经、前列腺痛、胃痛等）、胆汁反流性胃炎等的治疗。

一　沉香药用基础广泛

长期以来，沉香在中医学、藏医学、传统印度医学里有广泛的应用。历版《中国药典》均载有"沉香"，但自2005年版始，其来源收载白木香一种。国产和进口正品沉香的功效基本一致，性味辛、苦，微温；功能行气止痛、温中止呕、纳气平喘、用于胸腹胀闷疼痛，胃寒呕吐呃逆，肾虚气逆喘急。沉香通常被加工成传统中药饮片如沉香粉、沉香饮片、沉香曲等。目前，以沉香为组方原料的中成药有160多种。《中国基本中成药》中使用沉香的中成药达47种，如沉香化气丸、八味沉香片、时疫救急丹、大活络丹、妇宁丸、妇科通经丸、小儿奇应丸、十香返生丹、沉香化滞丸等。本节对沉香的用药历史、药理作用、临床应用及产品开发等方面进行了详细介绍。

二　沉香的药用历史悠久

沉香的药用历史是比较悠久的，最早见于梁代陶弘景的《名医别录》，书中将其列为上品："沉香、薰陆香、鸡舌香、藿香、詹糖香、枫香并微温。悉治风水毒肿，去恶气。"《本草经集注》中注云："此六种香皆合香家要用，不正复入药，唯治恶核毒肿，道方颇有用处。"

西晋嵇含所著《南方草木状》是岭南的第一部本草书籍，书中对沉香有详细描述："蜜香、沉香、鸡骨香、黄熟香、栈香、青桂香、马蹄香、鸡舌香，按此八物，同出一树也。交趾有蜜香树，干似柜柳，其花白而繁，其叶如橘。欲取香，伐之；经年，其根、干、枝、节各有别色也。木心与节坚黑沉水者，为沉香。"《唐本草》注云："沉香、青桂、鸡骨、马蹄、笺香等同是一树，叶似橘叶，花白，子似槟榔，大如桑椹，树皮青色，木似榉柳。"

唐《新修本草》在木部上品中收载有沉香，指出"沉香叶似橘叶"，但在其功用记载上并无新意。稍后，陈藏器著《本草拾遗》，在木部第四卷载有："蜜香，味辛，温，无毒。主臭，除鬼气。"又在解纷第八卷收载有沉香"其枝节不朽，最紧实者为沉香；浮者为煎香；以次形如鸡骨者为鸡骨香；如马蹄者为马蹄香；细枝未烂紧实者为青桂香"，并针对苏敬《新修本草》的记载作了补充："（沉香）枝叶并似椿，苏云如橘，恐未是也。"其实二人所说均无错误，因为沉香的来源有沉香树和白木香两种，二者的叶是有所不同的。苏敬所言的是沉香树，主产于交州（今越南）；陈藏器所指的是白木香，主产于广州（包括中山、东莞在内的今珠三角地区）。可见唐代的药用沉香当已包括今天的进口沉香和国产白木香两个不同品种。同时期的李珣著《海药本草》，也载有沉香，曰："沉香，味苦，温，无毒。主心腹痛，霍乱，中恶邪，鬼疰，清人神，并宜酒煮服之；诸疮肿宜入膏用。"

对沉香功能主治记载最详细的要算五代时期吴越的《日华子本草》，该书载："沉香，味辛，热，无毒。调中，补无脏，益精，壮阳，暖腰膝，去邪气，止转筋吐泻冷气，破癥癖，冷风麻痹，骨节不任，湿风肤痒，心腹痛，气痢。"宋《开宝本草》载有沉香，但都是照抄《新修本草》的内容，宋苏颂《本草图经》亦载有沉香，并记载了易与沉香相混的薰陆香、鸡舌香（丁香）、苏合香、檀香、乳香等。宋《本草衍义》载："然《经》中止言疗风水毒肿，去恶气，余更无治疗，今医家用以保和卫气，为上品药，须极细为佳。"

明代李时珍在《本草纲目》中对沉香的品种、主治和附方作了系统的总结，他指出："沉香品类，诸说颇详，今考……诸书，撮其未尽者补之云。香之等凡三：曰沉，曰栈，曰黄熟是也。沉香入水即沉，其品凡四：曰熟结，乃膏脉凝结自朽出者；曰生结，乃刀斧伐仆膏脉结聚者；曰脱落，乃因水朽而结者；曰虫漏，乃因蠹隙而结者。生者为上，熟脱次之。坚黑为上，黄色次之。角沉黑润，黄沉黄润，蜡沉柔韧，革沉纹横，皆上品也。"书中认为沉香"辛，微温，无毒。……咀嚼香甜者性平，辛辣者性热"。其主治症除了前人所载外，还有"治上热下寒，气逆喘急，大肠虚闭，小便气淋，男子精冷"。并附有治疗"诸虚寒热""胃冷久呃""心神不足""肾虚目黑""胞转不通""大肠虚闭"

"痘疮黑陷"等病症的附方。

明代陈嘉谟的《本草蒙筌》载有沉香，并认为以黄蜡沉最好，"品极精美，得者罕稀。应病如神，入药甚捷。堪为丸作散，忌日曝火烘。补相火抑阴助阳，养诸气通天彻地。转筋吐泻能止，噤口痢痛可驱"。并加按语："（沉香）今人多与乌药摩服，走散滞气。独行则势弱，与他药相佐，当缓取效，有益无损。"

清代在沉香功效应用上多有见解，《本经逢原》载："沉香专于化气，诸气郁结不伸者宜之。温而不燥，行而不泄，扶脾达肾，摄火归元。主大肠虚秘、小便气淋及痰涎血出于脾者之要药。"《本草从新》载："诸木皆浮，而沉香独沉，故能下气而坠痰涎，能降亦能升，故能理诸气调中。"而在品种产地上并无新的论述，仅见清代赵学敏《本草纲目拾遗》中"伽楠香"条引《宦游笔记》云："伽楠一作琪楠，出粤东海上诸山，即沉香木之佳者，黄蜡沉也。"又引金立夫之言曰："现在粤中所产者，与东莞县产之女儿香相似，色淡黄，木嫩而无滋腻，质粗松者气味薄。"

综上所述，沉香用药历史悠久，并且积累了丰富的用药经验，为现代沉香药用开发奠定了坚实的基础。

三 沉香的药理功效

沉香的现代药理研究显示其功效有以下几个方面。

一是解痉作用。沉香的水煎液对离体豚鼠回肠的自主收缩有抑制作用，对组胺、乙酰胆碱引起的痉挛性收缩有对抗作用，给小鼠腹腔注射，能使新斯的明引起的小鼠推进运动减慢，呈现肠平滑肌解痉作用，该作用提示沉香对胃肠平滑肌有直接作用。

二是止喘作用。沉香醇提取物能促进离体豚鼠气管抗组胺作用，发挥止喘效果。

三是镇静、镇痛作用。沉香提取物能使环己巴比妥引起的小鼠睡眠时间延长。沉香药材中所含的白木香酸对小鼠有一定的麻醉作用，热板法实验对小鼠有良好的镇痛作用。沉香的挥发油通过蒸汽吸入对小鼠给药，降低了小鼠的自发运动活性。沉香挥发油通过吸入对小鼠给药，结果显示其具有抗焦虑作用。

四是抗菌作用。沉香煎剂对人体结核杆菌、伤寒杆菌、福氏痢疾杆菌均有不同程度的抑制作用。

四　沉香的临床应用

在现代中医的临床实践中，沉香的用途很广，中医用的沉香临症的作用如下。

一是行气止痛，对饮食不节、外感寒邪所致腹痛，以及跌打损伤、经脉阻塞、血液淤滞所致疼痛，均有理想效果。

二是降逆调中，对胃寒呕吐、阳虚便秘和治疗霍乱有很好的效果。

三是交通心肾，对由于心肾水火不能相济而失眠、头晕耳鸣、潮热盗汗、五心烦热、健忘多梦、腰膝酸软、遗精滑精有很好的疗效。

四是温肾纳气，沉香是肾虚喘咳、久病成虚喘的良药。

五是温肾暖精，对男子精冷，或先天不足、久病伤肾，或手淫恶习伤及本元以及阳痿都有良效。

六是壮阳除痹，对肾阳虚之风湿痹痛亦有疗效。

近年来，沉香在下列疾病的临床治疗中效果显著。

一是术后呃逆。沉香粉3g用纸卷成香烟状，点燃后吸入治疗术后呃逆 65 例，显效 38 例，有效 25 例，无效 2 例，总有效 96.92%。

二是胃痛。用沉香止痛散（沉香、金银花、鸡内金、当归、浙贝母、茯苓、大腹皮、香附等）治疗胃痛 103 例，结果症状全部消失 80 例，显效 23 例，有效率为 100%。

三是尿道综合征。用沉香 4g、石韦 15g、滑石 15g（包煎）、当归 10g、白芍 10g、陈皮 10g、冬葵子 10g、浙贝母 10g、苦参 10g、柴胡 10g、百合 30g、王不留行 10g、金钱草 30g、甘草 5g，每日 1 剂水煎服，15 天为一个疗程，治疗尿道综合征 56 例，显效（排尿困难、尿频症状基本消失）16 例，好转（排尿困难、尿频症状明显改善）35 例，无效（排尿困难、尿频症状稍有改善或无明显好转，或仅腹胀等其他症状减轻者）5 例，总有效率 91%。

四是风湿性心脏病。用藏药三十五味沉香散（沉香、香樟、白沉香、白檀香、紫檀香、红花等）治疗风湿性心脏病 100 例，显效 56 例，占 56%；好转 42 例，占 42%；无效 3 例，占 3%。总有效率为 97%。

五是肛瘘术后癃闭。用沉香四磨汤（乌药、槟榔各 12g，沉香、川楝子、甘草各 6g，木香 9g，车前子、泽泻各 10g，灯芯草 3 扎，水煎服，每日 1 剂）治疗 20 例肛瘘术后癃闭，结果治愈（用药 1 剂后能自主排尿，无须导尿）18 例，其余 2 例服药 3 剂后即可自主排尿。

在历代医家的医案记载中，沉香与其他药物的配伍，积累了丰富的经验，治疗范围扩展到多种疾病，现代研究也表明沉香在治疗消化系统疾病、呼吸系统疾病、心脑血管疾病、神经系统疾病以及外科、妇科、儿科、五官科和皮肤科疾病等方面都有显著疗效，在抗风湿病以及美容等方面也有较好的作用。可见，沉香的药理作用和临床应用范围是十分广泛的，其开发应用前景十分广阔。

五　沉香新药研发

沉香是道地药材，药用价值极高，是很多中药组方的重要原料，临床应用范围也非常广。随着对其化学成分和药理作用的现代化研究，沉香不但在药物研发上有广阔前景，在保健养生产品开发上也有巨大潜力。

第一，镇静止痛类产品开发。药理学研究显示沉香中沉香螺旋醇、白木香酸和缬草烯酸等成分有镇静、镇痛作用，有研究显示沉香的挥发油通过蒸汽吸入对小鼠给药，降低了小鼠的自发运动活性，具有抗焦虑作用。现代社会竞争压力大，人际关系紧张、环境污染严重使得许多人患有失眠、头痛、精神倦怠甚至抑郁焦躁症状，利用沉香镇痛镇静作用开发出熏香、沉香精油等保健品，必然对这些症状有很好的缓解治疗作用。

第二，改善过敏症状的产品开发。利用沉香的药理作用可开发出具有抗过敏功效的保健产品。

第三章 沉香树及其种植

第一节 沉香树

一 沉香树资源分布

沉香树是指在一定环境条件下能够结出沉香的树，是一种热带及亚热带常绿乔木，是世界少有的珍贵药用植物，属国家二级保护植物，也是国际保护的树材。目前，尽管学术界对能够产生沉香的植物物种范围一直存有争议，但一般认为沉香主要产自瑞香科，其中白木香属树种是被国内外广泛认同的最主要结香植物。

图3—1 白木香树

在全球范围内，野生沉香树的资源主要分布在亚洲，其中，东南亚地区沉香树种的多样性最丰富，共有 15 种；南亚地区有 3 种；东亚地区的沉香树种主要有广泛分布在中国南部的白木香（A. sinensis），以及少量分布的云南沉香（A. yunnanensis）。

在出产沉香的各个国家中，菲律宾的沉香树种种类最多，印度尼西亚则是沉香树种分布面积最大的国家，另有马来西亚、泰国、越南、缅甸等。野生沉香树在国外主要分布在越南、泰国、印度、马来西亚、柬埔寨、缅甸等地；在国内，主要分布于广东、广西、云南、福建等省区，但数量稀少，零星散存于保护区内。无论是国内还是国外，自然繁殖率本来就低的野生沉香树在多年过度开采砍伐下，数量在急剧减少。由于过度开采和植被破坏，中国野生沉香已基本绝迹，目前市场上野生天然沉香大多产自越南、老挝或马来西亚、印度尼西亚等国，且产量逐年减少，一些国家还明令禁止野生沉香出口。因此，2005 年 1 月 12 日起，瑞香科白木香属的全部物种均列入《濒危野生动植物种国际贸易公约》（CITES）附录 II 管制。

图 3—2　沉香树

为满足国际沉香市场日益增长的贸易需求，人工种植沉香树在马来西亚、印度尼西亚、中国、印度、孟加拉国、越南、缅甸、不丹、巴布亚新几内亚等多国展开，栽培和人工结香技术日趋成熟。

二　东南亚沉香资源状况

为了更好地了解亚洲各国沉香资源的情况，我们撇开"半岛"和"系"的说法，对东南亚国家从古至今的沉香树及沉香资源状况作一简单介绍。

（一）越南沉香树

越南沉香树多为蜜香树，也有部分鹰木香树，都属瑞香科，主要集中于中部山区。蜜香树的木质呈黄白色，相当松软，皮脂线有淡淡的甜香味。该树木在林中很容易引起虫蚁的啃咬及霉菌的攻击，所以多数都能结香，不管是生香还是熟香，通体都只有一色。越南沉香品种丰富、品相多样化，是个沉香高产地区。

（二）老挝沉香树

老挝沉香树以蜜香树为主，也有部分鹰木香树，这些香树主要分布于坎塞省等地，所结沉香品相多样，香气不如越南沉香，就香气、质地、纹络、颜色、造型等而言，在惠安系中属次等。

（三）柬埔寨沉香树

柬埔寨沉香树以蜜香树为主，也有部分鹰木香树。柬埔寨熟香依其香味的浓淡和优雅分为三个级别，最好的在润厚中带有玫瑰香气，其次有类似梅子蜜饯般的酸甜香气，再次之香味不足。

（四）缅甸沉香树

缅甸是东南亚国家中沉香产量最少的国家。缅甸沉香树以蜜香树为主，所结的沉香气味温浓带甜，而且甜气丰富，煎香时有绵绵的蜜糖香，相当讨人喜欢。

（五）泰国沉香树

泰国沉香树属蜜香树种，历史上曾为高级沉香的重要产地，沉香入口香软麻凉黏，香味甘甜、清凉，有果香味，也有奶油味，曾与冠绝天下的海南沉香相媲美。

（六）印度尼西亚沉香树

印度尼西亚沉香树是鹰木类种。鹰木类的沉香树结油，油块外层几乎没有活性纤维；纤维通常包裹在结油层里面，与结油层是分开的，不像蜜香树的结油因为纤维与油脂相间，故而形成各种花色斑纹。印度尼西亚的沉香树产区主要分布在加里曼丹、苏门答腊、伊利安、巴布雅等地区。

（七）马来西亚沉香树

马来西亚有多种沉香树分布，鹰木树种较多，也有少量蜜香树。由于赤道地区的日照长而雨量充足，季节变化不大，树木生长快速，所以树脂线更为明显粗大，其树干肉质的颜色比较深，一旦结香，往往结香块很大，不太密、不太硬，气味也很稳定，较之越南沉香的本味甜、凉，非常适合做中药材。马来西亚沉香产量较高，并且出产很好的红奇楠和金丝奇楠。

（八）文莱沉香树

文莱沉香树为鹰木树种，结出的沉香香韵醇厚，味道多苦麻，近似奇楠种，结油质软而密。

（九）印度沉香树

印度沉香树树种为蜜香树种。现代对印度沉香的了解几乎都源自古代的一些佛经或香方。印度虽然与其他盛产沉香的东南亚各国同属热带季风气候，但纵观地理形态，能够生长蜜香树的地方却不多。另外，从存世的笔记来看，印度沉香大多被提及，却没有过多关于质地的描述，想来品级不会太高。如今印度沉香树多为人工种植的，所产沉香也多为人工沉香。

三 中国沉香树资源分布

沉香树在中国只有一个树种，就是瑞香科的白木香，又叫土沉香木、沉水香木，是一种热带及亚热带常绿乔木。野生土沉香树主要分布在广东东南部、西南部、中部以南地区，海南全省、广西南部和云南西南部、福建南部、台湾等省区亦有分布，尤以台湾、海南的天然沉香质量最负盛名。其中，云南沉香主要产于勐腊（悠乐山）和双江，是中国境内发现的白木香属的新种。

沉香树是中国出产中药沉香的唯一珍贵植物资源，但由于多年的滥伐，中国野生沉香树资源已近绝迹，野生沉香树已非常少见。2011 年，广东珠海发现一棵野生沉香树；所幸的是在肇庆高要市大湾镇西坑村的后龙山上发现了罕见的成片生长着的百余棵野生沉香树。目前，残存的野生沉香树呈零星状分布于沿海、近海丘陵、低山以及少量的自然保护区中，已经被国家列为二级保护濒危树种（见表3—1）。

表 3—1　　　　　　　　**中国野生沉香资源情况**

省（自治区）	物种	数量（株）	面积（公顷）	平均树龄（年）
广东	土沉香	70442	742	20—30
广西	土沉香	2		40—100

续表

省（自治区）	物种	数量（株）	面积（公顷）	平均树龄（年）
海南	土沉香	59888		2—30
云南	云南沉香	零星		
合计		130332		

　　广东野生沉香树多呈零星状残存于沿海及近海丘陵低山常绿阔叶林中，并多分布于各类"风水林"中，最北、最东可至汕尾，最南、最西可至湛江徐闻县曲界镇后寮村。2001年，惠东白盘珠自然保护区内在海拔800米以下的平海半岛及山坡上发现了一些分布相对集中的野生沉香树。2006年，《新东莞》报道，东莞市清溪镇铁场发现了占地面积约1平方公里的天然沉香林，现存沉香树万余株，其中株龄200年左右、胸径65厘米以上的古树2株，其他株龄100年以上的大树约100株，50年以上大树约400株；低于百年的中龄树2000余株，小、幼树苗万株以上。

　　目前，在广西只发现有两株老沉香树，防城区大录镇有1株40年以上的野生沉香树，江山乡有1株株龄100年以上的土沉香树。

　　海南天然沉香资源主要分布于狭小的风水林和保护区内，在海南霸王岭、东寨港、甘什岭、尖峰岭、琼海、定安、铜铁岭、五指山等地区的低地雨林和山地雨林中，由于生态环境的破坏以及过度开发，数量已经很少。

　　云南沉香的自然分布主要在西双版纳州的景洪市、勐腊、勐海县以及普洱市的西盟县、孟连县、澜沧县等区域，多为零星或散状分布（见表3—2）。

表 3—2　　　　　　　　　　**中国沉香市、县区域分布情况**

省（自治区）	土沉香分布县、市
福建	福州市△、诏安县△、厦门市△
广东	博罗县、从化市、东莞市、电白县、恩平市、佛山市、高要市、高州市、广州市、海丰县、鹤山市、化州市、惠东县、惠州市、廉江市、江门市、开平市、雷州市、龙门县、陆丰市、陆河县、茂名市、普宁市、清远市、饶平县、深圳市、五华县、信宜市、徐闻县、阳春市、阳江市、云浮市、增城市、湛江市、肇庆市、中山市、珠海市、紫金县
广西	北流市、博白县、崇左市、东兴市、桂林市△、合浦县、临桂县、灵山县、陆川县、南宁市△、浦北县、新县
海南	安定县、保亭县、昌江县、澹州市、东方市、乐东县、临高县、陵水县、琼海市、琼中县、三亚市、屯昌县、万宁市、文昌市
云南	景洪市△、勐海县、勐腊县、双江县、西盟县
四川	米易县△、攀枝花市△

注：△表示生境为栽培。

在野生沉香树濒临灭绝、市场需求不减的背景下，自1999年开始，中国地处热带和亚热带的广东、广西、海南、云南、福建五省，因气候条件比较适宜，均已开展人工种植活动。广东沉香协会会长刘海燕介绍，到2014年，全国沉香树种资源的总种植面积约50万亩，其中，广东是中国沉香树种人工种植历史最悠久的地区，种植面积20多万亩，主要分布在东莞、电白、高要、化州等地。云南省人工沉香则以白木香为主，种植面积约10万亩，主要分布在西双版纳州和普洱市。海南省种植面积超过3.5万亩，主要分布在定安、儋州、澄迈、屯昌等地。广西和福建种植沉香较晚，但目前也在积极推广人工种植技术。其中，广西种植面积增加很快，已经超过10万亩，主要分布在崇左、防港城、玉林和北海等地。依据每亩种植150株估算，目前中国人工种植的沉香树约在 7500 万株，已经粗具规模。

四　中国沉香树的生态特征

沉香树别名"十里香"，又名沉水香树、沉香木树、耳香树、上沉树、白木香树、海南沉香树、女儿香树、莞香树以及岭南沉刀香树等。中国沉香树为常绿乔木，树冠高达 30 米，幼枝被绢状毛，其主要生态特征如下。

沉香树树高 5 米—18 米，树皮呈暗灰色，纤维坚韧；小枝圆柱形，具皱纹，幼时被疏柔毛，后逐渐脱落，无毛或近无毛，时有时无。

叶革质，圆形、椭圆形至长圆形，有时近倒卵形。长 5 厘米—9 厘米，宽 2.8 厘米—6 厘米，先端锐尖或急尖而具短尖头，基部宽楔形，上面暗绿色或紫绿色，光亮，下面淡绿色，两面均无毛。侧脉每边 15 毫米—20 毫米，下面更明显，小脉纤细，近平行，不明显，边缘有时被稀疏的柔毛。叶柄长约 5 毫米—7 毫米，被毛；单叶互生（见图 3—3）。

花芳香，黄绿色，多朵，组成伞形花序，无梗，或有短的总花梗，被绢状毛。花梗长 5 毫米—6 毫米，密被黄灰色短柔毛。萼筒浅钟状，长 5 毫米—6 毫米，两面均密被短柔毛，5裂，裂片卵形，长 4 毫米—5 毫米，先端圆钝或急尖，两面被短柔毛；花瓣 10 个，鳞片状，着生于花萼筒喉部，密被毛。雄蕊 10 根，排成 1 轮，花丝长约 1 毫米，花药长圆形，长约 4 毫米。子房卵形，密被灰白色毛，2 室，每室 1 胚珠，花柱极短或无，柱头头状（见图 3—4）。

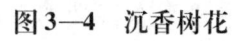

图3—3　沉香树叶　　　　　图3—4　沉香树花

蒴果果梗短，卵球形，幼时绿色，长2厘米—3厘米，直径约2厘米，顶端具短尖头，基部渐狭，密被黄色短柔毛，2瓣裂，2室，每室具有1种子，种子褐色，卵球形，长约1厘米，宽约5.5毫米，疏被柔毛，基部具有附属体，附属体长约1.5厘米，上端宽扁，宽约4毫米，下端成柄状。花期春夏，果期夏秋（见图3—5）。

图3—5　沉香树蒴果

五 沉香树适生环境

沉香树的分布区主要为南亚热带到北热带季风区，向北可伸延至南亚热带北缘，稍超越北回归线，是南亚热带常绿季雨林和山地雨林的常见树种。一般生于海拔 400 米以下，在海南和云南可上达 1000 米左右。分布区年平均气温 19—25℃，1 月平均气温 12—20℃，极端最低气温北部可达 −2℃，南部多为 4—5℃，7 月平均气温约为 28.5℃，极端最高气温 39℃。年平均降水量 1300 毫米—2400 毫米，年平均相对湿度 80% 左右。

沉香树对土壤的适应性较强，耐瘦瘠，在沙质壤、红壤及山地黄壤都能生长，但在土层浅薄、有机质少的旱瘦地长势差，生长慢，在肥沃土地则生长快，枝繁叶茂。沉香对光照的要求随株龄不同而不同。幼苗、幼龄期不耐暴晒，要求有一定的散蔽度，但荫蔽也不能太大，一般以 40%—50% 为宜。随着植株的成长，对光照的需求也越来越大，成龄树只有充足的光照条件，才能结出高质量的香。

沉香树属深根性树种，主根发达，具有较强的抗倒伏能力。另外，植株的再生能力和伐根萌蘖能力极强，在砍伐断枝后能迅速萌发新的枝条继续生长。这一特性使其在园林植物配景中容易成型，且耐修剪，是较理想的园林绿化树种和良好的生态树种。

六 沉香树生长特性

沉香树在头 10 年生长较慢，10 年以后生长显著增快。15—30 年树龄的树，树高平均年生长量为 80 厘米，胸径年均生长量

为 0.72 厘米。沉香树生长 10 年后，胸径在 15 厘米以上时就可以
人工造香。这时，沉香树结香的质量较好，且树龄越长，造香时
间越长，树脂凝结时间越久，香树结香质量越好。如果仅靠香树
自然结香，不仅结香率低，结香时间也长，很多香树可能并不会
结香。为了提高结香率，缩短结香时间，目前大多采用人工方法
使其结香。根据薄层色谱显示，人工接种黄绿墨耳菌产生的沉香
与市售天然沉香的挥发油成分显色斑点相同，因此人工结香是可
行的增加沉香产量的一个重要手段。

第二节　沉香树育苗

在中国年平均气温 20℃ 以上无严重霜冻的地区，都可以种植
沉香。如果要进行大规模种植，应当选择海拔 500 米以下，地力
中等的丘陵山地地区进行种植。沉香树种植时育苗的方法有三
种，分别是种子育苗、阡插育苗和压枝育苗。

一　种子育苗

种子育苗包括采种、果实处理与储存、苗圃选择、播种、苗
期管理和苗木出圃几个环节。采用种子育苗时，首先是采种。为
了保证种子的质量，采种时要选择树龄 10 年以上，干形粗大、生
命力旺盛，冠大、完整、分枝均匀、对称，挂果量高，健康状况
良好的母树采集。最好是在果实由青绿转为黄白，种子呈棕褐色
时，连果枝一并采下时就马上组织人员采种，过早采种，种子未
成熟；过迟采种，果实开裂种子掉落后不易采集或发芽率不高，
因此确定采种期非常重要。

　　沉香果实采收后一定要及时处理，收集种子，以免果实或种子发热、发霉变质，影响种子质量。可以将果子放在通风处阴干，不能日晒，经2—3天，果壳开裂，种子自行脱出。种子处理好后，为了确保种子发芽率不降低，应尽快播种或采取有效的贮藏方法贮藏，否则，种子容易发霉变质。一般情况下，种子脱离果壳后，很容易丧失发芽力，在常温下，自然置放5天后，发芽率呈直线下降，10天后，几乎没有发芽力。若不能及时播种要妥善贮藏，一般采用保湿法。如果没有种子贮藏经验者，为保证种子发芽率，种子最好应随采随播。

图3—6　沉香苗

　　播种方法常用撒播、条播、点播等方法，即将种子在苗床上撒播、条播或点播。具体做法是在苗床上，按行距10厘米—15厘米开浅沟播种，或将种子均匀撒在苗床上，然后将种子轻压入土。宜稀播、浅播，播后覆盖厚1厘米的火烧土或细砂，以不见种子为度。沉香树幼苗喜阴，荫蔽度以40%—60%为宜，因而出苗期和幼苗期的管理要特别精心细致，应及时注意遮阴、保湿以及病虫害防治。

二　扦插育苗

沉香树扦插育苗是其良种选育中的重要手段，其特点是苗木见效快、不受种子季节影响，而且苗木能保持母株的优良性状并遗传给子代。在扦插育苗时，首先要选择粗壮、高大、干形圆满通直的白木香作为优良采种母树，采种后再选择大粒、饱满、无病虫害的种子育苗，然后选择苗高、茎粗、生长健壮的优势（优质）苗木来种植，营建白木香采穗圃。然后，用红壤土、河沙和椰糠按 6∶3∶1 的比例混合搅拌均匀后作为扦插基质，再制作成扦插苗床。扦插前 1 周先对扦插床进行充分消毒，即先将扦插床整平。然后，用 500 倍液的高锰酸钾溶液 +1500 倍液的辛硫磷溶液均匀浇洒在扦插床上，每平方米苗床约用 9 升药液。浇透扦插层后用薄膜覆盖 1 周，扦插前再揭开薄膜浇透清水，以备扦插。也可以将扦插基质装入营养袋或育苗管中，提前 1 周消毒，扦插时直接将穗条直插入容器中。

扦插枝条采集时间以早上 9 点前采集为宜，以避免枝条损耗太多的水分与养分，并方便枝条采集回来后开展处理枝条的工作。枝条选择以生长旺盛、健壮、圆满通直、无病虫害、发育充实的 1 年或半年生枝条为宜，枝条采收回来后要尽快处理以免失水干枯，如不及时处理，应进行喷水盖布保鲜。

扦插季节应选取在每年的 11 月至次年 3 月为宜，其他季节扦插成活率较低且成本大；扦插时间以傍晚扦插为宜；扦插前，插穗先用 1000 倍液的百菌清药液浸泡消毒 5 分钟后，再用 250ppm 的吲哚丁酸生根液浸泡插穗基部 6 个小时后，取出插穗按其生长端方向垂直插入扦插床中或营养袋中，注意插穗不能倒插。扦插时，先用比插条稍大的木棍在已消毒好的扦插床上或营养袋中打穴，深度为6厘米—8厘米，与插穗入土的深度相等，然后将处理好的插穗插入孔中，穗条插入土壤后地面上部分至少要保留2个以上芽眼或叶节，插后用手指或小木棍将插孔压实，然后立即淋水定株。

穗条扦插后，要注意遮阴与浇水，最好是搭建高位荫棚遮阴。一般情况下穗条从扦插到生根成苗的时间大约是60天。穗条生根成苗后要注意及时选留主干，摘除多余的萌蘖、侧枝和侧芽，苗木生长至苗高50厘米后再揭开遮光网并且逐渐让苗木在全光照下生长。

三　压条育苗

压条育苗也是沉香树良种选育的有效方法之一。压条育苗就是在长势优良的白木香树上选取健壮的枝条，从顶梢以下大约30厘米处把树皮剥掉一圈，剥后的伤口宽度约有1厘米，深度以刚刚把表皮剥掉为限。剪取一块长15厘米—20厘米、宽8厘米—10厘米的薄膜，上面放一些淋湿的混有生根剂的泥土，像裹伤口一样把环剥的部位包扎起来，薄膜的上下两端扎紧，中间鼓起。约4—6周后生根。生根后，把枝条连根系一起剪下，就成了一棵新的植株，即苗木。

第三节　沉香树栽植

沉香树喜高温，适宜生长的气候条件，年平均温度20℃以上，最高气温37℃，最低气温3℃，在冬季短暂的低温霜冻条件下也能生长。幼株喜阴，荫蔽度以40%—60%为宜，成株喜阳，只有充足的光照，才能正常开花结果和结出高质量的沉香。沉香喜润湿、耐干旱，对土壤要求不高，在酸性的砂质壤土、黄壤土和红壤土里均能生长。

一　选地和整地

白木香适应能力较强，对土壤要求不严，避风向阳的缓坡、丘陵，红壤或山地黄壤均可栽植。一般种植白木香树需要苗圃培育1—3年后移植。移植野生沉香树苗的时间一般选在春季进行。春季3—4月气温回升，春梢尚未萌动或刚萌动时，选择阴雨天定植，成活率可达95％以上。而由苗圃移植带营养袋的幼苗则无须特定的季节也可进行，一般只需避开一年里最热和最寒冷的部分日子就可以了。

二　沉香树定植

栽植沉香树与栽植普通果树苗并没有多大区别。由于幼苗侧根较少，裸根苗栽植则在起苗时应尽量多带宿土。植前应将幼苗下部的侧枝及叶片剪去，只保留上部部分叶片，并将叶片剪去一半；修剪过长的主侧根，蘸上黄泥浆，有条件的添加鲜牛粪更好；营养袋育苗的宜撕裂塑料袋。栽植时苗要正、根要舒展，分层填土、压实、踩紧，淋足定根水，最后覆层松土。

栽植时按株行距挖穴，穴的规格为宽50×50厘米、深40厘米。挖好植穴后，先回填表土，这时要配合投放基底肥。每株用量为复合肥100克、钙镁磷100克、过磷酸钙250克，结合回填土混合均匀。但要注意投放肥料的顺序：先放复合肥料混匀表土—投放钙镁磷、过磷酸钙—混匀表土，然后将苗栽植其上。这样做的目的是，避免根系直接与复合肥接触，又可使根系直接接触到钙镁磷和过磷酸钙，有利于生根。栽植时要注意适当深栽，避免露出地径基部。栽植后，整个回填土应略高于穴面成小丘形，或开排水沟，切勿积水、土埋，以免烂根。

沉香树栽植密度，不能一概而言，要视条件而定，水肥、条件很好的地方为 2 米 ×3 米，每亩种植 100 株左右。土地不太肥沃、雨水偏少的地区多采用 2 米 ×2.5 米的规格种植，每亩种植 120 株左右。沉香幼苗不耐旱，移苗后要早晚淋水 1 次，保持土壤湿润。如无天然荫蔽应搭棚遮阴。每年 5— 8 月，每月除草 1 次，防止杂草盖住小苗。

三　沉香树定植后管理

（一）初期管理

沉香树定植初期，需要注意预防干旱，视天气情况及时浇水。树苗幼龄期每年 2—3 月、6—8 月、10—11 月各除草松土 1 次。幼树期结合除草，每年施肥 2—3 次。旱季，薄施人畜粪水或硫酸铵、尿素兑水施。雨季，要在穴周开沟，施有机肥掺过磷酸钙；如果是成龄树则开沟增施有机肥和绿肥。沉香幼苗时树体小，又需要一定的荫蔽度，最好在行间间种几行红豆、绿豆等豆科作物，适当控制其高度和密度，不能过度遮掩沉香。为利于主干挺直及人工结香，每年秋冬修剪 1 次茎干下部侧枝、病弱和过密的枝条。第一年修枝要轻修，只剪去树头的侧枝、病虫枝、弱枝和过密的枝条即可，不能过分剪除所有侧枝以影响生长。以后，随时间的推移，幼树逐步长高，才逐步向上修剪。一些侧枝最好分两次剪除，第一次剪去一半，以保持一定绿叶面积，第二次再贴树干剪除。

（二）成龄后的常规管理

松土、除草，沉香树栽植后需每年在5—6月伏旱前和8—9月进行松土、除草。将清除的杂草铺盖根际，逐年逐次翻埋入土，增加有机质。施肥，如果长势不是特别差、生长不是特别缓慢，沉香树一般不需要特别施肥。利用除草除出来的杂草翻埋入土已经可以有效增加有机质供树木生长。如果发现生长的确有问题，可适当在2—3月春梢萌动前，施入人畜粪尿水，以促进抽梢、发芽，加速生长就可以了。原则上沉香树以其自然生长所结的香会更纯，更易结香。修剪沉香树是主干结香的树种，所以要促进主干的生长，有利结香，一定要适时修剪，把下部的分枝、病虫枝、过密枝逐步剪去。

（三）病、虫害管理

在幼苗时期（一般在苗圃时期）要留意幼苗枯萎病的发生，发病时容易导致幼苗枯萎死亡。老苗床、排水不良、种植密集易发病。还有一种炭疽病危害叶片，初为褐色小点，后扩展呈圆形、椭圆形至不规则形斑，有些病斑呈轮纹状，严重时叶片脱落。阴雨潮湿、露水大时有利于病害的发生。如果发现有蔓延情形或大范围发生则需进行处理。

沉香树是野生树木及其生长特性，一般很少会有虫害。最有可能出现的虫害为卷叶虫、天牛、金龟子等常见的害虫。有零星的虫害出现也无须特别管理，但如果出现大面积的虫害则需要进行灭虫。一般使用普通的农药进行喷杀灭虫即可。杀灭卷叶虫可在卵初孵期用25%杀虫双或80%敌敌畏800—1000倍液喷雾；灭杀天牛可用注射器注射80%敌敌畏800—1000倍液于虫孔；灭杀金龟子则用50%敌敌畏乳油800—1000倍液喷雾或人工捕捉。

第四章　沉香树结香的价值

第一节　沉香树结香机理

一　沉香树结香机理

沉香树在正常条件下是不会结香的，只有受到自然外力或人为的机械损伤后才能结香。近年来，中国医学科学院药用植物研究所提出人工诱导通体结香技术，诱导 6 个月后得到的沉香已基本可以满足药用价值。另外，沉香树一定生长在气温高的地区和阳光充足的一面，结香好的部位都是阳光直照的一面。柬埔寨产的沉香比中国产的质量好，因为该国地处热带；据观察，郁闭度太大的地方对结香不好。

二　人工造香

沉香树种植 5—7 年后，胸径 10 厘米时即可人工造香。种植经验表明树龄愈大，结香越多，种菌期限越多，树脂凝结时间愈长，结香质量愈好。沉香树经过刺激结香，一般的 1 年，质量优的 3—5 年，10—20 年即可生成较好的沉香。出现枝叶生长不茂盛，外形凋黄，局部枯死等不正常现象，大多数都可判断已结香。

三　造香方法

造香方法有多种，而且正在不断创造和实践中。目前常见的有砍伤法、半断杆法、凿洞法、人工接菌结香法、枯树取香法、化学法。

四　采香及加工

沉香树经过造香刺激后结香，对沉香树已结的香进行采集就是采香，短的1—2年，一般3—5年即可采香。结香时间越长，沉香的产量越高、质量越好，故有的人10—20年后才采收。

视沉香树的结香情况，一年四季均可进行采香，但人工结香的采集还是以春季为宜，以利采收后菌种继续生长、继续结香。具体方法是：选取凝结成黑褐色或棕褐色，带有芳香性树脂的树干部分，分割截取，残存活株仍可以结香；如果树干结香后一直延伸到根部，应一并挖起采收。

采回的树干、树根需要初步用利刀剔除白色部分和腐朽部分后阴干。然后，再进一步用具有半圆形刀口的小凿和刻刀雕挖，剔除不含香脂的白色轻浮木质和腐朽木，留下黑色坚重木质，即沉香。接下来，再把留下的沉香材质进一步加工成块状、片状或小块状。最后，将初步加工处理后的片状或块状沉香阴干，即成沉香商品。沉香块或碎末可以制成为沉香末和沉香粉，沉香末和沉香粉可入药。

五 沉香木产量

沉香的产地约集中在北纬 20 度地带，目前，世界上主要有三大产地：一是越南、老挝、柬埔寨，三地所产沉香统称惠安香；二是新加坡、马来西亚、印尼、文莱，四地所产沉香统称星洲香；三是中国的海南、广东、广西、贵州、云南，所产沉香统称莞香。世界三大产地中，越南沉香最为著名，中国则以海南沉香最为著名，故又称"琼脂"，沉香中品质最高的称为"奇楠香"。

沉香用途广泛，经济价值高。由于人们对珍贵沉香的大量采挖，沉香树原始林遭到严重破坏，加上天然林更新能力弱，现广东省内仅存零星散生的残存植株，全国野生资源已近枯竭。

沉香树被国家列为珍稀濒危二级保护植物。人工种植林较少，国产沉香木产量严重不足，市场需求不断扩大，供需矛盾突出。

据统计，2014 年中国国内沉香木产量约为 101.7 吨，产量较 2013 年的 96.5 吨增长 5.4%（见图 4—1）。

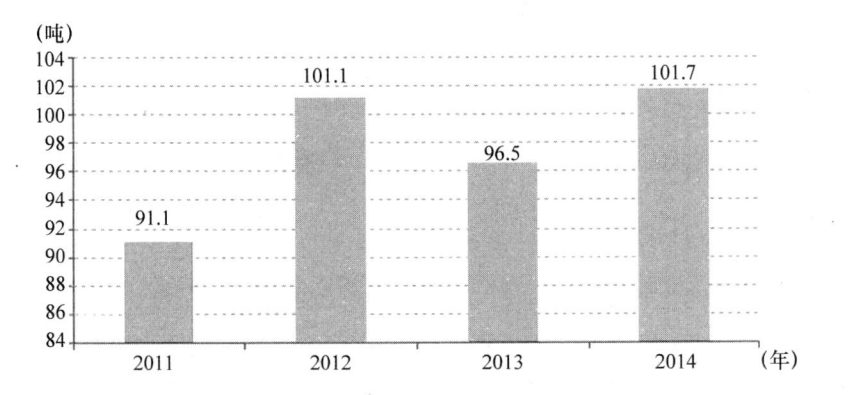

图 4—1 2011—2014 年中国沉香木产量走势

资料来源：根据中国产业信息网整理。

沉香树因病变开始结香后，会经历漫长的生长期，至少需要几年至十几年的时间，一块优质的沉香木要数十年甚至上百年才能形成，产量极少，市场供不应求，因此十分珍贵，具有很高的收藏价值。数据显示，2011—2014 年中国沉香产量基本保持不变，预计未来几年，产量保持在 100—120 吨（见图4—2）。

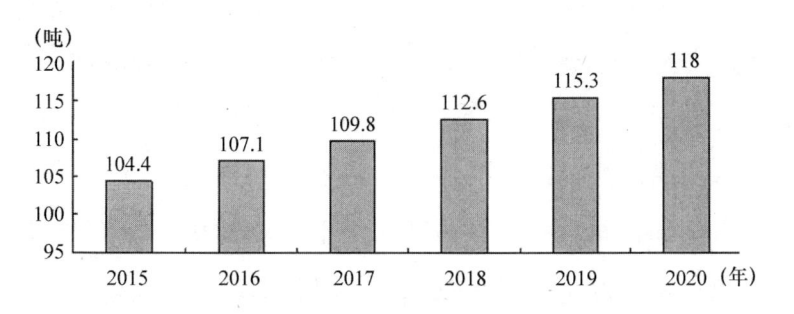

图4—2   2015—2020 年中国沉香木产量预测

第二节   沉香树的价值

一   观赏、生态价值

沉香树形美观，树姿优雅，全年常青，叶绿而亮泽，花香怡人，是一种较理想的高档绿化树。沉香树幼树分枝呈两叉状，天然形成一木多干的奇特景观，其神奇的特点是驱虫而不杀虫，不会排斥其他植物物种，与周遭植物共生共荣，从而真正有益健康，能净化空气，美化环境。果实观赏价值也较高，成熟时宛如一盏盏青翠欲滴的桃状小灯笼，挂满枝梢，摇摇欲坠；果实成熟裂开后有一白色丝状物将黑褐色的种子与果瓣相连，随风摇动，妙趣横生。沉香自古就被认为"香中之王"，现科学证实其所发挥的香气（挥发油）能使人体中的内分泌调节良好，而其香能通窍，能刺激大脑皮层使脑细胞活化，使内脏能良性运行，例如能够加强心、肾、肝功能，使人精神饱满、头脑清醒、心情愉悦等。街道两旁、城市公园、小区、办公楼周围、庭院等地种植沉香树，既可美化环境，又能使人心旷神怡，全身通畅。

二　经济价值

沉香树全身是宝，所产的沉香是市场紧俏的名贵中药材、上等香料，还可以制作昂贵工艺品。沉香树皮纤维柔韧，是制作打字蜡纸、钞票纸等高级纸张和人造棉的好原料，沉香树皮造的纸带有一种独特香味。沉香树干可制作各种高级家具、用具，还可作为培育健康菌类的"土壤"。沉香木材、树头和树根都可用来制作高级线香（拜祭用和香熏用）或者工艺品（佛像、吉祥物、念珠、流行项串、流行手串等）。沉香种子含油率高达 68.5%，远高于其他木本植物，且具有重要的营养价值。沉香种子可为中国的生物质燃料提供丰富的可再生原料，作为食用油亦有一定的潜力，但需与其他油脂调和使用；也可以提取香精，供厂家加工制作香皂等美容化妆品。

沉香树叶具有多种有益于人体健康的化学成分且口感良好，可制作茶叶，具有助睡眠、养颜美容、排宿便、消胀气等作用。沉香碎料可压制成香熏片，用于改善居室环境，对呼吸道疾病和心脏病、心绞痛也有很好的缓解、治疗作用。

另外，沉香树所结的沉香除了被开发成"沉香酒""沉香蜂蜜"等形式多样的深受市场喜爱的健康产品外，用沉香木制作成的佛珠或雕佛以及串饰也因其自古便被视为驱虫辟邪的上乘圣物而备受市场欢迎，高品质的沉香雕刻成的佛像或者其他工艺品，价值更无与伦比，极具收藏价值，为商界及有识之士所喜爱，成为收藏佳品。可见，沉香树全树都可以利用，且用途极广泛，经济价值极高。

三　药用价值

沉香树所结的沉香气味芳香，性辛，微温，无毒，具有行气镇痛、温中止呕、纳气平喘等功效，对于治疗腹胀、胃寒、肾虚、气喘有明显疗效，常用于治疗气逆胸满、喘急心绞痛、积痞、胃寒呕吐、霍乱、男子精冷、恶气恶疮等症，是一味名贵中药材，且药用历史悠久。

中医典籍的相关记述也甚多，我国最早关于沉香药用的文字记载始于梁代陶弘景所著的《名医别录》，"沉香、薰陆香、鸡舌香、藿香、詹糖香、枫香并微温。悉治风水毒肿，去恶气"[1]。后来西晋时期嵇含所著的世界最早的植物志——《南方草木状》，对沉香的药用做了详细的介绍[2]。五代时期李珣的《海药本草》[3]和吴越撰的《日华子本草》[4] 比较全面地总结了沉香的药效，"沉香，味辛……心腹痛气痢"。明朝李时珍的《本草纲目》对沉香的品种、功效作了系统的总结和补充，认为沉香"辛，微温，无毒……咀嚼香甜者性平，辛辣者性热"，主治症除了前人所载外，

---

[1] （梁）陶弘景：《名医别录》（辑校本），尚志钧辑校，人民卫生出版社 1986 年版。

[2] （晋）嵇含：《南方草木状》（影印本），广东科技出版社 2009 年版。

[3] （五代）李询：《海药本草》（辑校本），尚志钧辑校，人民卫生出版社 1997 年版。

[4] （五代）吴越：《日华子本草》，安徽科学技出版社 2005 年版。

还增加了"治上热下寒，气逆 喘急，大肠虚闭，小便气淋，男子精冷……"，并且记载有治疗"诸虚寒热""胃冷久呃""心神不足""肾虚目黑""胞转不通""大肠虚闭""痘疮黑陷"等病症药方。到清朝时期，吴仪洛辑的《本草从新》和黄宫绣的《本草求真》在沉香的功能主治上再次有了新的见解与突破。自古以来，沉香作为一味名贵中药材在我国中药应用领域一直处于非常重要的地位。

从中医的角度来说，焚香当属外治法中的"气味疗法"。沉香块不起明火，慢慢燃烧会黑炭化，熏出的袅袅白烟香气四溢，利用燃烧发出的气味，可以免疫辟邪、杀菌消毒、醒神益智、养生保健，据说还有防蚊虫、防潮等功效，因此备受人们青睐。过去，人们流行用熏烧沉香来辟邪、除秽、驱鬼，其实就是这个道理。沉香还被加工成传统中药饮片，如：沉香粉、沉香饮片、沉香曲等。近代临床试验研究表明，沉香还是胃癌特效药和很好的镇痛药。当今，以沉香组方配伍的中成药已有160多种，如沉香化滞丸、沉香养胃丸、沉香化气丸、八味沉香片等。可见，沉香的药用范围很广，价值很高。

四 收藏价值

沉香树因病变开始结香后，会经历漫长的生长期，至少需要几年至十几年的时间，但一块优质的沉香形成需要数十年甚至上百年。据悉，世界上盛产沉香的越南，每年的高品质沉香产量只有十几公斤。沉香的产量极少，市场需求却非常大，可见沉香非常珍贵，具有很高的收藏价值。如今，再经过名家雕艺大师之手，人工"美"化后的艺术品则价值更为不凡。1克沉香的拍卖价格从 1000 元至上万元不等，最高价格曾超 1 万美元。在拍卖市场，沉香拍卖的成交率较高，且成交价格往往是估价的数倍甚至数十倍。苏富比、佳士得等国际拍卖公司均推出过沉香，而国内的瀚海、嘉德、古天一均成功推出沉香艺术品及香文化艺术品拍卖，其中北京市古天一国际拍卖公司自 2006 年以来，多次沉香拍卖都取得了 100% 的成交率。

当今，沉香在保利、嘉德等拍卖会上屡创新高。2012 年北京保利春拍的一幅沉香雕仙山楼阁嵌西洋镜座屏成交价高达 2070 万元人民币，一举打破国内沉香艺术品拍卖纪录。从 2002 年前顶级沉香仅百十元，到今天万元一克，甚至极品沉香有价无市的盛况，沉香成功从早前熏香用具虽广为人知，紫檀青花、白玉玛瑙的香炉鼎具不菲天价却争相竞拍，而用具之根源香料本身却乏人问津的怪圈中跳出，以不可抑制的高势，独占艺术藏品之鳌头。2014 年，在艺术品拍卖市场，沉香产品的交易价值高达 1000 亿元。

五　沉香树价值拓展

目前，对沉香树的应用研究主要集中在结香、叶、果实、种子、树皮、树干等部位。

沉香挥发油是沉香挥发性药效的主要成分。很多研究人员通过实验从沉香中分离的挥发油中倍半萜、芳香族化合物和脂肪酸的含量占总量的 80% 以上。研究表明，沉香挥发油中一些倍半萜成分沉香螺旋醇具有安定作用，沉香螺旋醇的差向异构体苍术醇具有抗胃溃疡、提高大脑血液循环和新陈代谢等活性，白木香酸和缬草烯酸具有一定的催眠麻醉作用。

近年来，研究人员从沉香叶中分离出芫花素、木犀草素等多种黄酮类物质以及10多种抗肿瘤活性化合物。沉香树叶中的芫花素、木犀草素等黄酮类物质具有祛痰平喘等作用。研究表明，这些黄酮类物质可能为白木香叶抗氧化活性的主要成分。另外，沉香叶回流提取的浓缩提取物，经药理实验研究表明，沉香叶的醇提物具有镇痛、抗炎、促进小肠运动、止血、抗脑缺血缺氧、降血糖、抗肿瘤等活性。这为沉香叶产品开发提供了理论基础。

沉香叶的产品开发应用相对较少，主要见于沉香茶的制作。例如，用沉香叶的成熟老叶和嫩叶按照不同比例混合，可制得口感极好的沉香茶，用于通便排毒、促进睡眠、降脂益气等。再如，用肾茶、白木香叶、甘草等按照一定的比例加工可制作出沉香肾茶，具有清热解毒、利肝通淋、降气温中、暖肾纳气等功效。再如，用沉香老叶、嫩叶、巴戟天、肉双蓉、西洋参等可配制出保健食品，用于排毒养颜、改善睡眠、降糖降脂、补肾、增强免疫等。其中沉香叶有排毒养颜、改善睡眠、降糖降脂、益气益精等功能；巴戟天和肉双蓉主要用于补肾阳；西洋参具有提高免疫、镇静抗炎、降血脂的功效。

第三节　国内沉香树价值开发情况

近年来，由于沉香有很高的商业价值，加上市场的炒作和香文化的兴起，沉香被越来越多的人所喜爱，也有越来越多的人开始收藏沉香。从沉香资源产品开发的市场情况来看，沉香产品类型不断丰富，主要有念珠、手链、摆件、工艺品、香囊、沉香精油、香材、香粉、枕头、药材、燃香等各种类型，且市场需求不断扩大。同时，沉香正由收藏转向保健领域，随着沉香沐浴露、沉香茶等沉香保健产品的开发上市，沉香保健产业前景看好。

伴随沉香市场的火爆，其上游的沉香树树苗培育、栽培及种植市场也开始备受关注。目前，国内各地沉香及沉香树市场的开发大致情况如下。

广东：少数企业已开始实验人工结香，但沉香的含油量不高，虽能达到中国药典标准，但就品质而言，效果不佳，能实现的经济效益还不理想。另有沉香茶、沉香树苗、沉香手链、沉香饮片、沉香粉等。

广西：目前，广西还没有沉香生产企业，沉香树属新造林，还不能生产利用。

海南：一些企业正在进行沉香产业化发展的有益探索，开发了沉香油、沉香茶、沉香酒等新产品。据介绍，据测算，每公顷种植 2250—3000 株沉香树，每公顷 10 年左右可创 300 万—600 万元，17 年左右可创 600 万—1500 万元的高效益，前景广阔。2010 年，海南市场普通沉香售价在 60 元—80 元/克 不等，上等沉香价格更加昂贵，价格从每克几百元到上万元不等。海南好的沉香品种软丝紫奇楠，眼下每克的叫价已经接近 5 万元。海南大多数沉香种植企业种植时间不长，没有结香，也没有加工利用及经营情况。

云南：西双版纳青松林业有限公司利用人工种植的沉香树枝、叶、花、果及少量沉香加工开发出了沉香茶、沉香精油、沉香泡酒、沉香膏、佛香及泡脚药料等产品，但目前仅有沉香茶一个产品在西双版纳州内试销售，其他产品还未走入市场。

福建：福建省的莆田是全国最大的内销木雕工艺品的主产地

和集散地，具有"中国木雕之城"的美誉。沉香经营加工利用产业主要集中在莆田。作为目前全国规模最大、配套最齐全的全国性工艺品专业市场的莆田工艺美术城就有 100 多家店面摆卖沉香木及其制品，也是世界上最大的檀香、沉香交易基地。

在福建本地，沉香木主要用于雕刻制作工艺品，如佛像、小挂饰、佛珠串等，剩余碎料常用于制作香。销售最多的也是工艺品类。这些制品绝大部分销往全国各地。优质的沉香木本身价值就高，加上工艺品的艺术含量，一件沉香木工艺品少则上万元，多则百万、千万，甚至上亿元。据调查，福建近几年，特别是从 2007 年开始，沉香木及其制品的交易增多，近年，沉香木利用达 2.75 吨左右，交易金额 2675 万元，其中，木雕工艺品的交易金额就占 75%。

综上所述，为了缓解沉香市场需求不匹配的问题，在积极保护野生沉香树的基础上，加大沉香树人工种植力度，积极推广沉香树结香技术，不但有利于保护沉香树这一濒危物种的野生种群，也有利于缓解供求失衡现状，是促进沉香行业稳定可持续发展的重要措施，也是维护生态系统的安全、推动地方经济发展和带领百姓脱贫致富的重要途径。

第二篇

✦

珍赏沉香千年文化

第五章　中国沉香文化故事

> 银叶荧荧宿火明，碧烟不动水沉清。纸屏竹榻澄怀地，细雨轻寒燕寝情。妙境可能先鼻观，俗缘都尽洗心兵。日长自展南华读，转觉逍遥道味生。
>
> ——明·文徵明《焚香》

一　神话传说：七仙女点香求助

道教的群众基础相当广泛，且传统悠久，沿传许久的一些道教传统已经成为某种约定俗成的风俗习惯，传至在中国大地上的每个角落，烧香更成为中国民众对神灵的崇拜形式之一。如在《天仙配》故事中，香就是众仙女之间联络的快捷工具，七仙女通过烧香来向诸位姐姐求助。

传说汉朝的时候，淮南地方住着一户贫苦人家，父子俩相依为命，儿子名叫董永。董家靠租种地主傅员外家两亩薄地维持生活，父子二人早出晚归，辛辛苦苦，遇到风调雨顺，打下的粮食除了交租，还可以勉强糊口。不料这一年老天大旱，秋后颗粒无收，地主催租逼得紧，老汉一急之下病倒了。董永是个孝子，他想方设法给老爹爹四处买药，可是当他提着草药回到家中时，老父亲已经咽了气。董永心中悲痛万分，眼下手中分文皆无，拿什么去给父亲买棺木呢？他想来想去，只有一条路，就是卖身葬父。于是他请人去跟傅员外说，只要帮助埋葬了老父，愿在傅家做三年苦工。傅员外知道董永身强力壮，正好趁此机会找个好长工，便答应了董永的要求，立下了卖身的契约。

董永埋葬了父亲，三日之后便到傅员外家上工。一路上，他心头痛苦，愁眉紧锁，不住地长吁短叹。走着走着，见前面有一棵老槐树，树下有个土地庙，便想在这里坐下来，歇歇脚。

董永刚要坐下，就见有个衣着朴素、容貌美丽的姑娘朝老槐树走来了，站在他的身旁。

董永有些局促不安。沉默了一会儿，姑娘首先开口道："这位大哥到何处去？"

"去那傅员外家做苦工。"

"看大哥老实忠厚，为何到傅家做苦工？"

"我乃贫苦之人，老父故去，无力埋葬，是那傅员外借钱与我，葬了父亲。今去卖身抵债，要做三年苦工啊！"董永说完，叹了一口气。

"大哥真是苦命之人，比小妹我还要苦呢！"姑娘说着，流下了眼泪。

"大姐为何而悲伤？"董永问。

"母亲去世，爹爹娶了后妻。继母欲将我卖给商人为妾，我逃了出来，故而悲伤。"

"我二人都是苦命之人啊！"董永叹息道。

"小女子已无家可归，不知大哥可肯收留，结为百年之好？"

"大姐差了。"董永忙说，"你我素不相识，既无父母之命，又无媒妁之言，怎能私下婚配！"

"大哥何必固执？若嫌无媒，就请这老槐树做媒，请土地爷主婚，如何？"

"老槐树如何能做媒？土地爷如何能主婚？"董永不解地问。

"你可问老槐树三声：你愿意为七姐和董永做媒吗？老槐树如果答应三声，就是愿意。问过老槐树，再去问土地爷。"

于是董永上前问老槐树："老槐树，老槐树，你可愿意为我们做媒吗？"

老槐树突然开口说："仙女配贤郎，美满世无双。愿意，愿意！"

董永一连问了三遍，老槐树回答了三遍。

董永又去问土地："土地爷，你可愿意为我们主婚吗？"

土地爷说："仙女配贤郎，一对金凤凰。愿意，愿意！"

董永一连问了三遍，土地爷回答了三遍。

这天晚上，董永和七仙女就在老槐树下结成了夫妻。

董永与七仙女结成夫妻，双双到傅员外家去上工。因为原来的卖身契上写着"无牵无挂"，现在凭空多了一个女子，傅员外故意刁难，不肯收留。经过一再的恳求，傅员外答应了，但是提出了一个苛刻的条件：限定董永夫妇于当天夜里织出十匹云锦，如果织得出来，三年的长工改为百日，如果织不出来，三年之后再加三年。七仙女爽快地答应了，董永却焦急万分。

晚上，董永愁眉苦脸地坐在灯前，心想：一夜之间，不要说织出十匹云锦，就是一匹也织不完啊！织不出来，三年长工做满之后，还要加上三年。他越想越觉得可怕，心中暗暗埋怨妻子答应了傅员外的条件。可是七仙女一点儿也不着急，她叫丈夫放心去睡觉，说她自有办法。

夜深人静时，七仙女在屋子里点起一炷下凡时姐妹们赠送的"难香"。天上的众仙女闻到香味，知道小妹妹在人间遇到了难处，便顷刻之间来到了傅员外家。她们听了小妹妹的述说，就一起动手干了起来。这些天上的巧手姑娘，擅长织造的仙女，还没等到天亮，就把十匹绚丽多彩的云锦织出来了。

第二天早晨，董永看见这十匹美丽的云锦又惊又喜，心想自己的妻子莫非是神仙吧！他们抱着十匹云锦给主人送去，傅员外也大为惊异，只好把三年的工期减为百日。

期满后，夫妻俩高高兴兴回到自己的家中。这时七仙女才告诉董永，说自己是天上下凡的仙女，还说他们将要有一个小宝宝了。董永听了更加欢喜。从此夫妻俩男耕女织，相亲相爱，过着幸福的生活。

后来，天上的玉帝终于查出小女儿私下凡尘，跟董永结为夫妻的事，不禁勃然大怒。他命使者来到人间，传下圣旨，叫七仙女务必在午时三刻返回天庭。如有违抗，定派天兵天将捉拿问罪，并将董永粉身碎骨。

天庭的钟声响了，午时三刻到了。七仙女为了不使丈夫遭到杀害，只好在他们定情的那棵老槐树下，忍痛跟董永告别。

董永哭天喊地，悲痛欲绝。他上前问老槐树："老槐树啊老槐树，你说我们是仙女配贤郎，美满世无双，今天为何有人硬要把我们分开？老槐树，你怎么不开口啊！"

可是那棵老槐树，任你喊一千声，唤一万遍，它也不答应，变成了哑巴木头！

董永又跪在土地庙前叫道："土地爷啊土地爷，你说过我们是一对金凤凰，愿意为我们主婚。如今为何有人硬要把她逼回天庭？土地爷爷，你要给我们做主啊!"

可是那位笑眯眯的白胡子老头，竟连吭一声也不敢，成了一个哑巴人!

临别时，七仙女流着泪和董永约定说："来年碧桃花开日，槐荫下面把子交。"说完便被凶恶的天神捉走了。

董永向前追赶几步，扑倒在地上。一对恩爱夫妻，就这样被残酷地拆散了。

二　神话传说：黎族起源

黎母山属热带山地雨林，珍稀植物和重要经济植物物种多达120多种，是海南沉香黑油格的著名产地。《本草纲目》载有"沉香木占城（越南）不如真腊，真腊不如海南黎峒，黎峒又以万安黎母山东峒者冠绝天下，谓之海南沉，一片万钱……"

黎母山传说是一则有关人类起源的神话，讲述了黎族祖先的来源。

海南岛的中部有一座高山，山岭高高，云缠雾绕。在远古的时候，海南没有人类，山上只有各种飞禽走兽。有一天，天上的雷公云游四方时经过这里，看到海南岛上鸟语花香，胜似仙境，真是个好地方。他羡慕地说，要是能住在这里该多好啊。于是他就找来一颗蛇卵，藏在山中，让山上的五色雀照护。第二年"三月初三"这天，雷公再次经过，他从天上打下一声惊雷，山摇地动，震得藏在山上的蛇卵裂开两半，从里面走出一个美丽的姑娘。雷公变成一个慈祥的老爷爷，给这个姑娘取了个名字叫"黎"。于是山中的五色雀、梅花鹿，还有各种小动物都跑来庆贺，它们叫她"阿黎姑娘"。在山中各位小动物朋友的帮助下，阿黎姑娘饿了就采摘野果来吃，渴了就喝山泉水，困了就睡在大树上，无忧无虑，幸福快乐，只是有时不免有些孤独和寂寞。

有一天，有个英俊勇敢的小伙子跨海来到海南岛，到山中寻找一种珍贵的香料——沉香。小伙子在山中遇到阿黎姑娘，他马上被阿黎姑娘的纯真和美丽所吸引，两人相互爱慕，心心相印，从此在一起劳动和生活，他们生了很多子孙。后来靠采摘野果已经不够他们生活了，雷公就派五色雀叼来山兰稻种，他们带领子孙后代一起砍山种山兰，喝用山兰酿造的甜美的 biang（音）酒，过着幸福快乐的生活。他们死后，他们的子孙后代为了纪念自己的始祖，尊称她为"黎母"，把他们脚下这座母亲山叫"黎母山"，他们自称"黎人"。从此诞生黎族人，黎母山便是黎族人民的始祖山，成了黎族人民的圣地。

关于黎母山名称来历还有一个传说流传也比较广。据民间相传，黎母是一穷家黎女，嫁人为妾，常受秉性泼辣、刻薄而嫉妒的大妈欺凌，黎女非常伤心委屈，经常一人到山坡上哭泣，直到死去，变成一块石头，石头上留有她的头像，该山便是黎母山。她生有五个儿子，每人在石像前插一炷香，便变成五棵枫香树。五个儿子死后并排埋在石像正前方，变成了五子山，因形似人的五指，故又名五指山。黎母山与五指（子）山隔云相望，像是黎母正在深情地注视着五子。黎母石像本身就是一个奇特的自然景观，同时又被赋予了深厚的人文内涵。石像前面自然生长五株香枫树，像供奉的五炷香火，且可隔云眺望五指（子）山峰，似是黎母伸出一只巨臂支撑着宝岛的天，呵护着宝岛的地，形象逼真，寓意深邃，内涵丰富，诱人遐想。

三　佛教故事：赞佛功德，口出妙香

有法师因赞叹佛陀的功德，而口中常出妙香。

远在迦叶佛住世的时代，当时有一位法师为大众说法，并于大众中赞叹迦叶佛，以此因缘命终后得生天上，在人天中常受快乐果报，并在释迦牟尼佛涅槃后百年的阿育王时代，做大法师，证阿罗汉果，具三足明六通八解脱，常有微妙的香气从口中散发出来。

一日，此大法师在距离阿育王不远的地方为大众说法，阿育王闻到法师口中所散发的香气，不禁心生疑惑："那位比丘口中到底含着什么上妙的香，以致能散发这么微妙的香气？"

因此，阿育王就请比丘把口张开，比丘依言将口张开，但见比丘口中并没有含藏任何东西，于是阿育王又请比丘漱口，比丘也依言漱了口，但香气犹存。

不明所以的比丘终于忍不住问阿育王为何一会儿要求他张口，一会儿又要求他漱口。阿育王这才将心中的疑惑对比丘明说，请比丘为他解说口中能散发香气的原因。

比丘听了阿育王的请求，就微笑地告诉阿育王："此香既不是沈水香，也不是任何花、叶、茎或栴檀木等所散发出来的香气，而是由于往昔赞叹迦叶如来的功德，而获得如此的香气，自那时候起直至现今，香味都与初发散时无异，且昼夜恒常都有香气散发，不曾断绝过。"

四　佛教故事：香童闻沉香开悟

佛家把香引为修持的法门。《楞严经》中的香严童子以闻沈

水香、观香气出入无常而悟道。据经中记载，在楞严法会上，香严童子叙述自身得悟的因缘，就是以闻香入手。"我于居处静堂养晦自修，看见比丘们烧沈水香，香气寂然，入于鼻中。我观察这个香气，并非本来就有，也不是本来就空；不是存在烟中，也非存在火中，去时无所执着，来时无所从来。我由此心竟顿悟，发明无漏，证得阿罗汉果位。现在佛陀问我达到圆通所用的法门，如我所证悟者，以香的庄严为最胜。"

另有一位孙陀罗难陀，也是观鼻中气息出入如烟而悟道。据《楞严经》记载，孙陀罗难陀曾自述："当初我出家随从佛陀入道时，虽然具足戒律，但是心却常常散动，无法证入无漏解脱。于是世尊教我观鼻端一片白，我开始定心谛观，经过二十一日，只见鼻中气息出入如烟，内在身心虚空清净如琉璃。后来，这个烟相逐渐消失，鼻息成为白色，心中开明，烦恼尽除，出入的呼吸都化为光明，遍照十方世界，由此入道，得阿罗汉果。"在佛家描述的极乐世界中，还有一个"香积净土"，即"香积世界""众香国"。其处之佛为"香积如来"，以香开示众生，天人坐于香树下，闻妙香即可获得圆满的功德。

五　历史典故：韩寿偷香

《晋书·贾午传》中记载了贾充的小女儿贾午与她父亲贾充的幕僚韩寿相恋的故事，幽会时贾午以西域的香料相赠，不料上朝时韩寿身上的香味被贾充察觉，他猜到了事情的缘由以后，没有责怪女儿，而是让女儿嫁给了韩寿，并因此成就了一段千古佳话。

郭槐和贾充所生的小女儿，叫贾午，水灵可爱，贾午长到十

图5—1　《晋书·贾午传》

三四岁时，她的父亲贾充偶尔发现她心不在焉，时而眼角带笑，时而若有所怨，总觉得有点不对头。他问婢女，她们只是捂嘴笑笑：女孩的心思你别猜，猜来猜去你也不明白。

贾充没往心里去，因为他是个工作狂，整天忙忙碌碌。下班后也不享受天伦之乐，而是宴请一些宾客幕僚，到家里开会聊天，商议时事。其中有一个人叫韩寿，据说是汉初名将韩信的后代，玉树临风，英俊潇洒，在贾充幕府任司空掾（相当于文字秘书）。

一次大家喝茶闲聊，一名下属对贾充说：韩寿最近很特别，身上有种奇怪的香味，以前从来没有闻过。说者无意，听者有心。贾充大惊。原来当时西域有人到洛阳进贡奇香，一旦接触人身，即使过了一个多月香味也不消退。晋武帝把香料看得特别珍贵，只赐给了贾充和大司马陈骞。一道闪电在头脑中划过，贾充刹那间明白了，女儿的脸色为什么阴晴不定，这是恋爱的节奏啊。但贾充百思不得其解，贾午属于正宗的宅女，晚上家里大门关得严实，他们哪有约会的机会呢？

一天夜里，府里听到贾充大声喊叫：家里来贼了，赶紧去找。奴仆们慌忙四处搜索，沿着围墙细细查看。过了一会，贾充得到禀报：没有发现小偷，只是东北角的墙边好像有狐狸走过的痕迹。

贾充暗思：这个小子轻功了得。

他把女儿身边的婢女全部叫了过来，严加拷问。她们知道纸包不住火，如实交代了一切。原来下属们来开会时，贾午悄悄地透过窗户窥视，看到韩寿，心动神摇。此后茶饭不思，面容消瘦，日渐憔悴。婢女们不像贾充那样笨，她们懂得女主人心思：风乍起，吹皱一池春水。于是一个勇敢的婢女充当红娘，偷偷跑出府，找到韩寿，说：我家小姐对你有意思了，她光丽艳逸，端美绝伦。

年轻的韩寿一听到是个女神，心潮澎湃、脸色泛红。到了深夜，他来到贾府外，望着高墙，腾空而起，轻松翻过。动作敏捷，如功夫高手，无声无息。看到梦中情人文武双全，贾午更是芳心大悦。自此，两人经常幽会。云鬟花颜金步摇，芙蓉帐暖度春宵。清风明月，耳鬓厮磨。西域的香就是贾午从家里偷出送给韩寿的。那时未婚同居，传出去名声太不好，既然生米煮成了熟饭，贾充也没有办法，就把女儿嫁给了韩寿。

这就是"韩寿偷香"典故的由来，后代的诗人们发挥了充分的想象力，对此津津乐道。唐代诗人李商隐一首《无题》后四句为："贾氏窥帘韩掾少，宓妃留枕魏王才。春心莫共花争发，一寸相思一寸灰。"第一句就是这个典故，后一句是曹植的典故：曹植曾爱着甄氏，曹操却将她许给曹丕。甄后死后，曹丕把她的遗物玉带金镂枕送给曹植。曹植途经洛水时梦见甄后，伤心无比，作《感甄赋》，后改名《洛神赋》。这首诗写了女子的相思之情，后两句是经典名句。

宋代欧阳修曾填过一首《望江南》："江南蝶，斜日一双双。身似何郎全傅粉，心如韩寿爱偷香。"《西厢记》中张生跳墙私会崔莺莺就是抄袭了韩寿翻墙的情节。

六　历史典故：丁谓遭贬留"天香"

丁谓年少时机敏智谋，多才多艺，天象占卜、棋琴书画、诗词音律，无不通晓。他文追韩、柳，诗似杜甫，曾被人誉为"今日之巨儒"，但做事"多希合上旨"，而被"天下目为奸邪"。丁谓曾拜相七载，受封晋国公，贵震天下，但在近耳顺之年遭罢相贬谪，罪名是"与宦官交通""权倾中外"。他结交女道士刘德妙，多以"老君"之名进"妖诞"之语，年幼的神宗皇帝和听政的刘太后希望他在有生之年能够离朝政中枢越远越好。1023 年的农历七月，素来机敏、心知肚明的丁谓开始了他的天涯海角之旅，目的地是穷乡僻壤的"崖州"。

这位前一品天官在这遥远、荒凉的贬所生活，难免会落寞消沉。可难得的是，出于对香的喜好，他还以"天香"之名来盛赞海南沉香，并在通盘了解海南沉香的基础上撰写了《天香传》来细述中国用香历史、产香地区、香材优劣，第一次用专著的形式，对众香之首的沉香进行了翔实的评鉴。丁谓曾感叹身在天涯，"忧患之中，一无尘虑"，唯以"炉香之趣，益增其勤"。他在三年谪居的时光里写出了《山居》这样的诗："峒口清香彻海滨，四时芳馥四时春。山多绿桂怜同气，谷有幽兰让后尘。草解忘忧忧底事，花能含笑笑何人。争如彼美钦天圹，长荐芳香奉百神。"全诗气度安闲、淡然脱俗。经过了人生的大起大落，丁谓似乎已经退去了满身的烟火，逐渐又显出了吴中才子清远淡雅、清香芳馥的幽兰气质。其甚至在"临终前半月已不食，但焚香危坐，默诵佛经。以沉香煎汤，时时呷少许，神识不乱，正衣冠，奄然化去"。

七　文人意境：红袖添香

"红袖添香"中的"红袖"意指年轻貌美的女子；红袖添香描述的是书生学习时有年轻貌美的女子陪读的情景，是非常美的一种意象。在古代的诗文里"红袖添香"屡见不鲜，如"从此添香红袖，其愉快为何如耶""绿衣捧砚催题卷，红袖添香伴读书""碧纱待月春调瑟，红袖添香夜读书"等。

图 5—2　"红袖添香"

"红袖添香"绝非拿一枝线香往香炉里插或者捻一粒香放入香炉中那么简单。千古文人佳客梦，却是红袖添香夜读书。素腕秉烛，灯如红豆，一缕暗香，若有若无，流淌浮动，中人欲醉。迷离之中，阅尽多少繁华沧桑，又化作缕缕青烟。古人焚香，必在深房幽室之中，用矮桌置炉，与人膝平。先将特制的小块炭烧透，放入香炉中，然后用细香灰填埋。在香灰中戳些孔，再放上瓷片、银叶、金钱或云母片制成的"隔火"盛香。小小的香丸香球香饼，就是借着这炭火微熏，缓缓将香气散发。"几度试香纤手暖，一回尝酒绛唇光"，便是此事写照。若是香味太烈，须取起隔火，加灰再焚；时间长久，香味散尽，就需要添香了。"一双十指玉纤纤，不是风流物不拈"，以食指与拇指轻轻捻一粒如梧桐子、如弹丸、如鸡头米的小小香丸，点入香炉，自是引人遐思绮想。

焚香过程琐碎，被士人当成高妙纯粹的享受。李渔甚至认为"此非僮仆之事，皆必主人自为之"。当然，一般的读书人，还是希望有一红颜知己，案榻之畔，夜半焚香。对于读书人来说，红袖添香之所以极具诱惑力，因为除了能找到一个陪读的伴儿——而且这个伴儿是一位可人的红袖——以消除漫长读书生涯的寂寞与疲劳之外，更重要的还是红袖添香所营造的那种温馨的情调和令人心醉的氛围。这就对添香的红袖有了更高、更完美的要求。红袖的穿着打扮应该是陈逸飞油画世界里的女性样式：上身是高竖领、斜对襟、镶着金色滚边的中式长衫，当然还要有宽舒的露着玉腕的红袖；下身是一袭素雅的长可及地的襦裙；柔美的秀发向脑后梳一个发髻；脸部轮廓分明，活鲜生动，闪动着灵异的光彩，但却并非是明眸皓齿般的真切，因为太真切反而就不真实了，就像油画里所表现的那种似真似幻的视觉效果。在历史的灯影下，这种形象经过一代又一代读书人耐人寻味的加工和打磨，最终被定格和贮存在人们的脑海深处。

红袖除了有姣好的形象外，还必须有高雅的气质。她既要秀外，也要慧中。她是立体的，又是富有动感的。她能知热知冷，知心知肺，甘苦以沫；她能共和诗画，共弹琴瑟，共剪西窗。总之，她不是单纯的一幅画，她是有血有肉，有内涵、有思想、有灵性的一位红颜知己。有了红袖这个最重要的前提和最重要的角色，我们便可以打开想象的翅膀，尽情地飞翔在历史的时空里。我们有理由设想出这样一种情景：一桌、一椅、一盏青灯和满屋厚重的古卷，映衬着读书人那单薄而孤寂的身影。窗外，月光如水，或是雨雪霏霏，偶尔有一两声遥远的犬吠，给这夜增添了几许神秘的色彩。这时，门轴"吱呀"一声，先是闪进来一只红灯笼，亮着迷蒙的光，接着便是我们期待已久的轻盈的身影翩然而至。于是小屋里便有了温暖，有了生气，有了活力，有了诗情画意，有了温馨的情调。由于历史和现实的局限性、残酷性，红袖添香对于许多读书人来说都不能美梦成真，于是人们便编织了一些才子佳人的故事、小说、戏曲和诗文来安慰读书人。其中最为著名的要数《西厢记》，张生与崔莺莺一见钟情，崔莺莺待月西厢，张生跳墙赴约；张生夜读，崔莺莺前来红袖添香，虽几经波折，但最终花好月圆。这故事使许多读书人为之沉醉，为之痴迷，为之癫狂，为之跃跃欲试。许仙和白娘子的故事虽然离奇怪异，但仍吸引了不少读书人心向往之。而《聊斋》里那些"夜半来，天明去"的花妖狐仙，也为许多读书人平添了不少的希冀和慰藉。回望历史，红袖添香无论是作为一种真实的存在也好，作为一种镜花水月中的幻影也好，都确实给历代的读书人带来一些浪漫主义的情调，给读书人枯燥的苦读生涯增添了几许亮丽的色彩。即便是作为一种幻想，有时也可以撩起厚重的历史和现实的帷幔，使读书人暂时搁下手中沉重的书和心中的累而得以放飞自我、放飞心灵。

第六章　中国用香文化演进

　　人类好香为天性使然，古人熏香目的主要为祭祀神灵以养情、保健疗病以养生、香化环境以养鼻及香衣消遣以养性。香文化是中国传统文化的一个分支，萌芽于生活中的驱虫、除味以及对先祖神灵的祭拜，历经道、释、儒的推崇和士大夫阶层的参与，成形于入药普济苍生及陶冶情操的文化礼仪，是中国传统思想在香学方面的具体表达。纵观中国香史，彰显着传统思想在香学方面的内涵，即个体对修身养性的道德追求，社会整体对宇宙万物之"道"的追求：借香考量和提高自身学识，借香约束和规范自己行为，借香修炼和培养自己心性，借香提升自己德行，借香领悟和理解社会及宇宙的运行规则——道。因而从对先祖、神灵以及神佛的祭拜和供养，到陶冶自身情操的文化礼仪运用，从香料入药的普济苍生，到生活中的广泛使用，中国香文化中的香只是形式上的媒体和载体，彰显的则是中国人对"立身、修性、明德、悟道"的追求和向往，这才是香文化的无形之实。

第一节　中国香料种类及沉香

一　香料种类

在中国，很多植物的根、茎、叶、皮、花、果、杆、枝、树脂等皆可作为香料成香，目前已经发现并被有效利用的香料植物有 100 多种。按其成分或取材部分可以分为树脂类、香花类、香果类、香材类、根茎类和香叶类。沉香、乳香、龙脑等均采自树脂，为树脂类香料；玫瑰、茉莉、水仙等来自鲜花，为香花类；檀香、降真香等采自香材，为香材类；丁香、胡椒、茴香等采自香果，为香果类；薄荷、蕾香等采自叶，为香叶类。按功用又可分为调味类、药用类和香化环境类。像葱、姜、蒜、韭、芹等为调味品；当归、白芷就属于药用保健类；沉香、檀香、龙香、麝香则属于净化环境类。当然，有的香料自身会兼具多种功能，如沉香既有药材的药用功能，又有净化环境的功能。另外，依据香料的来源，中国的香料又可以分为本土香料和域外香料。本土香料主要以香草、香花、香果、根茎为主，域外香料则以树脂、香花、香果类为主。沉香作为中国诸多香料中的一种，既有本土的土沉香，也有外来沉香。

二　香料区域分布

中国香料作物种类繁多，明确记载的就有 120 多种；这些香料功用各异，自古就给人们的饮食和健康生活增添不少情趣。从这些香料的来源上看，有的为本土原产，有的则是由域外传入。

秦汉之前，北方主要是香花、香草、香果及香辛蔬菜类香料。秦汉之后，伴随国土的统一、国力的增强和沿海港口的开放，来自南方及异域的沉香、丁香、孜然、茉莉、豆蔻、番沉香等香料开始大量传入中国。有的香料植物适应性强，南北各地均有种植生产，如玫瑰、丁香、芍药、松、柏、檀等；有的香料植物生长环境特殊，只能生长在南方，如土沉香对生长环境的要求就很典型，主要生长在广东的鸡翅岭、百花洞、马蹄岗等少数几个土壤贫瘠、砂石交错的地方。

生态环境多样及香料植物的适应性造成中国香料区域分布具有一定地域特色。大致来看，岭南地区以生产沉香、素馨、檀香、高良姜等热带香料为主；吴越地区以生产薄荷、兰香、芸香、柑橘柚等亚热带芳香花卉和香果为主；东北地区以生产艾纳香、甘松香、参香等温带香料为主；云贵川地区以生产白芷、草果等调味料和香药为主；秦岭南北一线则以生产花椒、甘草、玫瑰等食用香料为主。相比其他地区，广东历来以产香出名，据《广东新语》记载，清代及其以前广东地区常见的香料植物有沉香、茉莉、素馨等26种。在诸多香料植物中，值得特别指出的是沉香树一旦结香，树根所吸收的养分不易上行，意味着香树开始走向死亡。沉香树资源是有限的，由于人为的过度采伐，野生土沉香资源逐渐枯竭。宋朝时期，为了满足对沉香的需求，岭南地区就已经出现了人工栽培的白木香。明清时期，广东土沉香的种植和采集已经很有规模。

三 香料加工炮制及储藏

采集后的香料需要炮制加工，其目的是清除杂质、消除或减少毒副作用使其功效能够充分发挥出来，以便于制剂和利用。以香药料地黄为例，生地黄清热凉血，经用酒蒸晒成熟地黄之后，就具有了温性而滋肾补血的功效。炮制香料时，不同使用方式或用在不同香方里的同一种香料的炮制方法也往往不一样。炮制的方法有水制、火制、水火合制等。水制可分为洗、漂、泡、渍、水飞等；火制有锻、炮、煨、炒、烘、焙、炙等；水火合制有蒸、煮、淬等。每一种方法中又细含若干种具体方法和工序要求。香料炮制的内涵极其丰富，要求也极其严格，因为炮制时有"不及则功效难求，太过则性味反失"的特征；因而炮制是否得当会直接影响香料的质量。例如，香料炮制中的物理修制工序，就是采用拣、摘、揉、刮、筛、切、捣、碾、镑、挫等方法对采摘的香料做切割、粉碎处理。物理修制的目的是除去杂质与多余水分，剔除变质部分，使香料材质纯净，满足使用要求。很多香料都需要物理修制，如采收的沉香就需要通过修制祛除香材中非香质的木材部分；龙涎香则需要通过物理炮制清除其中的砂石。总之，香料炮制的程序非常复杂，几句话很难概括炮制的所有程序。历史上，对于香料的炮制方法，宋人陈师文和明人缪希雍、李时珍的著作中都有记录，并且对香料的选材与优劣甄别都有一定见解。

　　为防止香料气味散失或变质，对香料采取适当收藏措施非常重要。不同香料的品质不相同，收藏方式也不一样。例如水沉香、磨香类香料宜冷藏，而婆律、龙脑香类香料则应放在干燥处，否则有损香气。古人储藏香料的器具主要有香匣、香罐、香囊等。

四　香料调配（合香）与制香

中国合香、制香历史可以追溯到秦汉时期，此时的制香人是后妃或宫女，一般都是自制自用，没有专门的制香人。六朝时期，皇帝也时常自调香料，以"江南李王煎沉香""李王花浸沉香"的李后主为代表。唐代皇宫之中已开始有负责制香的合脂工匠。到宋朝时期，宋朝皇帝多崇奉道教，再加上大量的香料传入中国，用香盛行，宫中已经设有造香阁，由专人负责制香。据传，宋徽宗在奉宸库中拿到两罐龙涎香，香体较大但从外表看没有什么特异之处，他就将这两罐香的大部分赐给了身边的大臣和近身侍卫，后来发现取一豆粒大小的香料加热后便香气满座，终日不歇。徽宗得知后感到惊奇和后悔，于是便下令将分赐的香料全部收回，该香因而得名龙涎香。从此以后，无论是朝中官员大臣还是宫内宦官都喜欢将该香放在金玉制成的香件中，并用青丝穿起来佩戴在脖子上，相互炫耀。可见，当时制香工艺已经比较成熟。北宋时宫中制的宣和香就已经非常出名。南宋时期有几位皇帝都迷于玩香，时常亲自调香合香，如光宗皇帝在日理万机的情况下，还抽空留意欣赏香品并亲自合香。这时的制香已经有了很多合香的谱方。至明朝，宫中制香已形成很大的规模，制香工人多达数百人，各人负责不同的部门与环节，制香已经开始程序化。到清朝，宫中更是处处芳香，制香的调配料方日益丰富，香肥皂备受慈禧和光绪的喜爱。宫中用的香料一般都是香中佳品，香料制品都有皇家标记。在宫中制香发展的同时，民间制香随着宗教的兴起也逐步出现。宋代以来，民间制香业开始繁荣，市集上开始出现香铺、香肆。清明上河图中已有香铺出现，宋都南京

（临安）也成为香料交易的集散地。当时的香药铺与香铺一样都做卖香、调香和制香生意；巷陌街市常有供香饼、炭墼，并炭挑担卖，还有铜匙箸、铜瓶、香炉、铜火炉等熏香用的铜铁器出售。香铺中人打扮很特别，香铺中的裹香人被称为"顶帽、披背子"，是香铺的特色招牌。当时民间制香的妇女有时也被称为香婆。此时，有些大户人家已经有了秘藏自制香方，不再用香铺或香肆的俗货。到了明代，民间香料买卖繁荣，制作工艺成熟。万历年间，贵族吴恭顺家的制香饼秘方可谓名噪一时。清代制香北京与江浙比较兴盛。江南历来是脂粉和熏香料的主要生产地，除了杭州之外，以苏州和扬州一带的制香最为世人所认可，俗称"苏州胭脂扬州粉"。此时豪门贵族所用香料基本都是自己调制，甚至有自己的香铺。《红楼梦》中的香铺与香业就是清代江南制香业的缩影。民国时期西方先进的提香技术传入中国，出现了多种提香方法，主要有压榨法、浸渍法和浸出法。这些提香方法一直沿用至今。民国以后，中国的制香行业总体呈现衰退之势。

　　古人在用香时已经总结出不同香料的性味各异，需要将不同香料搭配调制成合香（即多种香料混合），然后用于焚熏，才能令香料效果更佳。例如，如果单独裸烧檀香，易气浮上造，闻久了会令人心神不安，需要通过合香去其燥，使其腻。合香的好处在于能够使多种香味融为一体，且互不相掩，因而，合香时配料不嫌多。依据合香的不同目的还可以调整香料的配料成分。如果想要香烟聚而不散，就要在香料中加入艾纳（大松上青苔衣）和酸枣仁，这样就会香烟直上三尺、氤氲不散，这是聚烟法。常用的合香方法有调和、浸润。调和就是将各类香料按一定比例混合后搅匀，然后装适当容器内，密闭窖藏。浸润就是将从芳香花草中提取的香露（香水）浸到香材上。

制香就是将采收后的香料原材加工后成为备用香材，主要用于宗教祭祀、熏香计时、美容化妆、卫生保健的熏香料或化妆料。依据加工后香料的形态可分为原态香材和成型香材。原态香材就是保留了香料原始外观特征的香材，只是对香料进行简单的清洗、干燥、分割处理，如檀香片、白木香片（沉香）、降真香块等。成型香材是对采收后的香料进行磨粉，经过合香后进行重新塑型后再使用的香材。在成型香材制香过程中，需要用蜜作为黏合剂，即炼蜜。炼蜜就是将加工、混合后的香料加工成丸、饼、珠、球、线等形状的过程，即制香。用这些黏合剂制出的成型熏香主要有篆香、熏衣香、线香、香饼、香煤、香珠、香墨、香膏、香脂、香露、香泽、香汤等。

篆香，又称"印香""香篆""香印""印篆""篆印""百刻香"等。印篆香的模子称为香篆模，一般是用山梨或楠樟木为材料，将其镂空制成磨具。篆香制作是将调和好的香料粉填充在香料模中，压制成相应的图案或文字既成。实际应用中，可以根据需要将香篆制成各种各样的图形，如福庆香篆、长春香篆、万寿香篆等表示吉利喜庆的图形和文字，可以用于祝寿庆典、婚庆、酒宴。制香者将一昼夜划分为一百个刻度，故又称为"百刻香"；香长二百四十分，每个时辰大约燃烧二尺，共计二百四十寸，点燃后一昼夜正好燃尽，可用于计时；也可在宴席、书房、卧室或佛像前燃烧，用于营造氛围。

香露浸香就是将香片原材浸入从芳香花草中提取的香露中，这是最简单的合香方法。浸香的目的就是让沉香、降真香类的名香带上四季花草富有生命力的香气。显然，把鲜花与树脂香料一起蒸，使花香浸润到树脂香内，是一种独特的合香方式，这样合出的香使宋人的香炉中花香浓泛，留下许多名词家句，如"花气熏人百和香，少陵佳句是仙方。空教蜂蝶为花忙，和露摘来轻换骨"说的就是用"花熏香"法蒸成的给朝廷的贡香百合香。鲜花需要带露水采下，然后与香骨同蒸，花的精华全部进入香骨，这样的香品一旦入炉焚烧，就像过去一年四季所开过的百花香气纷纷升起，仿佛花魂知返。可见，古人调香制香技术高超，以浸香和花熏的方式能够调制出自己想要的花香。

线香就是将调和好的香料粉调入黏合剂倒入线形模中，依据燃烧方式又分为竖直燃烧的"立香"和横倒燃烧的"卧香"。蔑香也是直线香，是用竹、木等材料作香芯，也被称为"竹签香"和"棒香"。线香焚烧非常简单，不需要香炉，在窗口、桌上、茶几等处均可。线香除了用作熏香外，还可以作为医用，李时珍曾说过，合香的方法很多，但只有线香可以被疮科治疗使用。

香饼与香球就是以调和好的香粉加炼蜜材料制成的豆粒大小的球状或小饼状香品。这些香品都是按一定的比例配方调制而成，熏香时放在银叶、玉片等"隔火"上。文人墨客对此类香品多有赞美，如苏东坡《翻香令》云："金炉犹暖麝煤残，惜香更把宝钗翻"，唐艺孙《天香》云："麝煤候暖，载一朵轻云未起"，等等。这里的麝煤指的就是香饼。

香珠是将调和好的香泥捏或团成小巴豆状的珠子，然后用彩丝或铜线穿起，可以用来计数或者佩戴用。香珠的制作比较麻烦，除了正常的选材、炮制、调和工序之外，香料还需要捣碎制成香泥，进而将香泥团捏成珠子状；最麻烦的是制成珠子后不能暴晒，否则易损香味，只能阴干，或者隔着纸用小火焙干。

香墨就是将调和配制好的香料加入墨中来改善墨的气味。提及文房香事，多数人的反应会是"红袖在侧，添香助情"，事实上文房风雅，芸台、纸墨均"暗香浮动"。墨中加香有多种制法传世，成为墨香经典，如宋代徽墨名家张遇创"油烟墨"，所制之墨因加入麝香、金箔而得名"龙香剂"。反对墨中加香的人士则认为"凡墨入龙麝，香夺烟香，而引蒸湿，反为墨病，俗子不知也"。可见，墨中加香的配比掌握绝非易事。

熏衣香料就是人们用来熏香衣被的香料。以前没有香水，古人依靠熏香令衣着被褥气味芳菲。熏香方法有两种：一是制成香囊，将香料放在香囊中随身佩戴；或将香料放入被枕，制成香被或香枕。二是在香炉上架一个熏笼，将衣被等物罩在熏笼上，点上香炉香气自熏衣被，而且可以弥漫到整个房间。无论是佩戴法还是炉熏法都有很多方子留下，供现在的人们参考研究。

其他香品还有香粉，又称"末香"，就是将香料研成粉末状的香；香膏，又称"膏香"，就是用炼蜜或动植物油脂将香粉调和，进而制成的膏状香品；香汤，又称"香水"，就是用香料浸泡或煎煮的水；香脑油，就是利用压榨法或蒸馏法，从香料中提取的植物香精脑油，如玫瑰油、樟脑、龙脑、薄荷脑等。另外，依据用途，加工后的香料可分为祭天祀祖类、敬神礼佛类、饮食调味类、驱虫计时类、香化环境类、祛病养生类、陶冶情趣类、美容香身类等香品。依据香味散发的条件，又可以分为自然发香的香品和熏烧发香的香品。自然发香的香品可以直接佩戴或涂抹，香味自然而发，如香粉、香膏、香囊、香枕和香精油等。熏烧发香的香品自然状态下几乎没有香味，只有在焚烧或蒸煮时会散发香味，如沉香、檀香等，"兰汤沐浴"就是将香料放在水里浸煮的方法。

五 沉香简史

中华独特的香文化可以说始于春秋，孔子作《猗兰操》，虽然颂咏的不是沉香，但他用"比德"的方式以物寄情，确立了香品与儒家人格的内在联系，体现了香中蕴涵的"德"的内涵。沉香在文献中较早的记载是东汉杨孚的《交州异物志》："密香，欲取先断其根，经年，外皮烂，中心及节坚黑者，置水中则沉，是谓沉香……"五代时期罗隐的绝句《香》中有"沉水良材食柏珍，博山炉暖玉楼春"的诗句，可见，在两千多年前的西汉已经开始用博山炉焚熏沉香了。在隋唐史料中，对沉香的记载已经比较丰富。在宋代，中国香文化发展到了顶峰，"品香"已经广泛融入社会各阶层生活，上品沉香已是"一片万钱"，被喻为"香中之王"了。直至明清中国用香风气更加盛行，沉香作为名贵香品和材料在熏香、药用、美容妆品等领域的应用更加广泛。

然而，在民国时期，伴随战乱和社会动荡，曾经辉煌的中国香文化逐渐远离了人们的生活。特别是新中国成立后经"文化大革命"扫荡，用香文化几乎绝迹，稀世珍品沉香也逐渐被遗忘在历史的角落中。作为贵重的中药材，它的药用价值只有学中医的专业人士才有所了解，而其他的作用人们则十分陌生。直到近年来，改革开放、国泰民安，人民生活大大改善，久违的沉香才再次回到人们的视野。伴随香文化的兴起，沉香原料及其艺术品也开始备受关注。

六 中国沉香品类

香料文献中提到的"沉檀龙麝"中"沉"指的就是沉香。沉香资源稀少、品质高雅，备受欢迎，自古就被列为众香之首。沉香是油脂、树脂和木质成分的混合物。沉香树脂比重较大，一般情况下，凝聚的树脂越多，沉香密度越大，其质量也就越好。据此，古人依据其是否沉于水对沉香进行分级：入水则沉者为沉水香，品质最好；入水半浮半沉者，名为"笺香""弄水香"等，品质次之；稍稍入水而漂浮于水面的为"黄熟香"，品质再次之。另外，沉香是在自然条件下受伤自然凝聚生成的，因而其大小、形状各异，且差别很大。古人还据其形状特点予以命名，如薄片如叶状为"叶子香"；外表如枯竭的山石，多做陈设使用称之为"光香"；体积大而质地软者为"水盘头"；体积较小、状如马牙且硬者称为"牙香"；内有空隙如鸡骨者称为"鸡骨香"；在自然成熟前就采收的为"速暂香"。依据沉香的比重及这些外形特征一般将其分为蓬莱香、光香、海南笺香、番沉香、黄熟香、白眼香、叶子香、水盘香八类。

另外，沉香中还有一个特殊的品类就是奇楠香。奇楠为沉香中的上品，其结香与普通沉香基本相同，但因与普通沉香在性状特征上有很多差异，习惯上将其单列一类。上等沉香入水即沉，但奇楠不如沉香密实，却是半沉半浮于水；同时，沉香大都质地坚硬，而奇楠较柔韧，碎片甚至能团成香珠。奇楠油脂含量较高，香气更加浓郁。多数沉香不熏烧时几乎没有香味，而奇楠在自然状态下也能散发出香甜气息。在熏烧时，沉香一般香味稳定，而奇楠的头香、本香和尾香的香味变化明显。各种原因使得奇楠备受喜爱，尤珍显贵，在宋朝时占城（今越南）就已经是"一片万金"；现在上好的奇楠香仍然大多产自越南。

《华夷续考》载：奇南香品杂，出海上诸山，盖香木枝柯窍

露者，木立死而本存者，气性皆温，故为大蚁所穴，蚁食蜜归而
遗渍于香中，岁久渐浸，木受蜜，香结而坚润，则香成矣。其香
本未死、蜜气未老者，谓之生结，上也；木死本存、蜜气凝于枯
根，润若扬片，谓之糖结，次也；其称虎皮结、金丝结者，岁月
既浅，木蜜之气尚未融化，木性多而香味少，斯为下耳。有以制
带挎，率多凑合，颇若天成，纯全者难得。其香有绿结、糖结、
蜜结、生结、金丝结、虎皮结，大略以黑绿色。用指掐有油出，
柔韧者为最，佩之能提气，令不思溺，真者价倍黄金，然绝不可
得，倘佩少许，才一登座，满堂馥郁，佩者去后香犹不散。今世
所有皆彼酋长禁山之外产者。

第二节　中国熏香习俗演进

一　春秋至汉魏南北朝

中国香史可以溯至春秋战国，此时用香主要是直接将香料放在
衣服中香身或煮香汤沐浴。《国语·齐语》载"三衅三浴之"[1]，就
是"用香熏或涂身以除不祥"。佩带香的风俗也在此时产生。《广
韵·平支》记载的"古者香缨以五彩丝为之，女子许嫁后系诸
身，云有系属"就是后世女子系香囊的渊源。那时，人们不仅取
用而且歌咏香草。如屈原《离骚》中就有"扈江离与辟芷兮，纫
秋兰以为佩"的咏叹。

秦汉时期，一些域外香料开始进入中土，熏香渐成宫中习俗，

---

[1]　（明）周嘉胄：《香乘》卷七，《四库全书》子部，谱录类，器物之属。

大多是用来熏炙衣服和被褥。据《汉官仪》记载，尚书郎入职即配女侍从，她们为尚书郎清洁衣被，并用香炉烧熏保护好衣被。《汉官兴职》记载"尚书郎怀香握兰，趋走丹爆"①，意思是尚书郎进宫上殿见皇帝需要在怀里放置香料并手握兰香。可见，用香熏烤衣被已经是官场一种礼仪制度。为了用香料熏衣被，宫中还专门设有用来香熏衣被的曝衣楼。为了烧香来招诸灵异，还专门设有香馆。皇宫中的房屋也取名为披香殿、柏梁台等，以寓芳香多子。此时，道教神文化盛行，出现了一些与香有关的神仙文化传说。香文化在汉代得以快速流行与汉武帝爱香有很大关系，因为汉武帝信奉道教、爱香成癖，平日不仅佩戴香草，还喜在香烟缭绕的氛围中与神仙共处。据《汉武帝内传》记载：每年一到七月七日，"乃修除宫掖……燔百和之香，张云锦之帷，燃九光之灯，列玉门之枣，酌葡萄之醴以候云架"②。皇宫内当时可谓用香风气日盛，从皇后到妃子都是用香高手。据说，皇后赵飞燕善于用香，她坐过的地方余香百日不歇，她的妹妹婕妤也是用香能手，两人之间还有一段以香争宠、争香斗艳的故事。《飞燕外传》载，"后浴五蕴七香汤……婕妤浴豆蔻汤。皇帝说皇后不如婕纾香，飞燕又焚百蕴香，而婕纾则敷露华百英粉"③。为了熏香，汉武帝还专门派人根据道家东海仙境的传说制作了博山炉，这种造型雄奇独特、寓意深刻的香炉影响深远。受王宫的影响，熏香也就此在上层社会流行，檀香、沉香、龙脑、乳香、甲香、鸡舌等成为王公贵族炉中佳品。

---

① （宋）洪刍：《香谱》卷下，《四库全书》子部，谱录类，器物之属。
② （汉）班固：《汉武帝内传》，《四库全书》子部，小说家类，异闻之属。
③ （明）周嘉胄：《香乘》卷七，《四库全书》子部，谱录类，器物之属。

　　魏晋南北朝时期，熏香开始由皇宫向文人士大夫、达官贵族阶层扩散，他们都开始使用熏香。魏武帝初期，他曾亲自下令因天下初定，不宜奢侈，家内不准熏香；但他在临终之前还惦记着将家中香料分给诸夫人。天子临终还惦记着香料，由此可见香的魅力。这说明事实上魏武帝也是非常爱香的，只不过香料太珍贵而已。魏晋南北朝时期，佩带气味芳菲的香囊成为风尚，是风流雅致的表现。东晋贵族谢玄特别喜欢佩紫罗香囊，其兄谢安怕他玩物丧志，但又不想伤害他，就用游戏的方法赢了他的香囊，并且烧了，成为一段历史佳话。这一时期用香成为巨富显贵的一大特征，例如东晋巨富石崇，他家的厕所都是香气氤氲，"常有十余婢侍列，皆有容色，置甲煎粉沉香汁，有如厕者，皆易新衣而出，客多羞脱衣"①。据说一次一向节俭朴素的刘姓尚书郎在石崇家做客，内急如厕，见是大红色的纹帐，华丽的床垫，还有两个婢女手持香囊，以为是走错了地方，匆忙退出。然后赔着笑对石崇说，对不起，误入您的内室了。石崇对他说，不是内室，是厕所呀。不过，此时用香也仅限于巨富显贵，平民百姓是用不起的。到南北朝时，士族子弟用香妆饰开始盛行，据说是"衣必熏香"，以示娇贵。《颜氏家训·勉学篇》云，"梁朝全盛之时，贵游子弟，多无学术……无不熏衣剃面，傅粉施朱"②。也是在这一时期，皇宫用香材建造宫殿，官员用香料涂府邸房屋墙壁已较常见。开皇十五年黔州刺史田宗显造大殿一十三间，以沉香贴遍。③ 南朝陈后

---

①　《晋书》卷九十八，王敦传，《四库本书》史部，正史类。

②　（隋）颜之推：《颜氏家训》卷上，《四库全书》子部，杂家类，杂学之属。

③　（明）周嘉胄：《香乘》卷十引《三宝感通绿》，《四库全书》子部，谱录类，器物之属。

主用香材为后妃造的阁楼芳香四溢，《玉树后庭花》《临春乐》也是在这华丽高阁中写成的。炀帝"除夕夜焚沉香数车"也一直被认为是古代帝王奢侈用香的经典典故。

二　唐宋及五代

大唐盛世期间，由东南亚传入中土的香料渐多，引起了世人的关注，熏香也真正从祭祀信仰进入皇家贵族的日常生活。皇家几乎达到了无事不香的地步，宫中更是处处香气秘馞。杜甫诗中的"旌旗日暖龙蛇动，宫殿风微燕雀高。朝罢香烟携满袖，诗成珠玉在挥毫"描绘了朝廷用香的盛况。据史料记载，唐宣宗读奏折前都要先洗手焚香，然后再读。这时的公主们不仅衣被熏香，就是她们的步辇上都系着香囊。例如同昌公主的"七宝步辇"就四面都缀着五色玉香囊，她每一次乘辇出行都芳香满路。在皇宫用香的影响下，皇亲贵族们也非常讲究用香。如贵族宗楚客新建一宅邸，都是以文柏为梁，用沉香和红粉泥壁，一进门就香气扑面；就是太平公主参观过他的宅邸后都感叹，今生真是白活了！《开元天宝遗事》也载有"杨国忠用沉香为阁，檀香为栏，以麝香、乳香筛土和为泥饰壁"[1] 的四香阁，其华美程度远超皇宫中的沉香亭。每年春天，在芍药盛开的时候，杨国忠就会邀请宾朋在四香阁赏花，想来应是非同一般。除了皇宫显贵，当时喜欢香的富豪也很多，如玄宗年间，都中民间巨富王元宝在他家中建有以沉香和檀香为栏杆的"礼贤室"，床前有两个用檀香木雕的童子

_____

[1] （唐）王仁裕：《开元天宝遗事》卷四，《四库全书》子部，小说家类，杂事之属。

手捧七宝博山炉，从开始睡觉就焚香直到天亮。

唐朝推崇佛教，香与佛教关系密切，是佛教中非常重要的供养。这一时期佛教文化盛行，多种用香方式和器物传入中国，出现了寺院专门计时用的"篆香"，又称"百刻香"。篆香将一昼夜划分为一百个刻度，从点燃到燃尽正好是一昼夜的时间；它不仅香化了环境，而且给人们的生活带来了很多方便。白居易的"香印朝烟细，纱灯夕焰明"①和王建的"闲坐烧印香，满户松柏气。火尽转分明，青苔碑上字"②讲的就是这种篆香。此时，香器也有了发展变化，出现了净瓶和设计精巧的镂空花鸟银香球和香斗。香球外壳镂空，内心用轴心线相互垂直的内外两层持平环支撑一个小香盂，以圆环转轴的彼此制约和香盂本身的重量使香盂在香球内辗转而不失平衡。这样，香球内的香灰或火星不会洒出去，常被置于卧帐之中或悬挂于马车车厢之内。唐代香盒制作精美，常被作为礼物相互赠送。富贵人家常用的香斗既可用来熨衣物、抚平折皱，又可将香味留在衣服上。李商隐就有"轻寒衣省夜，金斗熨沉香"的诗句。文人们还会用它熨烫纸张，让宣纸既平整又香气隽远，可谓风雅至极。

五代的皇帝都喜熏香，当时皇帝在宠幸后妃前，太监都要用龙脑、郁金香洒地。美丽而富有才华的花蕊夫人在她的《宫词》中有许多关于宫廷熏香的描述，如"御炉香气扑龙床""香销甲乙床前帐""御史天香隔绣衣""扫地焚香日午时""宫女熏香进御衣""沉香亭子傍池斜""宴殿金麟吐御香""烟引御炉香绕

---

① （唐）白居易：《白氏长庆集》卷三十四，《四库全书》集部，别集类，汉至五代。

② （唐）王建：《王司马集》卷七，《四库全书》集部，别集类，汉至五代。

殿""香碧红泥透蜀椒""翠华香重玉炉添""博山夜宿沉香火"
"蕙住香销烛影残，御衣薰尽辄更阑"① 等。后唐时，皇帝命人在
龙辉殿安假山水，"铺沉香为山阜，蔷薇水、苏合油为江池，苓
藿香为林树，薰陆为城郭，黄紫檀为屋，白檀为人物，方围一丈
三尺"，被称为"灵芳国"②。这里面提到的蔷薇水就是刚从西域
传来不久的香水，由此可知这时的薰香已不再局限于用火烧香或
悬挂香囊，而是出现了简单方便的香水。

后晋马希范建的九龙殿是以沉香为八龙，他坐其间自称是一
龙。③ 每天早上，在他入座九龙殿前都会先让人在龙腹中焚香，
烟气凝聚，犹如龙喷。南唐李后主还发明了专门在帷帐中薰的
"鹅梨香"，俗称为"帐中香"，即"以丁香、沉香、檀香、康香
等各一两，甲香三两，皆细研成屑，取鹅梨汁蒸干焚之"④。从该
君的诗词中也能一窥他爱香和喜欢享受香的程度，如"晚妆初
过，沉檀轻注些儿个，向人微露丁香颗……罗袖裛残殷色可，杯
深旋被香醪涴"⑤。在这一时期，香成为王公贵族们的喜爱之物，
并且用香、熏香已经在他们中间盛行。

三　宋元明清时期

宋代商业发达，海外香料经过商业贸易开始大量流入中国；

---

① 《御定全唐诗》卷七百九十八，《四库全书》集部，总集类。
② （宋）陶谷：《清异录》卷下，"灵芳国"，《四库全书》子部，小说家类，琐
记之属。
③ （明）周嘉胄：《香乘》卷一，"沉香为龙"，《四库全书》子部，谱录类，器
物之属。
④ （明）周嘉胄：《香乘》卷七，《四库全书》子部，谱录类，器物之属。
⑤ 《御选历代诗余》卷三十四，"南唐李煜一斛珠"，《四库全书》集部，词曲
类，词选之属。

伴随士大夫阶层的崛起，优雅而怡情的熏香成为文人生活的一部分，并逐步融入了寻常百姓家。这样，香料的使用逐步由皇宫贵族走向了民间，中国用香文化进入鼎盛时期。此时，香囊已是男女常配的饰物，贵妇人悬挂香囊也成为一种时尚。如秦观《满庭芳》的"消魂当此际，香囊暗解，罗带轻分"，以及宋词中常见的"油壁香车""香车宝马"等词都可以说明当时香囊使用的普遍性。香囊使用方便，却没有香炉焚香的风雅趣味，因而香囊适用于妇人和年轻人，文人更偏好于焚香。焚香同点茶、挂画、插花并列为四般雅事，成为文人怡情养性的重要内容。朱熹的《香界》表达了文人处于熏香环境中的感触："幽兴年来莫与同，滋兰聊欲洗光风。真成佛国香云界，不数淮山桂树丛。花气无边熏欲醉，灵芬一点静还通。何须楚客纫秋佩，坐卧经行向此中。"①写诗填词要焚香，抚琴赏花要焚香，宴客会友、独居默坐、案头枕边、灯前月下都要焚香，这种场景在古代绘画作品中尤为显著。丁谓爱香，贬海南书《天香传》对各种香的品性都有一番见解。他在临终前焚香危坐、半月不食，只喝点沉香煎汤。神宗时蔡京会客前，都会让丫鬟密闭门户焚数十香熏，香烟蓬勃如雾，缭绕厅际，但无烟火；客人回去后衣冠芳馥数日不歇。当时，不仅皇亲贵族熏香，平常百姓也把熏香作为生活的重要内容，卧房厅堂、宴会庆典、香衣香被也都要熏香。著名女词人李清照在"醉花阴"中有"薄雾浓云愁永昼，瑞脑消金兽……东篱把酒黄昏后，有暗香盈袖"，写的就是她白天用金兽香炉焚香，黄昏酒后红袖暗香浮动的感觉；在"菩萨蛮"中有"沉水卧时烧，香消

---

① （明）周嘉胄：《香乘》卷二十七，《四库全书》子部，谱录类，器物之属。

酒未消"表达的是她晚上临睡前焚烧沉香，香已烧完而她酒还未醒的意境。可见，熏香在宋代已由皇亲贵族走入普通人的日常生活，香已与百姓的生活关系密切，成为人们日常生活的一部分。

元明清时期，佛家、道家、儒家都提倡用熏香。香成为百姓生活的一个组成部分。此时不仅有熏烧的香，还有各式各样佩带的香囊香袋，在点心、茶汤中也会加入香料。居室厅堂有熏香，各式宴会庆典要熏香，还要有专人负责熏香事物。集市上也有专门提供香料的店铺，人们不但可以在市集上买香，还可以请人上门作香。富贵人家妇人出行，常有丫鬟持香熏球陪伴。文人雅士多设香宅，不但用香品香，还亲手制香，并呼朋唤友，一同鉴赏品评。这一时期，合香的种类增加，制作工艺更加精良，香品造型丰富化，出现了香丸、香饼、香印等造型，既有利于使用，又增加了情趣。与焚香不同的隔火熏香方法开始流行。另外，因香料所含精油具有杀虫避蠹的效果，故香也是古代藏书家的所爱。古典文献中很早就有芸香辟纸鱼蠹的记载，所以古代藏书室有"芸台"的雅称。方以智《物理小识》中也有用香料藏书辟蠹之法，即"盖沉檀降香作轴皆不蠹也"。

第三节　中国熏香香具

香炉出现于汉代，这一切使中国熏香发展成为一门深奥的文化。

一　中国香具的品种

中国用香讲究、历史悠久、底蕴深厚，为了满足熏香、品香的高雅情趣需求，香具成为中国香文化的重要组成部分。在香具系列中，香炉作为熏香的载体，是香具中的主要器具，但香炉的使用与制作颇有讲究。历史上，真正为熏香而专门设计的香炉出现于汉代，其后各种式样的香炉出现，有博山香炉、绿玉香炉、九层博山炉、被中香炉、鹊尾香炉、麒麟炉、金银铜香炉、凿镂香炉、瓦香炉、百宝香炉等①，后来还出现了皇家铸造的宣德炉。这些香炉的质料包括铜器、陶器、瓷器、金银器、掐丝珐琅、内填珐琅、画珐琅、竹木器以及玉石等器；其外形各异，有博山形、火舍形、金山寺形，峭足形、鼎形、兽形、三足形等；在功能上，有随身携带的手炉，置于香几的博山香炉、禽兽香炉、香筒、卧炉，有熏衣被的香球、香囊等。这些种类繁多、造型各异的香炉的使用方法和范围也大有不同：有的适于欣赏珍藏，有的适于祭祀、拜祖或敬神；有的仅限于皇家使用，有的适用于富贵人家，有的适合平民百姓。除了这些各式各样的香炉，古人们还创造出了许多用材珍贵、制作精美、工艺价值较高的熏香器具，如用千斤沉水香制成的旖旎山，用沉香剜镂的沉香翁，还有沉香板床、沉香履、沉香观音像、檀香床、白檀香亭子、檀香板、云檀香架、蜜香纸、沉檀座、沉香降真钵、雪香扇、紫檀香如意等。

伴随熏香雅致活动的风行，围绕香炉的配套辅助器具品类也日益丰富，有放置香炉的香几，有盛装香品的香盛（香盒），以及熏香时使用的熏笼、香匕、香箸、香铲、香插、香夹、香盘、香壶等。这些香具的出现和使用，使得熏香活动高雅风致，文化内涵丰富。例如，宋人焚香，常同时使用香炉和香盒，添香者从

---

① （明）周嘉胄：《香乘》卷二十六，《四库全书》子部，谱录类，器物之属。

香盒中拈出香丸放入香炉内。到元朝时期，开始流行香炉与香盒、香瓶、烛台等辅助熏香用具搭配在一起使用，且不同季节使用香炉的质地也很有讲究。如名画《千秋绝艳》中"莺莺烧夜香"的画面：崔莺莺站在一座高香几前，香几上放着焚香必备的"炉瓶三事"中的两件——插有香匙与香箸的香瓶以及一只小香炉。她右手捧香盒，左手从香盒里拿出一颗香丸要放入香炉中。这幅画是典型的"炉、瓶、盒"式的组合。

二　中国熏香炉

熏香活动在西汉时期的贵族阶层就已广泛流行，而且有了专门用于熏香的熏炉。汉代最有名的熏香炉是博山炉，盛行于信奉道教的两汉及魏晋时期。相传博山是东方海上的仙山，山上有神仙，有通仙的寓意。博山炉大都是铜炉，也有以鎏金或错金制作，设有炉盖，造型奇特。炉盖上雕镂高耸起伏的峻峭山峦之形，山间雕有青龙、白虎、玄武、朱雀等灵禽瑞兽，还有各种神仙人物造型。下设承盘，贮有热水，润气蒸香，象征东海。炉腹内焚香，袅袅香烟从层层镂空的山形中缕缕散出，缭绕于炉体四周，加之水气的蒸腾，宛如云雾盘绕海上仙山，呈现极为生动的山海之象。当博山炉出现之后，香炉熏香开始在贵族阶层风行。此时，除了常用的香炉外，还有用来熏衣物被褥的熏笼。熏笼是框架型的笼罩，材质有竹、银、石、玉等，香炉放在笼下，将衣物搭在笼上，可使衣物均匀熏上香味，同时除菌避虫。熏笼形状有大有小，可以依据所熏的物品制作，大的可熏衣物被褥，小的可熏毛巾、手帕。当时，王公贵族比较喜欢衣物熏香，熏笼也就和香炉一样就成为富贵人家的必备品。

三层转轴熏球即"被中香炉"，是由西汉成帝时的能工巧匠打造出来的能够放置在被子下面的小香球。被中香炉结构精巧，多以银、铜等金属制成，球壁镂空为奇禽怪兽，球内依次套设三层小球，每层小球皆悬挂于一个转轴上，转轴固定在外面的圆球上，最内层悬挂焚香的小钵盂，故也被称为九层博山香炉。这样，熏球转动或滚动时按三维自由旋转，在钵盂的重力作用下，三层转轴相应旋转调整，而钵盂则始终保持水平，不会倾覆，因而可以在床上和被子里使用。这种香球可以设底座平放，也可带有提链悬挂或提带。

遗憾的是汉代这种三维旋转熏球目前尚未发现，只存在于历史文献里。面世的唐代旋转熏球制作则相对简单，内套两层小球，只能作二维旋转；不过也是可以放在被子里燃香，也可放在袖子中。晚上睡觉或白天消遣时，香炉在温暖的被褥间或宽大的袖中暗香幽发也很有情趣。这种小球形香炉在日后的居住生活中备受重视，《金瓶梅》第二十一回中，潘金莲和孟玉楼一大早来到李瓶儿房中，李瓶儿还未起床，潘金莲伸手到她被下，在她被窝里摸到一个熏被的银香球，潘金莲当即开了个玩笑，说"李大姐生了个蛋在这里"。当时，这种香球有时也被称为香囊。在安史之乱中贵妃被赐死并匆忙掩埋，平乱后唐玄宗令改葬，墓葬开启后，杨贵妃香消玉殒，肌骨已坏，唯有"香囊仍在"。据此可知，杨玉环的"香囊"实为银、铜等金属所制的熏球，而不是织物。汉晋时期，博山香炉仍在使用，制材多为金、银、铜、玉等高级材质，而且造型也开始多元化，通常是真实或人们想象的飞禽走兽的形象，如狮形、象形、鸭形、鸳鸯形、狻猊形、麒麟形等，也被称为香兽。香兽中空，内部燃香，香自口出，别有一番韵味，如果再配上香笼、姿态婀娜的美女熏衣暖被，自是一幅仙境般的美图。宋代烧瓷技术高超，此时，瓷质香炉产量较大。瓷香炉在造型上或是模仿前代铜香炉或是有所创新。由于瓷香炉比铜香炉造价低，这时香炉使用很快平民化。尽管香炉、熏笼宋元时期在平民阶层已被广泛使用，但是熏笼制作在民间依然很少。

明代以后，香炉制作工艺更加精湛，选材也较为广泛，不拘金、银、铜、玉、锡、瓦、石；造型更加丰富，狻猊、獬豸、大象、鸭子等，铸造技术更加成熟，工匠们意识到了香炉窿顶的重要性，置孔太多易损香气，因而多以兽口出香。在此期间，出现了历史上最著名的宣德炉。在真腊（柬埔寨）于明宣德年间进贡几万斤黄铜之前，国内铸造鼎器多用青铜。宣宗面对这黄金般光泽的铜材如获至宝。宣德三年，宣宗责令宫廷御匠差遣技艺高超的工匠，在黄铜中加入国库中大量的金银珠宝一并精工冶炼，打造了一批精美绝伦的黄铜香炉——宣德炉，也称宣炉。在用料、选材、造型和制作工艺等多方综合因素作用下，宣炉颜色古朴典雅，成为炉中极品；其精美就是现在的冶炼技术也难以复现。自宣德炉铸造成功以来一直有人仿制，即使是参与制炉的官员按照宣炉制法制作的仿制品也都在质量上明显逊色。宣德炉总数也就是一万多座，并且多深藏皇宫，经过500年的风雨，明宣德三年的宣德炉已经极为罕见。留下来的优质仿制品也极为精良，具有很高的鉴赏和研究价值。

三 其他类型的香炉

依据使用方式，香炉除了上述种类外，还有手炉、袖炉、脚架炉、卧炉、香斗、香桶等，下面予以简要介绍。

手炉就是可握在手中或随身提带的小熏炉，类似暖炉。形状多为圆形、方形、六角形、花瓣形等，一般表面镂空，雕琢成花格、吉祥图案、山水人物等各式纹样。手炉很实用，可熏香、可取暖。例如《红楼梦》第十九回中，袭人"向荷包里取出两个梅花香饼儿来，又将自己的手炉掀开焚上，仍盖好"，放与宝玉怀里取暖熏香。

袖炉是用来熏衣炙手，以倭制漏空罩，盖漆鼓为上；新制轻重方圆二式俱俗也。

架脚炉就是放在脚下的香炉。

卧炉就是用于横向点燃线香，也称横式香熏。类似于香筒，但横竖方向不同。

香斗又称长柄手炉，是带有长握柄的小香炉，可以握在手上，多用于供佛，柄头常雕饰莲花或瑞兽。香斗在唐代非常流行，所烧多为颗粒状或丸状的熏香料。

香筒是竖直熏烧线香的香具，又称"香笼"。造型多为长而直的圆筒，上有平顶盖，下有扁平的承座，外壁镂空成各种花样，筒内设有小插管以便于安插线香。

四　辅助香具

熏香时配合熏香炉使用的辅助配套香具也日益丰富，主要有香几、香盛、香盘、香匕、香铲、香匙、香箸与香夹、香瓶、香插、香范、香囊等。

香几一般放在书房或卧室，用来摆放香炉、香瓶、香盒等物，款式多样。

香盛是放置香品的容器，也被称为香盒、香合、香箸、香函、香箱等，可以装饰香案、居室，形状多为扁平的圆形或方型。香盛盒口要紧密，不能泄漏香气。明代时对香盒使用就已经很讲究了，不同香品要使用不同的香盒盛装。

香盘又称香台，是焚香用的扁平的承盘，多以木料或金属制成。香盘有时也可以放香果，既可以欣赏，又可以品味香果散发的香气。

香匕是平灰置火、取香抄沫、翻松香灰添香的工具，所谓"匕翻宿火自添香"是也。

香铲是常用来处置香灰的工具，多为铜制。

香箸、香夹与香匙都是用来夹或取用香丸、香球或香饼的工具，材质一般为白铜或紫铜，忌用银器。

香瓶也称香壶，是用来放置香匙、香铲和香著的器具。

香插是用来插放线香的、带有插孔的基座。基座高度、插孔大小、插孔数量有各种款式，以适用于长短粗细不同规格的线香。

香范是用来制作香篆的器具。

隔火就是将香料与灰下燃烧的炭块隔开的器材，隔火的材质主要有玉片、云母、银钱、瓦片、砂片等。

香囊用来盛放香花香草以及其他熏香料，多为刺绣丝袋，便于随身携带或挂佩，可系在颈下或肘后，也可悬挂在床帐角等处熏香。

第七章　中国香料应用

第一节　中国香料美容

一　古代香妆品使用演进

爱香、爱美是人的本性，用香粉、香泽、香汤来香身美体、避秽防臭自古已有。中国人用香已有5000多年的历史，最早可以追溯到皇帝神农时代。先人体验到百花、香果的美妙，不敢独享，遂用来尊崇神灵、敬天祭祖。爱美是人的天性，后来香料逐渐在生活中使用，美容化妆逐渐兴起。据文献记载，中国美容化妆始于夏商周三代时期，也有文献称始于秦，尽管始于三代还是始于秦没有定论，但香妆美容在中国历史悠久是不争的事实。据《周礼》记载，周朝已设有"妇容"一职，即专管宫廷女性容颜礼仪等事宜的官。在《大戴礼记·劝学》中有"君子不可以不学，见人不可以不饰，不饰无貌，无貌不敬，不敬无礼，无礼不立"。

春秋战国时期，美容在民间已相当普遍，例如《楚辞》中有"粉白黛黑，唇施芳泽"，这说明当时的女性已用黛修饰眉毛，用芳香光亮的香油来美化嘴唇。战国时期才子宋玉的《登徒子好色赋》一定程度上能够反映女子借助香妆美化的普遍程度。当时常用的美容方法有敷粉、涂脂、画眉、染唇、润发等，化妆用品也有了白粉、米粉、铅粉、胭脂、唇脂、黛黑、发泽等。不过，胭脂香料主要是原产自中国的香草。

秦汉至南北朝时期，王公贵族已对用香避秽美容非常重视，用香方式也由单味发展到复方。他们美容香身、悦泽面色、延年抗衰、润肤祛斑都会用香，各种香料开始大量使用，配香的香方也日益丰富。此时，宫粉胭脂在宫中已经大量使用，如《阿房宫赋》对香妆品消耗的描述，用量之大令人惊叹；还出现了额点香花的"寿阳妆"、两颊侧抹胭脂的"晓霞妆"等经典妆型。

隋唐时期化妆美容更为讲究，已形成敷铅粉、抹胭脂、涂鹅黄、画黛眉、点口脂、描面眉、贴花钿等一套程序，化妆技术也相当成熟，盛装和浓妆是这一时期的特点。女性们用的这些化妆品多是用香料调制而成。除了化妆她们还用香料护肤和养发。宋时女性面妆讲究淡雅和含蓄，柳眉、杏眼、樱桃小口、略施薄粉、淡涂胭脂在很长的时间内都颇为流行。化妆品多是香料配制，因而香妆出现在大量的文学作品中。秦观在《南歌子》中描写闺怨的情景就有"香墨弯弯画，燕脂淡淡匀"的佳句；赵长卿也有"面药香融傅口脂"的描述。到明清时期，香妆品开始在民间普及，不再是权贵的专用，女性也似乎普遍香美起来。在香妆品普遍的情况下，中国女性表现出特有的香、艳、美。在文人墨客的笔下女人的体态、形象、行为都开始与香有关，如女人的唇是香唇，肩是香肩，能够"并肩私语生香"；口是檀口，能够"檀口微开皓齿香"；足是香足，可以"香尘踪迹难留，一路风流"；腮是香腮，犹如"芙蓉出水，霞光绕"。这样，文人笔下香与女性密不可分，香成为女性的重要象征。江南女子多貌美，原因有二：一是水乡滋养，天生丽质；二是妆扮讲究，善于保养。古人香妆不仅讲究美容健康，他们还将此行为与修身养性联系起来，东汉蔡邕认为"览照拭面则思其心之洁也，傅脂则思其心之和也，加粉则思其心之鲜也，泽发则思其心之顺也，用栉则思其心之理也，立髻则思其心之正也，摄鬓则思其心之整也"①。可见，古人用香妆不仅追求外在的美丽漂亮，还兼修内在的人格魅力。

二　主要香妆品品类

中国古代香妆品丰富，主要有口脂、面脂、胭脂、香泽、蔷薇水、蔷薇露、苏合油、玫瑰油、兰膏、绛雪、面药、红雪、紫雪、腊日、历日、腊脂、香饵脂膏、五药脂膏、澡豆等。下面择要分别予以简要介绍。

口脂是用香料调配而成的涂在嘴唇上的香品。口脂类似现在的口红或唇膏，可令嘴唇颜色鲜艳，非常受女性的喜爱。在唐代口脂还是皇帝赏赐大臣的重要物品，可见其珍贵。

面脂就是涂抹在脸上，具有滋润、保护、美白、防皱裂等功效的香妆品。面脂中添加有多种珍贵芳香料，不仅芳香宜人，使用方便，而且可令人心情愉快，因而备受女性的青睐，有时又被称为香脂。面脂在唐代也是皇帝赐给大臣的重要物品，可见其贵重。

---

① （宋）刘清之：《戒子通录》卷七，《四库全书》子部，儒家类。

胭脂是添加了香料的中国古代女性常用的妆面化妆品，有绵胭脂和金花胭脂两种。绵胭脂是便于携带的胭脂，以丝绵浸染红蓝花汁而成，妇女用以敷面或点唇。金花胭脂是一种薄片胭脂，以金箔或纸片浸染红蓝花汁而成，使用时稍蘸清水使之溶化，即可涂抹面颊或妆点嘴唇。涂胭脂的方式是偏开两颊，即在脸颊处斜着向上绕脸涂抹。当然，涂抹胭脂的方法也很讲究，不同的使用方法有不同的妆面效果，因而才有了飞霞妆、酒晕妆、桃花妆等妆式。由于胭脂的使用，自汉朝以来女性的化妆方式中逐渐开始流行"红妆"。到民国时期，胭脂不仅香，而且品种齐全，形状有胭脂纸、胭脂膏、胭脂锭、润肤胭脂等。

香粉是将丁香、檀香、沉香、乳香等香料以及很多香花添在粉中的合香。添加了香料的粉还具有避虫杀菌、活血化瘀等功效。敷粉是中国女性最古老的妆扮内容之一，敷粉不只是抹脸，还涂身体。香粉抹在身上使女性的模样和气味更加讨人喜爱，"扑粉更添香体滑"，表达了女性敷香粉后让人喜爱的形象。

澡豆是在白芷、辛夷、零陵香、丁香、香附子、藿香等香料中添加皂荚粉、豆粉、动物脂膏、面粉调制而成，其气味芳香，而且具有去污、养颜、润肤等功效。澡豆一般用于洗澡、洗手或洗脸，类似现在的香皂、洗面奶、洗手液之类。由于香料昂贵，古时只有王公贵族才能用得上澡豆这样的香妆品。直到晚清时期，香皂才开始在宫廷出现，制作工艺繁杂的澡豆才开始逐步退出香妆品行列。

香泽与发油又称兰泽、芳脂、兰膏等，指的是润发、护发的芳香油膏类香妆品。古代女子用香泽不仅是为润发，还为固定发型；涂了香泽的头发不仅有光泽，而且香泽发出的气味非常讨人喜爱。香泽之所以气味芳香，是因为在制作时用的多是香料，有的香泽配方中使用的香料甚为名贵。例如唐代"御香泽"用的是沉香、檀香、龙脑香、麝香等贵重香料，且原料在十味或十味以上，所以，御香泽也被称为十香油。

香露与香水是将香花香草蒸煮、处理后提取的香料精华，用来洒在身上的化妆品香水。在域外香水没有传入中国之前，中国古人已会制作简易的香水，就是煮兰汤。方法是洗澡之前把香料放进洗澡水中煮，使洗澡水芳香四溢，人洗过这样的澡水，身体就会染上香气。中国制作香露的香花香草种类很多，因而香露的种类也很多。民国时期，国人用的香水已经与现在使用的香水差别不大。

以上香妆品都是用甚为珍贵的香料配制调和而成，早期只是在王公贵族中使用，并作为赠送的贵重礼品。后来，因其制作技术逐步成熟及其香美备受喜爱，这些香妆品也开始由王公贵族走向民间，并得到普及，成为备受中国女性喜爱的香妆品。

三　医疗美容香品

美容香品的出现和发展与中国人追求健康长寿的生存理念密切相关。自古以来，健康和美是人类不懈的追求。古代美容与医药密不可分，熟悉各种香料性质的医家往往就是美容师。中医是美容香品形成和发展的基础，从成分上来看，美容香品大部分都是由中草药制成，治疗损容疾病的中医药物也多是中草药。治疗损容中草药和美容中草药有很多都是相通或相同的，在功效上，这些香料类中草药多具有化疲、润肤、活血、开窍、去斑、去痘、美白等作用。可见，美容和损容治疗在机理上具有很强的相似性。损容性疾病有熏黑斑、疣、白癜风、痤疮、体气、疤痕等，治疗方法有内服药物、外敷药物、食疗等；可见，此时医家不仅主张外敷、外涂、外洗，还提倡内服香丸或香散，达到外治内调双管齐下的目的，《神农本草经》中共有160余种药物与美容保健有关，为中医中药、食疗药膳治疗和预防损美性疾病奠定了基础。元代许国祯的《御药院方》和《鲁府禁方》保存了大量宫廷方药，其中就有180余个美容方，内容涉及洗面、润肤、驻颜、防皱、祛斑、润唇、轻身、令人肥壮、洁齿、固齿、明目、乌发等。《本草纲目》中列入的用于美容、香身、美发、乌发、生发、去痣、去粉刺、去斑、去黯泽、除口臭、治狐臭、润肌肤、白肤色、面脂、口脂、熏衣的药物香料270多种，内服型剂10多种，外用熏、洗、敷的膏散剂近30种。由此可知，中国古代化妆往往与中医学联系紧密，损容治疗是美容的基础，而美容是损容治疗的目的。

四　香料美食

香花、香草因其气味芬芳，且具有温中理气、活血化瘀、祛风除湿、发散清热等对人体有益属性，被人们作为香料烹饪调味增香、熏制香茶、酿制香酒等应用于日程生活，形成美食香料文化。

香辛蔬菜与无毒香花、香果经过加工，芳香可口，适合食用。葱、韭、姜、蒜、芹、椒、芫荽、香椿芽、白芷、蒿等都可食用，成为菜肴的一部分。除了香辛蔬菜，菊花、茉莉、栀子、玫瑰等芳香花草也被古人加工成可口的食物。例如栀子花，采花洗净，水漂去腥，用面入糖，盐作糊花，拖油炸食，味道鲜美。香果除了直接剥皮食用以外，还可以经过加工制成干果、蜜饯等方式食用。

调味香料作为去腥解毒、增进食欲、增加食物清香的调料在中国烹调史上具有重要地位，人们将芳香植物利用于酱、卤、烧、炖、煮、蒸、煎等烹饪方法中。中国调味香料运用可追溯至神农时期对椒桂等芳香植物的利用，可谓历史悠久、底蕴深厚。常用香料经验上一般分为两类：一类是蔬菜和用于调味的植物，如葱、姜、蒜、芥、梅等；一类是调味香料，如花椒、生姜、孜然、胡芹、胡椒、胡荽等。香料在使用过程中，在经验积累的基础上逐步由单一香料使用向复合化发展，即将几种不同的香料调和加工成粉状、膏状或丸状。这样复合加工后的香料不但增强了香料味道的复合型，也更便于储存和使用。总之，调味香料已经成为人们饮食生活中必不可少的一个部分，且应用日益广泛化，不但应用于烹饪调食，还应用于香羹、香饮、香汁、香露、香酒、香膳以及香糕、香饼的加工。

酒具有活血的作用，香料基本都具有温中理气、活血化瘀、祛风除湿、发散清热等功能。香酒就是将香料与酒配制而成的饮品，其风味香甜独特，又具有治病养生的功能。早期，先民们认为香酒中香料散发的香气可以"彻天地、通神明"，香酒自古就被用在宗教祭祀活动中。在特定节日饮香酒也成为一种社会风俗，如汉时期九月九饮菊花酒的习俗、唐时期皇帝给大臣赐饮香酒的制度等。香酒制作有的是将单一香料浸入酒中，有的是将多种香料按比例混合在一起浸入酒中，有的是用香料制为香曲再制为香酒，有的是将香料与酒存入在一起熏香。例如历史文献中记载的"郁金香酒""桂酒""椒酒""菊花酒""五加皮酒"等就是将香料直接投入酒中。宋时的香曲酒就是用官桂、川椒、砂仁、白附子、白芷、木香等香料与面粉、酒药一起制作的香酒。长春酒就用了包括当归、厚朴、沉香、木香、丁香、草果仁、肉桂在内的 24 种香料制成的香酒。可见，自古以来香酒就是人们祭祀祖先神明、相互馈赠、养生治病的佳品。

第二节　中国香药使用

香料不仅可以用来敬神祭祖、熏香美容，多数香料还可以入药，具有医疗保健功能，在医学中被称为香药。临床常用的香料主要有乳香、沉香、苏合香、檀香、白芷、陈皮、丁香、木香、当归等。

一　香药使用演进

先秦时期，香药就已经被认识和利用。《周易》中有兰香和白茅；《山海经》有薰草、佩兰、白芷、桂、檀等；《诗经》中有甘草、白芷、青蒿、泽兰、菊、佩兰等。在《诗经》时代，先人在采集香药时已经懂得用香花、香草相赠，表达爱慕和相思之情。战国时期，先民对香药的认识进一步提高，可用于香药的植物种类增加很多。屈原提出芳香药物可做沐浴材料，并将香料提升到了药的层面。两汉三国时，人们对各类香料药性和配剂理解进一步提高，相传华佗的麻沸散就是用香药配伍的麻醉剂。《神农本草经》已将香药品级分为上、中、下三品。此时，来自异域的郁金香、苏合香、沉香、薰陆、青木香、香附子等香料来到中土，增加了中土香药品类，海内外香药已有 30 多种。隋唐五代时，香药品类进一步增加，且应用领域扩大。除了治病救人，香药还被应用于美容养颜。宋元时期，大量香药从域外进入中国，香药需求量也快速增长，大量香药与医方成形并传了下来。元明清时期，香药制作和利用技术日趋成熟，一些香药开始大量应用于临床。纵观中国香药的发展演进历程，可知在唐朝以前，香药非常珍贵，主要局限于皇宫贵族和士大夫阶层使用。此后，随着域外香料的大量传入，香药在明清时才得以在民间推广使用。

二　香药药性认知

经过长期实践，人们认识到香药虽有治疗养生的效用，但过多服用会有副作用。早在南朝刘宋时期，范晔就总结出"麝本多忌，过分必害；沉实易和，盈斤无伤；零藿虚燥，詹唐黏湿"。在对每一种香药药性了解熟悉的基础上，人们开始依据不同药性对其进行考察分类。元代医学家朱震亨在其《格致余论》中将"木香、沉香、檀香、察香、茵香"等列为"以气而名"类，将"厚朴、干姜、茯苓、生熟地黄"列为"以质而名"类，将"甘草、苦参、淡竹叶"列为"以味而名"类；并将香药进一步划分为开窍类、香燥类、辛热类、消导类、固涩类、降气类、破血类、破气类和辛温辛热发散类。在这些认识的基础上，宋元以后的方剂中几乎都有香药配伍，有的甚至全部是用香药组成，特别是治疗气类疾病的方子中香药就特别明显。由于香药物难以用四气五味理论解释其药性，因而药学界又有芳香药性之说。今人梳理古代医药文献，将香药分为开窍类、香燥类、辛热类、消导类、固涩类、降气类、破血类、大热类和辛温辛热发散类。将香药按功能不同进行划分，可分为解除表证的芳香解表药，具有发散外邪作用的芳香发散药，具有祛风除邪作用的芳香祛风药，具有清解热证作用的芳香清热药，能调理气分、舒畅气机、消除气滞或气逆的芳香理气药，具有祛湿健脾作用的芳香除湿药，能温中祛寒、消除寒证的芳香温里药，能调脾和胃、舒畅气机的芳香和胃药，具有疏通血脉，促进血行作用的芳香活血药，善于走窜、以通关开窍、苏醒神志为主要作用的芳香开窍药，能补充人体物质亏损、增强机能活动、改善衰弱状态、治疗各种虚证的芳香补益药等。

三　香药临床应用

经过千年实践和经验总结，现已形成单方、验方、秘方和以香药为主药的方剂有一万多条。明清时期香药在中国的临床应用已趋于成熟，在临床得以普遍应用。香药在临床上的主要功效是解表、化湿和开窍。例如，解表的有桂枝汤，化湿的有平胃散，开窍的有安宫牛黄丸。此外，一些单方也被广泛应用，如洋金花用于麻醉、仙鹤草用于止血、木香用于理气等。与此同时，先人们也注意到香药多为辛窜之品，病愈必须停止服用，否则不但没有好处，还会损害身体。以《本草纲目》为代表的经典医学文献对本草类、医药类、起居类的香药方剂及其主要功效进行了归类整理，极大地提升了中国医学用香技术。例如，沉香煎丸归于诸风门，主治摊缓不收，体重无力，肢节缓弱，运动不能等症；沉香饮归于脏腑虚实门，主治肾气虚、小腹急满、骨肉干枯、阴囊湿痒；沉香汤归于虚劳门，主治气劳、心胸不力、日渐消瘦、四肢沉倦、无力、饮食无味、骨节疼痛、小便赤涩等病症；而沉香汤归于脏腑虚实门则主治谷劳体重、食己便卧、使气消食化积；

沉香汤在妇人门则主治室女荣卫凝涩、月水不利、目昏闷、肢体拘急、五心虚烦、多困少力。

在香药应用方面，除了方剂日臻完善，其加工使用方式也日趋成熟，由原来以汤剂为主向汤、丸、散、酊等多种形式共存过渡，特别是丸剂逐步成为主流。究其原因是香药中含有多种挥发性物质，如果加工炮制、储存不当，致使药性挥发，会影响疗效；同时因为煎煮会破坏香药有效成分，因此香药不宜煎熬太长时间。总之，在加工炮制方面，人们已经知道香药采收后不宜暴晒，最好在阴凉通风处阴干；阴干后不宜切制，最好原态保存；不宜加热炮制，以防药性下降；使用时剩余的制片最好密闭保存等。由此可见，中国对香药的炮制、加工和使用已非常成熟。

四　香药保健

芳香植物散发的香气宜人、令人愉悦，自古就备受人们喜爱。中国先人在香物、香料方面积累了大量的养生保健知识。例如沉香、檀香等可用于预防瘟疫，青蒿等可治疗瘴气，艾叶、樟脑等可消毒、杀虫。在日常生活中，佩戴、服食、悬挂、熏蒸香药都能达到很好的消除瘴气、去毒杀虫、预防瘟疫的效果。据说，汉武帝时期，有使者向朝廷贡香，但汉武帝认为他们进献的香料没有什么特殊之处，也没有予以重视，但不久，长安发生瘟疫，死了很多民众，于是使者点燃了他带来的香料，消除了瘟疫。传说只是传说，但焚烧香料产生的香气能够净华环境、消除病菌还是有一定道理的。很多香料在治疗疾病方面也功效明显，例如，安息香具有开窍辟秽、行气活血的功效，常用来治疗中风昏厥、猝然昏迷等病症；沉香、檀香、乳香可去恶气，常用来焚烧辟瘟疫以及治疗毒臭所致的疾病。

另外，香料燃烧后产生的气味可清神、杀菌、去病、养生。香料在提神方面主要是能令人心神宁静，忘却烦恼，静心做事。过去贡院考试焚香一是为了显示隆重严肃，二来就是为考生提神醒脑。不仅如此，香气还具有安神催眠的功效。我们知道沉香具有"去恶气，清人神，治心神不足"的功效，因而沉香香气不但可以清气提神，还具有安神助眠的作用；而且在香气氤氲的环境中也能起到很好的养生效果。为了养生，人们也做了很多的探索和总结，例如，地黄沉香丸就具有治疗上热下冷、五劳七伤、补益虚损的功效；黄精酒具有延年益寿、返老还童、祛除万病的功效。香料及香药因其具有特殊的美化环境、治疗疾病和健康养生的特殊功效，自古就受到王公贵族、达官贵人以及修行人士（道家）的高度关注，经过千年实践和经验总结积累了很多的珍贵验方，为我们中华文化宝库留下了宝贵的财富，成为中华文化一个不可或缺的重要组成部分。

五　沉香药用简史

沉香是中国及东南亚国家一直沿用的历史悠久的珍贵传统药材，其价值极高，被誉为"药中黄金"。沉香作为药物始载于梁代陶弘景的《名医别录》，列为上品，原文曰："沉香、熏陆香、鸡舌香、藿香、詹糖香、枫香并微温。悉治风水毒肿，去恶气。"可见在中国早期医药史中对沉香药用价值已有认识，但尚较表浅，其药材来源的记载与后世差别较大。

唐代，我国历史上的第一部药典，苏敬主持编著的《新修本草》如是记载："沉香……木似榉柳，叶似橘叶……"稍后，唐代陈藏器在《本草拾遗》中对沉香的来源提出了质疑："沉香枝叶并似椿，苏云如橘，恐未是也。"其实二人所说均无错误，因为沉香的来源有沉香树和白木香二种，二者的叶有所不同。苏敬所言的是沉香树，主产于交州（今越南）；陈藏器所指的是白木香，主产于广州（今珠三角地区）。可见唐代的药用沉香已包括今天的进口沉香和国产白木香两个不同品种。

五代时期，对沉香的药用功效有了较为全面的认识。李珣《海药本草》云："沉香，味苦，温，无毒。主心腹痛、霍乱……清人神，并宜酒煮服之。诸疮肿宜入膏用"。同期，吴越著《日华子本草》云："沉香，味辛、热、无毒。调中、补五脏、益精、壮阳，暖腰膝、去邪气，止转筋吐泻冷气，破癥癖，冷风麻痹，骨节不任，湿风肤痒，心腹痛，气痢"。

宋代时人对于沉香的来源有了较为深入的考证，对沉香临床应用的认识也有了较大的发展。宋《本草衍义》曰："然《经》中止言疗风水毒肿，去恶气，馀更无治疗。今医家用以保和卫气，为上品药，须极细为佳"（明确了沉香的精研细粉的用法）。"今人故多与乌药磨服，走散滞气，独行则势弱，与他药相佐，当缓取效，有益无损"（明确了沉香与乌药配伍，并沿用至今，如用于术后理气除胀的四磨汤即是如此）。

明清时期在沉香的功能主治上又有了新的见解。如《本草纲目》认为沉香主治症除了前人所载外，还有："治上热下寒，气逆喘急，大肠虚闭，小便气淋，男子精冷"，并收集了治疗"诸虚寒热""胃冷久呃""心神不足""肾虚目黑""胞转不通""大肠虚闭""痘疮黑陷"等病症的药方。

现代研究认为沉香味辛、苦，性微温，具行气止痛、温中止呕、纳气平喘等功效；是很好的镇痛药，具有镇静、降压、抗心律失常、抗心肌缺血和中枢神经系统抑制等作用；沉香一般与其他药物配伍使用，不单独入药，含沉香的中成药有 160 种之多，多取沉香降气温肾之功，与他药相佐，缓其效而不减其用也。由于中药沉香具有多种较强的药理活性，以及较高的临床应用价值，其研究开发已经引起人们的广泛重视。

第三节　中国宗教祭祀香文化

一　香料祭天祀祖

在中国文化中，天地产生于盘古开天。阴阳五行学说认为盘古开天辟地之时，阳气清扬上升为天，阴气浑浊下沉为地。阴阳二气虽被盘古分割，但仍不能完全隔离；阴阳二气混杂孕育万物；阴阳之气分别演化为人、虫、猛兽等万物。至阳化为神，阳气高于人者化为山神灵兽；至阴者化为虚空，阴气稍重者化身为草木。阴阳失衡的人，运势下降，容易遭受灾祸。这就形成了中国朴素的神学思想。

中国古人认为香烟可以通达神明，是人类与神明或祖先沟通的信使，因而他们在祭祀天地祖先时往往要焚烧香木来表达对上天和祖先的敬畏。这样，香就与中国人的精神生活息息相关。初期人们只是将采集到的香料送到庙中以直接焚烧以奉神明，祈望得到神灵的保佑；后来人们开始对香料进行加工，出现了线香、盘香等各式各样的外观精致的香品。

人们烧香蕴含的是他们对神明和先祖的态度，一是表达敬畏，遵循神明指引，不敢有违；二是庇佑祈福，祈望得到神灵和先祖的庇护和赐福；因而自古以来香客用香都非常虔诚，在民间形成许多习俗。例如，烧头香，人们认为头香功德最大、福报最多，所以常常争烧第一炉香。除了头香，一些地方还有烧十庙香的习俗，就是在大年初一早上，连续烧满周围十座庙，其意与头香相仿。还有烧拜香，就是备好香案，向着神庙的方向一步或几步一拜，渐次上山，直到神庙，以示虔诚。

烧香拜神必有所求，人们烧香就是要祈求能够得到神灵的保佑，因而烧香时会将所求之事示于神灵，并许下各种承诺，也叫许愿，如重塑金身、吃素、放生、种福田等。如果所求之事得以实现就意味着神已佑护，需要焚香告神，并履行诺言，以为答谢，也称为还愿。常见的还愿方式就是捐物捐钱，上供烧香。

相较于民间，皇宫中的祭天祀祖更加隆重，非常讲究，所用香料非常名贵而且使用量大。例如，梁武帝时就规定"南郊明堂用沉香，取天地质阳所宜"，"北郊用土合香，以地于人亲"；史料称梁武帝用沉香祭天地的行为前所未有。明清时期，皇家祭祀用香量以及香料的名贵更是惊人。

二 道教用香

道教以"道"为至高信仰，起源于"万物有灵"以及人类对自然、灵魂和祖先的敬畏，祖先与天神合一的思想。道教之"道"，道法自然，道散则为气，聚则为神，无形无象、玄之又玄、无法言说，也被称为"玄学"。道教重视身体气脉的修炼，并强调药物对修行的辅助作用，认为通过身体的转化和心灵的净化两种途径可以达到生命的提升。修道追求的就是修身养性、延年益寿、得道成仙、济世救人。道家修道方法主要是服食仙药、外丹等，炼气与导引、内丹修炼等。道家的仙丹均需香料提炼，早晚课也均须要爇香，可见香在道家修行中必不可少。

道教用清香（主香）与神或先人来传达内心的尊敬与虔诚之意。再者道教中以三炷香代表三清（三清为玉清、上清、太清），亦代表天、地、人，正可谓敬三清，敬天、地、圣贤人。因道教认为万物皆有灵，因而以谦卑心来敬仰宇宙万物。道教烧香，也称敬香，是借香烟传达善信心意，正所谓"一主清香透苍穹，万道祥光照大千"，由此可知香在道教中的重要性。道教烧香包括了供养、传达、招魂、静心这四种含义。供养就是供养三界诸神；传达就是传诚达信，所谓"香自诚心起，烟从信里来。一诚通天界，诸真下瑶阶"；招魂即招亡返魂，做幽事道场时，可通过焚香摄招亡魂；静心是指清静身心。因而，道教斋醮用香非常讲究，要求道门香一定要是来自天然香料的清香，清净至要；且不同的场合和目的要使用不同的香，不能混用、乱用。一般道教宫观和斋醮中宜用返风香、七色香、逆风香和天宝香。天香是天上神仙之香，是用来敬祀神仙的香。反生香也叫反魂香，是招魂道场用的香。降真香是礼敬天帝之香。《道法会元·太上混洞赤文女青天律》云："诸民间设醮不得烧檀香、安息香和乳香，但只以百和香，则上真降鉴，有力烧降真香足矣。违者，三代家亲责罪，己身受殃，法官道士减寿三年。"所以，去道观一定要认准沉香、降真香，一般就是柏木香，否则就犯了道家大忌。

道教烧香意在供养诸神，传诚达信，施法招魂，清净身心，因而烧香有三种功效：一是通真达灵，请神召将，将自己的想法透过香烟禀报给上真。所谓"香自诚心起，烟从信里来，一诚通天界，诸真下瑶阶"。二是燃香功德，供养高真。烧香可以庄严坛场，荡秽辟邪，以此功德，庄严道场，供养高真。上祝国祚绵延，下祈兆身安泰。三是安神调息。有些香可以使人心神宁静，气息和缓，坐禅者易于入定，抄经者可以静心，打坐调息者易于得药。是以古人读书、弹琴、喝茶、夜话、手谈、坐禅，都须有香为伴。道教烧香的方法先是选三支香，不要断香；然后点燃（若起明火，可左右摆灭，不能用口气吹灭）；接着面对神像，双手举香（与额相齐），躬身敬礼；然后用左手上香，三炷香要插直、插平，间隔不过一寸宽，以表示"寸"（诚）心。最后，上香毕，即行叩拜礼。可见，烧香在道教非常重要，且烧香方式方法都非常讲究。

道教用香除了烧香敬奉天地神明外，还将香料制成念珠（香珠），且以沉香、迦南香等名贵香木制成的香珠为上品。香珠在道士中佩戴比较盛行，也是设置道场、求福去祸等活动的重要形式。道教用香除了烧香和香珠外，香汤沐浴也是一项重要的道教仪式和修行的内容，有辟邪和除不祥之意。香汤要把香料按照一定的配量和火候以及特殊的水、澡豆、蜜汤等制成。调汤之人可获功德无量，而能沐浴香汤之人也可获福。

在道教中，香还被视作是神仙的一个标志，作为神仙贵人降临、凡人升仙的先兆或氛围。神仙与凡人不同，带有香气并散发香气；特别是仙女，更是与香气相伴。道教供奉神灵时一般要求用香、花、灯、火、果五种香品供奉以合神明之德。道教中自古即有使用沉香于降魔驱邪的仪式中的传统，被认为是唯一能通天、地、人三界之圣品；更以沉香木制成法器或符水驱魔降妖。

三　佛教用香

两千年前，檀香、沉香、乳香等香料随佛教从印度传入中国。佛教在本土化的同时也将许多中国原生芳香植物利用到佛教香料中。尽管佛教及其所用香品被本土化了很多，但佛教中所用的香被统称为"梵香"。佛经中记载的梵香品种难以确切计数，但现今使用的绝大多数香料在文献中都有记载，如沉香、檀香、龙脑香、菖蒲、安息香、牛黄、郁金、首稽香、麝香、雄黄、芍药、枸杞、松脂、桂皮、白芷、香附子、丁香、苇香、竹黄、细豆蔻、甘松、藿香、茅根香、芥子、马芹、龙花须等。这些香料的制成品有熏烧用的"熏香"或"烧香"，有涂敷于身上的"涂香"，有用香料浸制的香水、香汤，用香料研磨成粉状的香末或香泥，有片状、块状的香木，还有用多种香料和合而成的合香。其中，涂香所用的香料有香水、香油、香药等，烧香所用的香料有丸香、散香、抹香、练香、线香等。在各种佛事活动中，焚香礼佛、香汤浴佛必不可少，袅袅香烟升起，不但营造了庄重的宗教氛围还香化了环境，形成了独特的宗教香事环境。

佛教认为"香为佛使"，"香为信心之使"，焚香有助于修道。佛教创教开始，佛教用香即应运而生。浴佛节用来浴佛的香水为多种上等好香制成，《浴佛功德经》记载的是"取牛头栴檀、白檀、紫檀、沈水、熏陆香（即乳香）、郁金香、龙脑香、零陵香、藿香等，于净石上磨作香泥，用为香水"。《法华经》之"法师品"列出的十种供养中有四种都是香品。

香在佛教中是一类很重要的供养。以香等各种用品供养佛、法、僧三宝是对佛菩萨的恭敬，也是一种重要的修持方法，象征并启示自身烦恼止息，得到喜悦与自在。香不仅供在佛像前，还用于供奉经书；把香料掺入涂料中粉刷佛殿的堂柱门窗，在重要的场所和家中还常泼洒香水供香。密宗中，供养佛部、莲花部、金刚部等圣众的香还有所不同，中央佛部（毗卢遮那佛，表法界体性智）供沉香，东方金刚部（阿閦佛，表大圆镜智）供丁香，南方宝部（宝生佛，表平等性智）供龙脑香，西方莲花部（阿弥陀佛，表妙观察智）供白檀香，北方羯磨部（不空成就佛，表成所作智）供熏陆香（乳香）。除了礼佛供佛，香在诵经打坐、浴佛法会、水陆法会、佛像开光、传戒、放生等佛事活动中还能够营造庄严气氛和良好的修行环境。鉴于香在佛教中的重要性和使用的普及性，因香而有的仪式与术语很多，如香客、敬香、进香、香资、香火鼎盛、香案、拈香、捻香、上香、代香、行香、自香、香火缘、香火社、香火、香灯、坐香、跑香、警策香板、清规香板、香殿、香厨、檀林、跪香、告香、告香牌、告香普说等，可见，香在佛教中无所不在。

佛法中，香是六根（眼耳鼻舌身意）所对的六尘（色声香味触法）之一，是因缘和合的产物，无常变迁，虚幻不实。佛教将"香"定格为"尘"境，要求修行人对香境不要生起贪染执着之心，若能善于观察香境的虚幻亦能悟道。如《楞严经》中的香严童子，以闻沉香水、观香气出入无常而悟道。由于香灵动高贵而又朴实无华，玄妙深邃而又平易近人，因而在佛教中不仅被当作重要供品，而且常被用来比喻高尚的德行、修证境界与佛国的庄严。如《戒德香经》说，持守戒德的人具有"戒香"，此无上之香普熏十方，非世间众香所能相比。佛教徒修习戒、定、慧三学，则能成就戒香、定香、慧香，这被视为无漏真香。《六祖坛经》中，慧能大师即以戒香、定香、慧香、解脱香、解脱知见香讲述了五分法身之理。经书记载，佛陀说法之时，周身毫毛孔窍会散出妙香，普熏十方，震动三界。这就是"本性"之香。香能够静心，助缘修行，在香气环绕的静谧环境中打坐、诵经，能够使人心性向善，开启慧根，提升修行境界和层次。因而，香在礼佛、供佛的过程中，不仅是对佛、菩萨的恭敬，同时通过烧香供养，与佛菩萨建立沟通，进行信息的交流，培补本性善根，以达到觉性圆满，生起"智慧之香"的目的。

另外，由于许多香能令人感官愉悦，甚至陶醉，产生贪染执着，而为佛经所排拒，为僧团所禁止、远离，例如那些特别浓郁芬馥的香，用于奢侈享受的涂香、膏香、女性的胭脂香等。

四　基督教

基督教《圣经》记载（约翰福音 19 章 39 节），耶稣去世之后，祂的弟子 Nicodemus 带着沉香和没药约一百斤，依照犹太人古礼，将沉香涂抹在耶稣的身上。在圣经里，沉香曾特别被提到是上帝所栽种的植物（民数纪 24 章 6 节）。以下是沉香在圣经中出现的章节：

> 约翰福音 19 章 39 节：那以前夜间来见耶稣的尼苛德摩也来了，带着没药及沉香调和的香料约有一百斤。他们取下了耶稣的遗体，照犹太人埋葬的习俗，用殓布和香料把他裹好。
>
> 民数纪 24 章 6 节：雅各布伯，你的帐幕何其壮观！以色列，你的居所何其美好！如扩展的棕林，似河畔的花园，似上主栽种的沉香……

箴言 7 章 17 节：我的床榻上已铺设了绒毯，放上了埃及的线绣卧单；又用没药、沉香和肉桂熏了我的睡床。

诗篇 45 章 8 节：你（上主）的衣冠散布没药、沉香与肉桂的芬芳。

所罗门第 4 章第 14 节：甘松香和干藏红花粉，菖蒲和桂皮，带着一切飘着乳香的树，带着主要种类的没药树和芦荟。

五　儒家用香

儒家是先秦诸子百家之一，秦始皇"焚书坑儒"使儒家受到重创，汉武帝"罢黜百家，独尊儒术"儒学兴起。儒家是中国自汉代以来的主流意识流派，创始人孔子打破"学在官府"，倡导"有教无类"的教育模式，使教育得以在整个民族传播，提高了整个民族的素养，也培养了很多文人雅士。儒家崇尚"礼乐""仁义"，倡导"忠恕""中庸"，主张"德治""仁政"，重视伦常关系。"香"自古便成为一种助缘，它开启了大贤大德的智慧，涵养了文人雅士的心性，构建了自然与人性的和谐，对中国人文精神和哲学思想的形成及发展都有着重要的促进作用。孟子说："香为性性之所欲，不可得而长寿"。看来孟夫子不仅喜香，而且有其理论根据。

儒家以"比德"的方式赋予香更深的内涵。比德说的基本特点是将自然物的某些特征比附于人们的某种道德情操，使自然物的自然属性人格化，人的道德品性客观化，其实质是认为自然美美在它所比附的道德伦理品格，自然物的美丑及其程度，不是决定于它自身的价值，而是决定于其所比附的道德情操的价值。在儒家的思想文化和"比德"的影响下，各种香草被赋予了道德特征，例如兰花的高洁象征君子，菊象征隐士，莲代表高洁清廉。香也成为衡量道德行为的标准。他们认为真正道德高尚的人能够周身散发出本性之香，这就是古人谓之的"明德惟馨"。佩香就是警示自己不可违道行事，要时时近君子而远小人。

在儒家思想的影响下，古代文人多爱香，以致古代君子有四雅——斗香、品茗、插花、挂画，其中以对香品的熟练掌握为才艺之首。文人用香大约至唐宋时期是非常普及的，读书以香为友、独处以香为伴，衣需以香熏、被需以香暖；公堂之上有香以烘托起庄严；松阁之下则以香示其儒雅；调弦抚琴、清香一炷可佐其心而导其韵；品茗论道、书画会友无不以香为聚。除了熏烧的香，香药在文人们的生活中也有许多妙用，如书中置（或熏烧）芸香草避虫，有了"书香"；以麝香、丁香等入墨，有了"香墨"；以沉香树皮作纸，有了"香纸"（蜜香纸、香纸皮）；以龙脑、麝香入茶，有了"香茶"；等等。文人们将自己对香品的喜爱写入诗中、写入各类学作品中，载入史册的不计其数。在一些繁荣的历史时期，人们对香品的描述同时也寄托了对当时政局的拥戴，香品在无形中成为记载各阶段历史文化的重要符号。例如文化艺术作品中的"博山虽冷香尤存"就蕴藏着一种让人参之不尽、悟之深刻的内涵。

六　沉香的宗教因缘

香在宗教中是最普遍的供养仪物，除了用来供养上帝、真主、神仙及诸佛菩萨表诚敬之意外，香料的香气还具有净化环境、提神静气、养心安神等多重功效。沉香更是经百年吸收大地精华，而自有其灵气及强烈磁场，自古便被人们视为驱虫辟邪的圣物。

沉香汇集天地阴阳五行之气，故其堪称唯一能通三界之香品。因而，在几千年人文历史中，沉香成为被佛教、道教、基督教，天主教等各大宗教一致推重为稀世珍宝，视为驱邪化吉、避灾保身的圣品。

《圣经》中记载，沉香是上帝栽种的植物，是基督降世以前三位先知带来世间的三件宝物（沉香、没药、乳香）之一。

伊斯兰教的教义和香氛具有不解之缘。阿拉伯香料在人类文化中享有盛誉，其香料家族种类繁多而庞大，以丁香、肉桂、桂皮、豆蔻、没药、麝香为主，当然其中也有沉香。阿拉伯国家在重要的典礼和聚会上，沉香是不可缺少的拜神用品。

佛教认为"香为佛使"，"香为信心之使"，焚香有助于修道。沉香香气高雅灵动而又朴实无华，玄妙深邃却又与人亲和，沉香供佛，更能助益心灵提升。在佛教中，熏烧沉香只有在重大法会中方才使用，也即沉香是供养佛菩萨、本尊的圣品，佛事时用沉香象征规格、功德和待遇，更是参禅打坐时熏烧的上等香品。佛教中各种经论对沉香的记载随处可见，象征修行者持戒精进清静之香，也可以说是解脱者心灵的芳香。佛教徒还把沉香树子，也即俗称的沉香舍利子，随身佩戴，以获趋吉避凶之效。另外，在佛教中，沉香木雕刻的念珠、佛像等是珍贵的佛具。沉香或沉香木制成的念珠十分珍贵，是念珠中的精品。沉香佛珠戴在手腕上，其香气能定神安灵。

道教认为沉香是气通三界之灵气树，常常在降魔驱邪的仪式中燃烧沉香。道教兴自中国本土，其教义与传统文化紧密相连，具有鲜明的中国特色。道教的法器喜欢采用药沉香、沉香木、土沉香等来制作。常见的道教法器八卦太极沉香吊坠子，就是专用海南沉香木雕制的挂件。

沉香、沉香木或正檀香制成的香在供佛中都是上品。沉香之于宗教涵括佛教、道教、基督教、回教、天主教，是世界五大宗教共同认同的稀世珍宝。佛教界对于沉香末、片，一般用于参禅静坐或诵经法会熏坛、洒净、燃烧，较高级者则使用于饮香。或制作成佛珠佩挂于身上、手腕，于念经时拨动佛珠，沉香受体温加热，同时散发香气以定神安邪灵。

沉香林有使人修行增长的环境，林相优美，极适合游憩、灵修区之景观，对其他树种不产生排挤，祥和洁净的环境，使人心欢喜，心明性悟。

沉香并非只是佛教用物，基督教、伊斯兰教、天主教、道教等宗教皆以之为上天恩赐之稀物。《圣经》中记载，沉香是上帝栽种的植物，是基督降世以前，三位先知带来世间的三件宝物（沉香、没药、乳香）之一。

有意思的是，同为沉香，在不同地域、人种、文化和风俗的孕育下，形成了截然不同的"香道"。在中东地区，沉香、豆蔻、肉桂等气味浓烈的香料带有强烈的情欲感，传至东亚国度后，却演化为一种抚琴坐禅的风雅和闲寂。

第四节　中国香料用途归类

古人用香大致体现在六大方面。

一　药用

香作为药用的起源极早，在经典中，就有以牛头旃檀作为药用的记载。当初提婆达多唆使阿阇世王谋杀佛陀，从灵鹫山推下巨石要压死佛陀。他们的计谋虽然未得逞，佛陀的脚却被碎石击中而流血。当时的医王侍缚迦为佛陀诊察之后，认为只有以牛头檀栴为医方才能医治。但是此香极为珍贵稀有，一般拥有的人也只有国王求索时才敢献出。当时有一个卖香的商人，听说此香能治佛伤，于是甘愿冒着生命的危险，欢喜奉上此香，以此因缘故，他被佛陀授记于未来世当证辟支佛等，名为"栴檀"。

在北宋沈括的《梦溪笔谈》卷九，曾记载苏合香丸可用来治病："此药本出禁中，祥符中尝赐近臣。"北宋真宗曾经把苏合香丸炮制而成的苏合香酒赐给王文正太尉，因为此酒"极能调五脏，却腹中诸疾。每冒寒夙兴，则饮一杯"。宋真宗将苏合香丸数箧赐给近臣，使得苏合香丸在当时非常盛行。此外，在中国的金创药及去瘀化脓等方剂中，乳香、麝香及没药等，都是非常重要的成分。

而现今极为流行的"芳香疗法"，可以说是起源于埃及。埃及人极为注重卫生，他们发明了能够恢复健康、美容的沐浴法，就是在沐浴之后以香油按摩，来减轻肌肉酸痛，松弛神经。这原来是用来为木乃伊防腐的技术。

现代许多科学研究也指出，香味有助于人体健康，如耶鲁大学精神物理学中心的学者，指出香熏苹果的气味可以使焦虑的人降低血压，并避惊慌；薰衣草则可以促进新陈代谢，使人提高警觉。辛辛那提大学相关测验则显示，空气中加入香气可以提高工作效率。这些都使精油等芳香疗法变成极为流行的健身法。在宋代，也有将香药调入饮食而做成香药果子、香药糖水，并调龙脑、麝香入"龙凤茶园"中。在《武林旧事》卷六中，也有以沈香水饮用的记载。

二　祭祀庆典

开始大量丰富使用香的埃及人，最初就是将香运用在繁复的礼拜仪式中，在祭祀的过程中，有时甚至必须燃烧数以吨计的香，乃至死亡时复杂的埋葬和防腐方式也需要用到大量香料和香膏。在古代的巴比尔塔宝塔形的建筑顶上，祭司经常点燃成堆的馨香来祭祀天神，他们认为在高塔上焚香，能更接近诸神。在中国，有很多用香来祭祀及举行典礼用香的记载，例如祭天地、祖先、亲耕礼等。北宋仁宗庆历年间，由于河南开封地区发生旱灾，仁宗就在西太乙宫焚香祝祷求雨，仪式中曾焚烧龙脑香十七斤。此外，南宋淳熙三年（1176）皇太后圣诞，在圣诞前十天，皇后、皇太子、太子妃以下至各级官员，及宫内人吏都要依序进香贺寿。

三　熏衣

早在西汉就记载着以焚香来熏衣的风俗，衣冠芳馥更是东晋南朝士大夫所盛行的。在唐代时，由于外来的香输入量大，熏衣的风气更是盛行。

在《宋史》中记载，宋代有一个叫梅询的人，在晨起时必定焚香两炉来熏香衣服，穿上之后再刻意摆型袖子，使满室浓香，当时人称之为"梅香"。北宋徽宗时蔡京招待访客，也曾焚香数十两，香云从别室飘出，蒙蒙满座，来访的宾客衣冠都沾上芳馥的气息，数日不散。

四 宴会

古代在宴会及庆典中，香也是不可缺乏的场景。在埃及，上流人士参加宴会时，大都会在头顶上戴一个蜡制的香膏圆锥体，让它慢慢融化，使脸和肩上都滴上芳香的糖浆。而古罗马人则常在公开的典礼和宴会上遍洒芬芳的玫瑰。在酒神祭等狂欢节日中，没有大量的玫瑰是非常不礼貌的。古罗马人甚至设了"玫瑰日"这样的节目。有时在酒宴中，他们会从天花板上洒下布满香水和花瓣的香雨。

在中国南宋官府的宴会中，香更是不可缺少的。如春宴、乡会、文武官考试及第后的"同年宴"，以及祝寿等宴会，细节烦琐，因此官府特别差拨"四司六局"的人员专司。在《梦粱录》卷十九中说，"六局"之中就有所谓的"香药局"，掌管"龙涎、沈脑、清和、清福异香、香叠、香炉、香球"及"装香簇细灰"等事务，专司香的使用。

五 考场焚香案

在中国多样的用香文化中，还有一个特殊的场合会焚香，就是在考场设香案。在唐代及宋代，于礼部贡院试进士日，都要设香案于阶前，先由主司与举人对拜，再开始考试。

宋朝欧阳修就曾作一首七言律诗《礼部贡院阅进士就试》来描写这种情景："紫案焚香暖吹轻，广庭清晓席群英。无哗战士衔枚勇，下笔春蚕食叶声。乡里献贤先德行，朝廷列爵待公卿。自惭衰病心神耗，赖有群公鉴识精。"

欧阳修在另外一首诗中又写道："焚香礼进士，彻幕待经生。"也说明了考进士时以焚香待之的礼遇。

六 香木建筑

除了生活中常见的燃香、熏香之外，香木也被运用于建筑上。例如，古代世界七大奇迹之一——以弗所的阿尔忒弥斯神庙，就是用高达 60 米的西洋杉来制成圆柱，因此当此殿于公元前 356 年焚毁时，传说现场溢满了浓郁的香气。古代皇室外建筑也经常使用西洋杉建造整座宫殿，一方面是由于其杉脂香甜的气味，另外则是因为杉木是天然的驱虫材质。例如，公元前 8 世纪，亚述国王萨尔贡二世的宫殿之门，恒常散发出强烈的香气，每当访客出入的时候，都会飘香而过。埃及法老王的驳船和棺椁也是由西洋杉所制成。中国清皇室在承德的夏宫中，其梁柱与墙壁都是西洋杉所制造，而且刻意不上漆，让木材的芳香能够直接散入空气中。人类对香的喜爱及运用之广泛，由此可见一斑。

第五节 品香与中国香文化的特征

在起源上，中国香文化与其他地区差异不大，都是萌芽和起源于实际生活需求。然而，进入发展初期后，中国香文化就立刻被打上了深深的中国式烙印；在与道教、佛教和儒家结合后，又分别具有了更深层次的寓意和内涵，例如，道家以香寓道，得道生香为仙；佛家以香寓佛，修持成佛，香熏四方；儒家以香寓德，明德唯馨。

一　品香的意境

品香是烧炭、梳理香灰、埋炭、放香料、焚香、闻香过程的高雅美学，更确切地说是一门品味"心香"的艺术。品香时，体验到的不只是香气带来的舒适和惬意，更在于自身感受到的香料燃烧时那种焚身奉献香气的精神，它会让你浮躁不安的心在静雅的环境中慢慢平静下来，将你带入自己的心灵世界，让你与自己的心灵进行一次真切的对话，与真实的自己进行一次深入地沟通，让你的身心净化和平静。通过品香可以感受心境、感悟人生、体验人性、升华自己，可见，品香具有丰富的精神和艺术内涵。

焚香生气，香气通灵。自古以来，先人们对于香气的阐释，已经不只是物质、官能层面的东西，而是深入精神层面，如"至治馨香，感于神明"，也有"振草木之灵，化而为香"之说。

香之妙在于有无间培补人的道德，调动心智的灵性，又能安和身心，抑阴扶阳，保健养生。香既能悠然于书斋琴房雅赏宴客，又可缥缈于神坛庙堂；既能在幽室中闭关默照，又可于雅会中怡情助兴；既能于空里安神开窍，又可于实处化病疗疾。香不仅于有形处关照着人们的生活，更于无形处打造着清静悠远的意境。

二　香品与人品

"和"是中国哲学思想的核心价值所在。"天人合一""以和为贵"等都是对整体和道之美的诠释。中国的传统香，到汉代已经达到了礼法完备的境地，形成了"和香"的基本规制。从组方到采药、炮制，从和香到品香都蕴含着一种"和道"之美（见图7—1）。

图7—1　和道之美

对大多数人来讲，和香可能是一个比较陌生的名词，实际上，和香是中国香品的主要存在形式。和香就是用多味香药合成的香，但又不是简单地混在一起，而是在"和"字上蕴有深意。就和香的香方来讲，考虑的不仅是药性相合，更要注重合成后的香品如何与人相合，乃至于香品如何作用于人，并使之与天地规律相合，也就是与道相合，进而使品香的人达到阴阳平衡、气血相合、"性命相合"效果。同时，香药的采摘与炮制也是一个艰辛与充满美的享受过程，多数的名贵香药产于名山大川、灵秀之地，这些香药本身不仅具有良好的功效，也必然具有芳香宜人的气息。

一款好的香品，在使用的过程中给我们的享受是难以言表的，但我们可以切实感受得到。那不仅仅是简单的香气，而是对身心整体的熏染和濡养。既能够通经开窍，安神益智，又可以怡情悦性，降火去躁，从而获得身心安和喜悦丛生的美妙体验。宋代黄庭坚说道："险心游万仞，躁欲生五兵，隐几香一炷，灵台湛空明。"病由心生，福由心生，一个人只有心境得到解脱，才会获得真正的幸福体验。

古代的人们日常生活中不仅时时有香相伴，而且还会在一些特殊的节日和时间里举办熏香雅会等各种丰富多彩的熏香活动。如中秋的熏月，是通过熏月活动焚烧"黄熟香"或各式"和香"，祈求生活如中秋之月，幸福美满；女子则祈求嫁得如意郎君，一生幸福。重阳节的郊熏，则多是一家人扶老携幼，登山郊游，用天龙香、莲花藏香、祛疫避瘟香或各自喜爱的各种香膏、香丸等在山水之间熏香赏菊，观赏金秋景色，祈求长辈及家人的健康幸福。

三　文化根基深厚

中国香文化自先秦开始就受到道家及儒家思想的影响和熏陶，汉后又沐浴了佛家文化。受黄帝内经的影响，宫廷早期有"以香养生"的理念；朝堂中用香体现的是儒家"礼仪与尊卑"的思想；秦汉博山炉的造型也充分体现着儒道的思想。博山炉上部为山，蕴含着对海外仙山、求仙、长生等的向往。博山炉的下部炉体是从礼器"豆"演变而来的，这体现着当时尊礼的思想和对天、地、君、亲、师的拜服。一只博山炉就蕴含着"以儒家为底座，追求道家的境界"的丰富内涵。用当今的语言来表达就是以儒家思想为基础，努力构建道家所倡导的仙境社会。再加上汉后佛家思想的影响，中国香文化根基愈加深厚，其各种表现形式都有了深刻的文化内涵。这种富有深刻文化内涵的香文化，表现在用香以及品香等具体细节上，就是不拘泥于细节而更注重思想感受传递，不执着于香气而更专注于香的韵味和含义，更重意会而非言传身教。这与精细、极致、严谨的日本香道是有本质区别的。

四　兼容并蓄性强

中国香文化源于儒、道思想且具有兼容并蓄性。在早期，佛教还没有到中土，香文化中也没有佛家思想。自汉代佛教传入，特别是唐代后来又经历了更多的外来文化的冲击和补充，香文化乃至整个中国传统文化很快就开始取百家之长。至宋朝，中国香文化不但与佛文化以及佛家思想已经密不可分，更进一步吸收了众多外来文化的精华。例如，在汉之前，中原地区没有沉香和檀香一类的乔木类香料，使用的都是草本类香料，也不可能有使用沉香或檀香祭祀、敬神和礼佛的习惯，更不可能将沉香视为代表香料。有一些学者认为，沉香与檀香的流入，很可能最早是随佛教一起传入中国的，此观点虽有争议，但如果换个说法，说沉香与檀香的普及是受益于佛教的推广，想来应该是不会错的。从更深层次上来看，中国香文化对香味在有形与无形这个问题上的理解几乎完全是照搬了佛家关于空即是色、色即是空的理论。这样看来，无论是对香料的选择和推崇，还是对用香方式的改进和变化，到思想上深层次地接受有形与无形的辩证解释，中国香文化都在不断接受外来文化的精华，进而对自身进行完善。因此，中国香文化具有兼容并蓄的特征。

五　哲学思想性明显

受中国式思维的影响，中国香文化不是纯粹追求感官刺激和对享乐的模仿，而是富有明确的哲学思想内涵。中国式思维很少对物质世界的研究局限于自然科学的研究和应用，也不会把社会科学理论研究局限于社会科学范围框架内；而是以哲学的思维和辨识来认识和对待世间万物，力求一次性解决所有问题。因此，中国人造性地用"太极起源论"和"阴阳学说"来阐释世界。这种哲学思辨的思维模式对香学和香文化也有着深刻的影响。研读相关香籍就会发现，中国香文化的重心并不在有形的香料和用香方式，而是其背后所蕴含的哲学内涵和思想，有借香传道的意味。这与以香水为代表的欧洲香文化及以香熏精油为代表的南亚香文化都有很大的差异性。

六　借香传道使命性

在文化根基深厚、兼容并蓄性强、哲学思想明显的基础上，中国香文化也被赋予借香传道的使命和责任。其他地域香文化的主要任务有的是追求养生保健，有的是要解决信息传播，甚至有更低的是为了解决生活必需和生理必需的；但中国香文化的使命和任务是"育人"和"传道"。育人就是劝人从善、教人开智、教化民众；传道就是要传播人道、地道和天道。这也是中国诸多文化分支所共有的，就像中国的茶道不是仅教人喝茶一样。

七　修身养性为根本

中国用香最初的萌芽来源于生活中的驱虫和除味以及对先祖

神灵的祭拜。从表象上看，驱虫除味似乎只是一种改善生活的手段，原始祭祀似乎只是宗教的雏形和封建迷信，然而，我们纵观中国香文化的发展史，可以看到中国的香从最初的改善生活和改善自身健康开始，很快就过渡到不但追求生理上的满足而且追求精神上的丰富，并且非常快地就被赋予了"寓教于乐而且修身与养性并存"的意义，至宋开始，香更是被赋予"修学、修行、修性、修德"的重要使命。这就是中国文化以及中国式的思维模式所特有的一种追求，借香对自身学识进行考量和提高，对自己的行为加以约束和规范，对自己的心性进行修炼和培养，乃至全面提升自己的德行，最终能理解社会以及宇宙运作的规则——"道"，这就是中国香文化的本质所在。

综上所述，中国香文化的特征是"根基深厚，广纳百家，寄理于香，借香育人"。当我们认识了中国香文化后就会发现，沉香之所以被中国人普遍喜爱并不单单是因为其稀有、昂贵和独特的香韵，而是因为沉香所具有的精神与中国文化的思想精髓相吻合。

第三篇

❖❖❖

沉香行业市场

第八章 中国沉香行业概况

第一节 中国沉香行业发展概况

国产沉香又名土沉香、女儿香、莞香等，其结香植物白木香树原产于中国，是中国生产沉香药材的唯一资源植物。白木香树主要分布于中国北纬24°以南的山区、丘陵地带。野生树主要分布在海南的屯昌、临皋、澄迈、东方、保亭、陵水等地，广东省的东南部、西南部、中部以南地区，以及台湾、广西、福建、云南、贵州等省区。自宋代，中国岭南地区就已经开始出现人工栽培白木香，明清时种植已具有一定的规模。但进入近代以来，随着经济的发展及沉香药材价格的不断攀升，白木香野生种群遭到掠夺式砍伐和移栽，海南及广东的白木香野生种群已罕见。1987年白木香被列为国家珍稀濒危三级保护植物，1999年被载入《国家重点保护野生植物名录》，成为国家二级重点保护植物，2003年被载入《广东省珍稀濒危植物图谱》。

白木香树体只有在受损、虫蛀或腐朽后才能在伤口处及其周围形成树脂，且树龄越长，香脂沉积越久，药材品质越好。由于药材生长周期长，产值低，种植规模曾一度下降。直至"七五"

"八五"计划期间，国家将沉香（白木香）药材列入重点扶持发展的药材品种之一，先后在广东的陆丰、陆河、湛江南药试验场和海南屯昌药材场开展了白木香的栽培试验及人工结香试验研究。自20世纪末，伴随着人们对沉香药用价值的深入认识及对其资源的综合开发利用研究，在海南、广东两省区越来越多的人开始人工种植白木香。目前，栽培白木香种群主要分布于海南屯昌、陵水、琼中、临高、澄迈；广东电白、湛江、陆丰、陆河、鹤山、惠东、汕头、东莞、中山、深圳等地，种植规模不断扩大，广东电白县已建成万亩产业化生产基地。目前，国产沉香药材产出甚少，远远满足不了市场需求，绝大部分以进口沉香入药。进口沉香入药亦称为"蕃沉"，其气味浓烈，燃时有浓烟，香气强烈而短暂，主要作为香料和首饰的原料，一般认为其药用品质不及国产沉香。

第二节　约束沉香行业发展的因素

当前，沉香市场供不应求、供需缺口较大，沉香价格一路飙升，短短数年间已经飙升十几倍。经过近几年的价格飙涨，品质好的沉香的价格已经是黄金的百倍以上。理论上，在市场机制的催动下，沉香生产应该会有较快的发展，产量也应该会有大幅的提升，但现实却是产量一直在低位徘徊，很难增加。究其原因，有以下几个因素影响沉香行业的供给增加。

首先，是沉香树自身的结香机制，沉香树需要生长到十年以上才适合结香，并且结香时间较长，快的需要几年，慢的需要几十年甚至上百年时间，并且结香时间越长，香品的品质越好。

其次，沉香树受生长区域的限制，只适合生长在高温多雨、湿润的热带和南亚热带季风气候条件下，且喜生于低海拔400—1000米的山地、丘陵以及路边阳处疏林中。尽管可以人工种植，但等到结香至少需要5—10年时间，而且还不是棵棵树都能结香；如果想提高香的品质最少要等十年以上。这样的投资周期，限制了一些投资者的种植意愿。

最后，随着市场上关注和投资沉香木材和收藏人数的越来越多，沉香价格相对2007年已经平均翻了10倍以上。目前国内沉香市场统货交易价每千克至少3000元，优质国产沉香的国内交易价格最高可达每克万元以上。高企的价格迫使一般投资者难以承受。同时，伴随沉香价格的快速上涨，市场上出现了很多假沉香和劣质沉香。据估计，在古玩地摊上的假沉香比例高达80%以上。因而，沉香市场的风险剧增，也影响了沉香行业的健康发展，一般投资者只好望而却步。

第九章　中国沉香行业市场

第一节　沉香行业市场供求

一　中国沉香市场需求主体

经过 30 多年的高速发展，在中国国民财富快速积累的背景下，国内出现了一批中高收入群体。这些中高收入人群的消费需求理念正在发生很大的变化，投资收藏成为他们的消费偏好之一。近年来，尽管中国经济增速放慢趋缓，但相对世界其他国家增速依然处在中高速的增长轨道。"乱世藏金，盛世藏宝"是中国人最古老的理财观念，当前，沉香木因其原木资源的稀缺性、珍贵性、不可替代性以及药用价值的广泛性正在成为市场关注和投资的热点。沉香木及其产品正在进入人们的生活，其中以收藏、医用为代表的沉香木因其具有成倍的升值潜力已经成为许多人收藏、投资的重要选择，特别是受中高收入人群热捧。

目前，中国沉香木消费者主要有个人收藏爱好者、沉香木投资者、家具生产商、艺术品雕刻个人及企业等。在对沉香木消费群体收入分类的基础上，经过对沉香木消费者收入群体偏好调查，结果显示沉香消费群体的分布结构如图9—1所示。

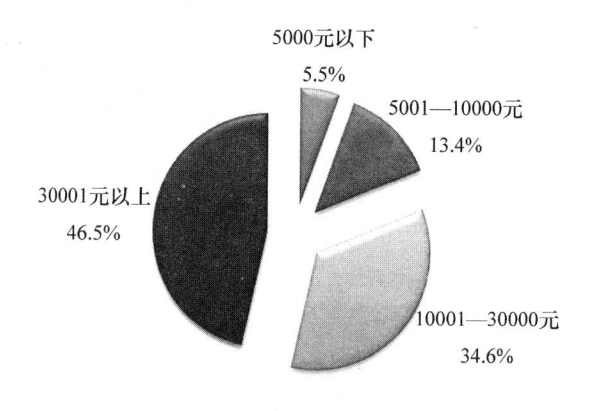

图9—1　沉香木不同收入消费群体偏好调查

沉香木不同收入消费群体偏好调查结果表明：沉香木消费群体主要是中高收入者，其消费占比超过80%。具体来看，月收入在30001元以上的高收入群体，对沉香木的消费占比为46.5%，占比最高；月收入为10001—30000元的中高收入群体，对沉香的消费占比为34.6%，处于第二位；月收入在5001—10000元的中低收入群体，对沉香消费的占比为13.4%，处于第三位；而月收入为5000元以下的低收入群体，对沉香消费的占比最低，仅为5.5%。这一方面说明沉香木是珍贵的高端奢侈品，另一方面也说明其受到中高收入群体的追捧，增值空间较大。

二　中国沉香木市场需求量

沉香木用途广泛，经济价值高。中国沉香木是世界珍稀木材文化的重要组成部分，其使用和收藏遍布全球。中国沉香木正以自己的艺术特色和丰富的文化内涵走向世界，在与西方文化的不断交融中变化、完善、发展。伴随沉香木药用及香文化的弘扬，近年来市场对沉香木的需求呈稳步增长态势。特别是2011年以来，中国对沉香木的消费都在500吨以上，市场对沉香木的需求量已经由2011年的514.4吨提升到了2014年的566吨。在市场消费量稳步增加的情况下，供给稀缺的限制致使沉香木价格连年攀升，已被市场业内人士比喻为疯狂的木头。2011年以来中国沉香木市场消费需求量如图9—2所示。

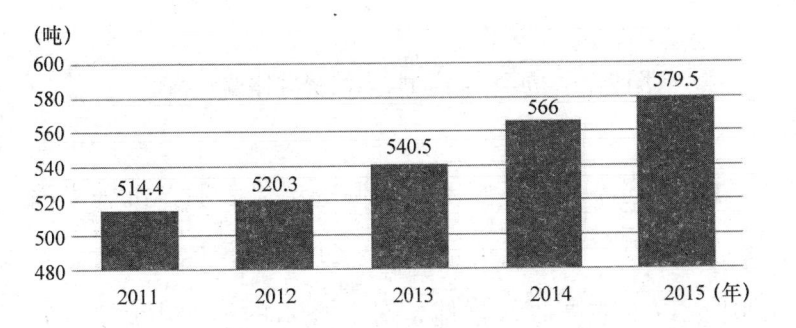

图9—2　2011—2015年中国沉香木市场消费量

　　伴随人们对沉香及沉香木认识的深入和沉香木市场收藏及投资价值的发现，预计将会有更多的中高收入人群进入沉香木市场，沉香木市场消费持续升温的局面很难扭转。据此，我们推测沉香木市场的消费量在未来几年会延续当前态势，呈现持续增长的局面，但受供给增加难度较大的限制，其消费量很难出现暴增的局面。基于以上判断，可以初步预测出2020年沉香木市场的消费量大致为660吨，具体数据见如图9—3。

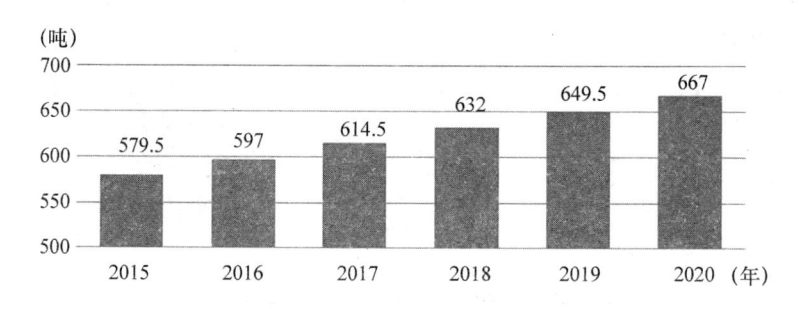

图 9—3 沉香木市场消费量预测

三 中国沉香木供给情况

沉香树的生长条件及其结香机制决定了沉香木的再生周期很长。历史上，就是因为沉香的名贵被皇家列为重要的贡品之一，被皇家贵族所喜爱，也因此使沉香树受到了严重的破坏。目前，由于人们对珍贵沉香的大量采挖，沉香树原始林遭到严重破坏，加上天然林更新能力弱，现广东省内仅存零星散生的残存植株，全国野生资源已近枯竭。在历经毁灭性、掠夺式砍伐和移栽后，中国海南及广东省内的野生沉香树已经濒临灭绝。目前尚存的少数野生沉香树也被列入国家保护植物，随着人们对沉香药用价值认识的深入和工艺品价值需求的增加，2004 年以来海南、广东、广西、云南、福建等省份开始人工种植沉香树。当前，海南屯昌、陵水、琼中、临高、澄迈，广东电白、湛江、陆丰、陆河、鹤山、惠东、汕头、东莞、中山、深圳等地，种植规模不断扩大，广东电白县已建成万亩产业化生产基地。近几年，中国人工沉香树种植情况统计显示，胸径 10 厘米以上的白木香的种植总规模达到 5031 万株，每年造林 500 万—1000 万株（见图 9—4）。

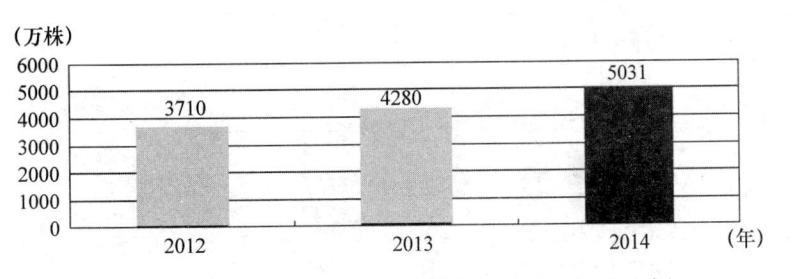

图9—4　2012—2014年中国白木香种植规模分析

数据来源：农业部。

目前，中国野生沉香树也已经被国家列为珍稀濒危二级保护植物。同时，人工种植林时间较短，能结香的沉香树数量也不多，因而，国产沉香木多年来一直维持在100吨左右，与市场需求存在很大的缺口，需要通过进口来弥补供需缺口。具体来看，2011年，中国沉香木产量不足100吨，只有91.1吨；2012年产量稍有增加，为101.1吨，但2013年又下降为96.5吨；2014年提升到101.7吨，产量较2013年增长了5.4%，但相对566吨的市场需求依然存在巨大的缺口。2011年以来，中国沉香木产量情况见图9—5。

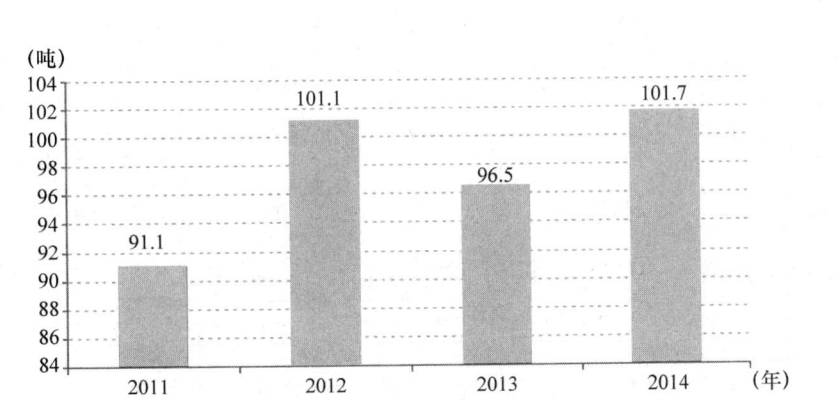

图9—5　2011—2014年中国沉香木产量走势

资料来源：根据中国产业信息网整理。

沉香树因病变开始结香后，会经历漫长的生长期，至少需要几年至十几年的时间，但一块优质的沉香木要数十年甚至上百年才能形成，因此产量极少，市场供不应求，因此十分珍贵，具有很高的收藏价值。数据显示，2011—2014 年产量基本保持不变，预计未来几年，由于人工种植的沉香树大多树龄短，多数尚不满足结香条件，因而沉香产量将依然保持在 100—120 吨。

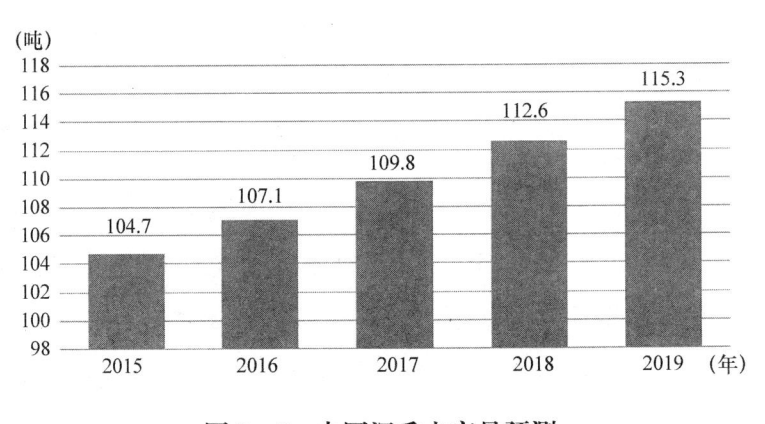

图 9—6　中国沉香木产量预测

四　中国沉香市场价格情况

自沉香文化复兴开始，沉香的交易价格几乎连年上涨，尤其是自 2009 年开始，沉香价格更是涨势迅猛，连续 4 年以上，平均年涨幅达到了 30%，而且自此以后，沉香价格的增长大有一发不可收拾之势。到目前为止，野生沉香原料的价格已经达到了数百万元每公斤，而沉香中的极品——奇楠，价格更是高达千万元每公斤。虽然，2015 年沉香价格出现了波动，有的沉香价格有下降的迹象，但据业内人士称，价格有所下降的是那些人工沉香和低价值的沉香，那些真正具有高价值的沉香，价格不但没有下降，反而继续上涨。

近期，据沉香行业相关统计，从沉香总体的价格走势来看，近三四年来，品级高的沉香价格已经超过每年30%的涨幅，达到了35%。最为上品的越南芽庄奇楠，目前市场价大约每克8万元。就奇楠的市场情况，2013年直径1.6厘米的手珠在115万左右，而2016年已涨至260万，因其稀缺性，未来价格会更高。除手珠外，还有雕像、精油、粉末以及干料几种沉香制品的价格也不断增长，以印尼沉香为例，100%纯度的精油每10毫升1000元—2000元，粉末价格在100元—200元一瓶，干料为60元每克，与2014年相比，也有一定幅度上涨。同时，众所周知，优质沉香的资源已经越来越稀缺了。最好的海南天然沉香天然熟香几乎绝迹，越南沉香也被开发殆尽所剩无几。一线沉香达拉干、马泥涝、文莱、马来西亚等产地的野生沉香也已经出现告急的状态。

伴随国内沉香市场消费及投资需求升温以及国内沉香产量有限性的限制，国产沉香与需求之间存在较大的供需缺口。同时，国外进口沉香资源也日益减少，再加上受到沉香木出产国都对沉香木贸易政策的限制，国内沉香木市场价格持续攀升。2011年随着沉香木投资市场的持续走俏，产品供应的不足使得市场价格呈现稳步增长态势，行业产品销售均价从2011年的35.19万元/吨增长至2014年的50万元/吨。2011年以来，中国沉香木市场的产品均价统计如表9—1所示。

表 9—1　　　　　**2011—2014 年中国沉香木产品均价统计**

年份	单价：万元/吨
2011	35. 19
2012	39. 98
2013	44. 96
2014	50. 00

资料来源：智研数据中心整理。

同时，由于沉香木产品质量间的差异，沉香木价格差异十分明显，其实际价格与品质息息相关。但整体上，无论是国产还是进口沉香木的价格都呈快速上涨趋势。例如，由于东南亚沉香资源及产量日益减少，进口沉香价格昂贵，每吨 30 万—50 万元国内优质沉香市场成交价最高可达 3 万元/千克以上；即使是用以制香的普通越南沉香，2002 年在边贸市场价格为 6 元/克，如今已经涨到了 120 元/克，十年间价格涨了 20 倍。以中国从印尼进口的沉香木为例，从每千克 1 万印尼盾（约合 1.4 美元）到 3 亿盾（约合 3.1 万美元）不等。

收藏级别的沉香价格已经远超黄金，其原料价格为每千克 100 万元，品质最高的顶级奇楠沉香原料价格则高达每千克 1000 万元。如果用作熏香，"品一夜香就可能烧掉数万元"。"一串奇楠沉香手珠，视品质不同，目前的市场价格应该在 180 万—250 万元；即使不是奇楠，只要是能沉水的手珠，价格也起码过 20 万元。若由名雕刻家制成艺术品，每克的价格就要数十万元。"

五　中国沉香市场交易规模

中国沉香（木）市场无论是交易量还是成交金额都呈快速增

长态势，交易额规模基本上保持了年均 20% 以上的增速。2011
年，国内沉香（木）交易量为 514.4 吨，成交金额为 1.81 亿元，
每吨价格约为 35 万元。到 2014 年，国内沉香（木）交易量约
566 吨，销售规模约 2.33 亿元，每吨价格约为 50 万元。可见，
2011 年以来，在需求快速增长而供给增加有限的市场条件下，中
国沉香木市场交易价格快速提高，致使交易额规模快速加大。
2011—2014 年中国沉香木市场交易量及交易额规模变动如图 9—7
所示。

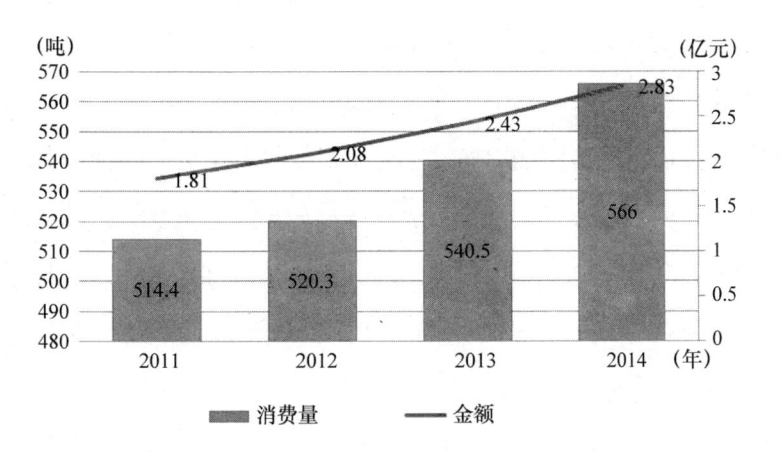

图 9—7　2011—2014 年中国沉香（木）市场规模情况

资料来源：中国产业信息网整理。

2014 年中国沉香木市场销售额规模约 2.83 亿元，按照目前
需求增加的趋势以及沉香木价格的不断攀升的态势，预计未来几
年中国沉香木行业市场规模还将继续保持 20% 以上的增长速度。
粗略估算，到 2020 年中国沉香行业销售市场规模将达到 8.95 亿
元，未来几年中国沉香行业市场规模预测如表 9—2 所示。

表9—2　　　　　**2015—2020 年中国沉香市场规模预测**

年份	市场规模（亿元）
2015	3.40
2016	4.07
2017	4.90
2018	6.11
2019	7.35
2020	8.95

资料来源：根据中国产业信息网整理。

六　中国沉香木市场供求贸易平衡表

目前，国内约有 2500 家加工沉香木的香料加工企业企。近年来，中国对沉香木的需求量一直在 500 吨以上，但国内沉香木产量却一直维持在 90 吨—101 吨，这样，在供给和需求之间存在在 80% 以上的供需缺口需要通过进口来弥补。近年来，中国沉香木供需平衡情况见表9—3。

表9—3　　**2011—2014 年中国沉香木供需平衡状况（吨）**

年份	产量	进口量	出口量	表观消费量	进口占比（%）
2011	91.1	424.4	1.1	514.4	82.50%
2012	101.1	420	0.8	520.3	80.72%
2013	96.5	444.7	0.7	540.5	82.28%
2014	101.7	465.5	1.2	566	82.24%

资料来源：中国海关、智研数据中心整理。

2009 年以来，中国沉香木的进出口情况如表9—4、9—5所示。

表9—4　　**2009—2014 年未列名非针叶木原木（沉香木）进口情况**

年份	商品名称	计量单位	进口	
			数量	金额（千美元）
2009	44039990 未列名非针叶木原木（沉香木）	立方米	4162284	851725
2010	44039990 未列名非针叶木原木（沉香木）	立方米	5848098	1366025
2011	44039990 未列名非针叶木原木（沉香木）	立方米	6059735	1345088
2012	44039990 未列名非针叶木原木（沉香木）	立方米	6426171	1510135
2013	44039990 未列名非针叶木原木（沉香木）	立方米	6658828	1644516
2014	44039990 未列名非针叶木原木（沉香木）	千克	8435249922	2435952

资料来源：中国海关。

表9—5　　**2009—2014 年未列名非针叶木原木（沉香木）出口情况**

年份	商品名称	计量单位	出口	
			数量	金额（千美元）
2009	44039990 未列名非针叶木原木（沉香木）	立方米	10206	3611
2010	44039990 未列名非针叶木原木（沉香木）	立方米	26957	10015
2011	44039990 未列名非针叶木原木（沉香木）	立方米	13464	6265
2012	44039990 未列名非针叶木原木（沉香木）	立方米	2885	1238
2013	44039990 未列名非针叶木原木（沉香木）	立方米	12112	3896
2014	44039990 未列名非针叶木原木（沉香木）	千克	8402225	2743

资料来源：中国海关。

总之，沉香树生长环境及结香机理的限制，决定了沉香木资源再生周期长、产量低的特点。尽管海南、广东、广西、云南、福建等地有适宜沉香树生产的区域，特别是沉香树传统主产区海南和广东自 2004 年以来已经开始人工种植沉香树，但由于沉香树生长及结香机理的制约，这些人工种植的沉香树短期内难以有效结香，难以生成符合市场需求的沉香木。因而，至少在 2020 年以前，中国 80% 的沉香木市场需求依赖进口的局面很难改观。

七 沉香艺术品市场情况

近年来，艺术品投资成为百姓投资理财的新领域，致使艺术品市场回暖，这也激起了沉香市场的迅猛发展，沉香市场呈现火爆局面，2014 年沉香质料成交额超过 3 亿元。沉香市场供需出现了前所未有的紧张状态，热门的沉香藏品热度更是只增不减，随着收藏沉香的人越来越多，沉香价格也在呈曲线上涨。近年来，进口沉香价格涨幅都在 20% 以上，以直径 16 毫米、共 14 颗安汶沉香手链为例，此规格沉香手链约重 24.1 克，2015 年价格为 4 万元左右，而到了 2016 年价格就上涨到了 5 万—6 万元。

图 9—8 沉香艺术品

沉香艺术品拍卖市场更是火爆。举例而言，2012 年北京保利春拍，一幅沉香雕仙山楼阁嵌西洋镜座屏以 2070 万元高价成交,一举打破国内沉香艺术品拍卖纪录。同年 7 月 22 日,在中贸圣佳拍卖会上,一件清康熙沉香木雕四臂观音像估价 90 万—100 万元,最终以远远高于估价的 253 万元成交。据不完全统计,2014 年中国艺术品交易额达 4000 亿元,其中沉香交易额超过千亿规模。2014 年 5 月 11 日下午,北京翰海春拍现场,当代木雕艺术家李凤强创作的沉香"一苇渡江"摆件拍至 2880 万元,加上佣金,成交价达 3312 万元。这件高 118 厘米、重约 6750 克的沉香木雕作品,创造了中国市场上沉香艺术品的最高纪录。这一年,最极品的沉香卖到了 1 万美元 1 克,其价格将近黄金的 250 倍!沉香制品作为艺术品市场上的新宠,被越来越多的机构和个人的关注、投资和收藏。在 2016 年的广东东莞首场保真沉香拍卖会上,3 个小时就有 59 件拍品悉数成交,总成交价高达 3689 万元。沉香的稀缺性、珍贵性、多功能和高雅决定了其在艺术品市场成为新宠。

作为具有收藏价值的艺术品,事实上,沉香所属的树木自己并不值钱。马来沉香树、莞香树、印度沉香树等都可以形成沉香,这些树木自己没有较大的经济价值,结香部分才是价值所在。

越南沉香近几年拍卖行成交数据如下。

越南芽庄罗汉雕件成交价 RMB2300000,成交日期 2012 年 10 月 30 日。

沉香观音像越南成交价 HKD46000000,成交日期 2011 年 11 月 25 日。

近代越南芽庄黑土水沉成交价 RMB1207500,成交日期 2014 年 5 月 11 日。

越南广义沉水沉香成交价 RMB3335000，成交日期 2014 年 6 月 05 日。

越南芽庄沉香木摆件成交价 HKD4240000，成交日期 2014 年 11 月 26 日。

八　中国沉香市场区域结构

我国沉香需求越来越大，但市场上的沉香却多源自进口。目前，东南亚地区是世界沉香的主产地，而我国的沉香主要集中在海南、台湾、广东、广西，而且产量十分稀少，市场上已经十分罕见。近年来，市场对沉香的需求量成倍增长，国内产量远远不能满足市场的需求，我国沉香年需求近 566 吨，其中近 80% 以上靠进口。

目前，中国沉香木行业销售区域主要集中在东部经济发达地区，华东、华南、华北是主要的消费区域集中地。2014 年中国沉香木行业消费区域结构如图 9—9 所示。

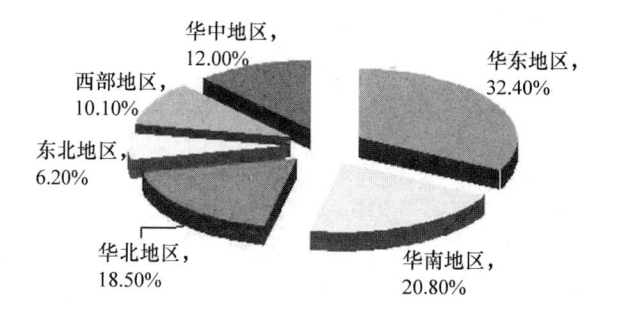

图 9—9　2014 年中国沉香木区域销售结构

资料来源：中国产业信息网整理。

九　沉香行业市场竞争格局

从市场发展看，沉香行业市场还处于发展初期，究其原因主要是产业化过慢。人们对收藏品和高端沉香产品的热烈追捧导致了大众化产品的缺失，这是沉香行业市场发展缓慢的重要原因。如果沉香产品不能大众化、不能产业发展细分，行业竞争必然继续无序化。所以目前沉香木行业没有形成大型领导企业统领市场的格局，就近两年市场反响来看，仅有一两家企业做出了相对较好的成绩（见图9—10）。

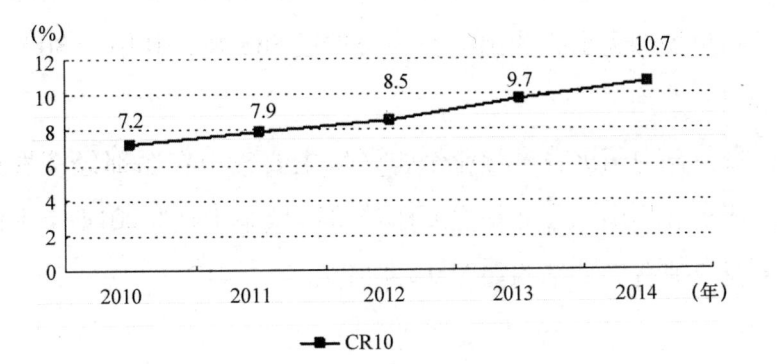

图9—10　2010—2014年中国前十大沉香木

企业集中度变化趋势

资料来源：中国产业信息网整理。

目前国内的沉香木产业规模还远未形成，各种企业的竞争都处在初级阶段。所以除了极个别的企业略有一定规模优势，其他国内沉香木企业很少能够获得市场认可，国内沉香市场对于收藏、奢侈消费的热衷度明显高于大众消费类的水平，所以产业规模的上升还需要很长时间的发展。相信随着行业发展的成熟，沉香木行业的集中度将会大幅上升，形成几家大型企业。

那么该如何衡量竞争程度呢？就是看某一方能够对市场价格的影响程度，也就是说，它在多大程度上说了算。在经济学上这被称为"市场势力"，指的是某一个卖方或买方对市场价格的影响，当然，多数是指卖方，即厂商。目前，沉香木领导企业的规模并不大，所以根本无法形成价格的影响，价格影响全在消费者手里，行业发展潜力还非常大。

十 沉香行业市场潜力

中国经济的快速增长造就了一批富裕人群和中高收入群体，未来几年，尽管中国经济进入了中高速发展轨道，但中国中高收入人群数量依然会快速增加。2014年，中国（包括香港）百万美元（净资产）富豪增长约10%，超120万人，这部分人口总数在近10年内翻了一番。与此同时，中国的中产阶级人口也在增加，中国中产阶级家庭比例已达到39%，对应美国和欧洲分别为32%和25%。中产阶级的壮大将进一步推动中国从投资型经济向消费型经济转化，中产阶级财富的继续增长将扩大中国经济的内需，完成消费型经济的转化，艺术品消费与投资也将继续增长。可以预见，伴随富裕群体和中产阶级队伍的壮大，对艺术品及沉香制品类的消费需求必将快速增加，沉香行业市场的利润也将更加丰厚，据此，对中国未来几年沉香市场的盈利潜力预测如表9—6所示。

表 9—6　**2015—2020 年中国沉香木行业利润总额预测**

年份	利润（万元）
2015	6902
2016	8262
2017	9947
2018	12403
2019	14921
2020	18169

资料来源：中国产业信息网整理。

第二节　中国沉香行业发展态势

在中国沉香木市场需求增长快、内部供给增加难度大、市场火爆的现状下，中国沉香木市场发展显现出以下几个趋势。

一　价格继续上扬

自沉香文化复兴开始，沉香的交易价格几乎连年上涨，尤其是自 2009 年开始，沉香价格更是涨势迅猛，连续 4 年以上，平均年涨幅达到了 30%，而且自此以后，沉香价格的增长大有一发不可收拾之势。到目前为止，野生沉香原料的价格已经达到了数百万元每公斤，而沉香中的极品——奇楠，价格更是高达千万元每公斤。虽然，2015 年沉香价格出现了波动，有的沉香价格有下降的迹象，但据业内人士称，价格有所下降的是那些人工沉香和低价值的沉香，那些真正具有高价值的沉香，价格不但没有下降，反而继续上涨。近期，据沉香行业相关统计，从沉香总体的价格走势来看，近三四年来，品级高的沉香价格已经超过每年 30% 的涨幅，达到了35%。同时，众所周知，优质沉香的资源已经越来越稀缺了。最好海南天然沉香天然熟香几乎绝迹，越南沉香也被开发殆尽所剩无几。一线沉香达拉干，马泥涝，文莱，马来西亚等产地的野生沉香也已经出现告急的状态。

目前，野生沉香树已非常稀少，现在的国产沉香基本都是老祖宗留下来的，即使是沉香生产大国越南，每年野生沉香的总产量也仅为20公斤左右。正是这种资源的稀缺性，促使沉香价格成倍上涨，沉香投资愈发火爆：2012北京保利春拍，一件"沉香雕仙山楼阁嵌西洋镜座屏"以2070万元打破国内沉香艺术品拍卖纪录；2013精品沉香拍卖会，一件315.4克的"树心绿棋"以460万元拍出最高价；2014第三届全球精品沉香拍卖会，一件名为"斋戒牌"的33.05克海南奇楠以300万元高价成交，拍出1克近10万的惊奇。拍卖会的屡创新高，使得投资市场进一步火热，投资收藏沉香的人越来越多，沉香价格也曲线上涨。

未来优质沉香价格将持续上涨。据东南亚一些原料商消息透露，近几年内，沉香的原料价格还将有平均5%的涨幅。一方面，文莱、柬埔寨、马来西亚等地一线产区的野生沉香产量也在急剧下降；另一方面，一些二线产区上等沉水香2015年产量也严重下降。而且，一直以来天然沉香的采集就很艰难，山上往往有毒虫、水蛭、山蚂蟥，这是采香人莫大的困扰。采香难度增大势必导致天然沉香的产量减少，供给更加稀缺，因此，未来沉香价格还将继续上涨，这可能意味着沉香市场投资又将迎来新一轮的热潮。

二　产品趋多元化

"收藏用香质量精，价值也高，可以玩到极致，但这种数量少。任何产品终究要服务于生活，如沉香业可以开发出药用价值并服务于生命。"2014 年 12 月第二届沉香界名人面对面辩论暨沉香文化产业发展研讨会上，中国（寮步）沉香文化博物馆馆长郑鹏建表示，沉香的价值不应只是"孤芳自赏"，而应不断延伸沉香产业链。

许多沉香业内专家指出，一直以来，结香部分被认为是最有用的，而事实上，沉香"全身是宝"，围绕种植、加工、流通、收藏、药用等几大环节，都可形成一个大产业，如沉香叶可用于制茶、制酒、制枕头，沉香花可做香料，提取的沉香精油对呼吸道疾病等有很好的缓解作用。

沉香可以衍生多元化产品，沉香产业链将是一块价值千亿元的蛋糕。事实上，已经有广东省沉香协会等不少协会和企业正在尝试推动沉香产业化，茶烟酒等日用品的开发、药用、精油开发以及收藏和贸易等，完整的沉香产业链已初现。未来，沉香产品多元化和市场细分是沉香行业市场发展的趋势。

三　消费群体大众化

从古至今，高档消费品消费趋势皆为由上而下，随着中国经济的快速增长，由群体至个人，"三大件"的概念一直在变换，此理同样适用于沉香。沉香，这种自古就是王宫贵族身份与尊贵的象征物，以前都是作为艺术品在拍卖会上出现，而能够购买沉香制品的群体都是所谓的高净值人群。以首饰为例，从最早的金银首饰，到后面的精密手表，再到现在的沉香手串，其遵循的价值规律是从求富、显富到藏富的过程，随着国家经济的繁荣，国民富裕程度的增长，沉香的大众化势在必行，而作为最具有大众化条件的沉香手串然成为人们的首选。目前，在沉香企业的大力推动下，沉香产品投资的门槛降低了，加上生活消费水平的逐年提高，消费者消费意识的日趋理性，沉香已从"奢侈品"逐渐转向了平民投资消费市场。

同时，随着沉香产业链的不断完善，沉香也从高雅殿堂步入寻常百姓家。沉香洗面奶、沉香沐浴露、沉香牙膏、沉香精油、沉香茶、沉香酒等日常消费品不断出现，融入普通大众的生活中，沉香消费已呈大众趋势，走向了平民消费。正如中国沉香研究会秘书长钱国富所言："沉香迈向大众消费品是一块很大的蛋糕。"未来，随着人工种植沉香开始结香并不断进入市场，沉香原料供给会日益增大，越来越多的沉香企业在市场的激烈竞争下将会更乐意进入大众化产品的市场阵营，沉香市场的消费将会出现大众化的态势。

四　市场活动国际化

沉香如茶，茶有茶道，沉香有香道，承载的是中华历史文化的博大精深，在国际文化交流上起着举足轻重的作用，这不由让人想起20世纪70年代国家领导人赠送美国总统尼克松武夷大红袍作为国礼的历史典故。如今在中国综合实力不断增强、国际竞争力不断提升以及中国文化影响力在世界不断加大的背景下，在国家层面提出了"一带一路"的发展战略，在政策上支持企业大胆走出去，强调在文化交流中要"讲好中国故事，传播好中国声音"。沉香文化在中国具有千年历史,承载的是中华历史文化的博大精深,其也必将迎来国际化的春风。随之而来的,便是沉香交流将会由国内向国际延伸发展,承载一份中华文化复兴的历史使命。

沉香国际化是沉香业发展的大势所趋,沉香企业、协会及政府等也都在积极努力打造和推广中国的"香文化",将以沉香企业为载体向世界传递和传播中国的香文化及其内涵,将沉香文化推向国际化是时代的使命和责任。如由广东省沉香协会主办、东莞市人民政府和寮步镇人民政府支持的2014东莞香博会就吸引了越南、马来西亚、新加坡、印尼等海外沉香协会和大型沉香企业组团前来参展。据了解,此次博览会吸引海外参展商达57家,其国际影响力不断增强。正如寮步镇镇委委员黄镇源所说,香博会的发展轨迹正朝着国际化的方向迈进。在多方的努力下,沉香文化及沉香产业也将不断朝国际化迈进。加强国际香文化交流,将沉香产品及其丰富的中国文化内涵推向国际也是中国沉香行业发展的一大趋势。

五 市场交易电商化趋势明显

数字消费时代,电子商务平台发展加速,网页上无处不在提供着电子商务的入口。电子商务已经为各行各业产品开启了新型的运营大门。沉香作为集收藏、欣赏、装饰、药用价值于一身的天赐之物,在电商发展的新纪元里,也应跟随潮流,拥抱电商。把现实中的产品搬上网络,是这个时代的趋势,沉香也不例外,要大众化,必然有赖于电商,才足以成气候。现在市场上大多数上规模的沉香企业已经开辟了电商平台,打造品牌优势,应对造假市场，促进沉香制品消费。特别是沉香手串，作为最具大众消费品潜质的沉香产品，如今国内网购环境逐步提升，网购安全系数也逐步提高，网上交易是可以实现的，而且空间也更大。目前，在行业内，以香至尊为代表的沉香网络电商利用其十余年的品牌优势，探索沉香产业与电商模式，不仅保证正宗沉香的流通渠道，同时也增加了沉香制品投资的便利性。

事实上，在电商不断壮大的趋势下，沉香也借助电商的东风"香飘万里"，在沉香论坛、百度知道、微信平台甚至沉香行业网站和商城，都能找到有关沉香的资讯。尤其是近些年来，沉香产品的网络化格局逐渐显现完善，在收藏和配饰领域成为时尚一族的购物新宠。如国内知名沉香品牌香至尊沉香在国内各大机场均有投放其电商平台广告，在网络上其投放的广告也比比皆是。深圳市沉香之美工艺品有限公司的沉香之美商场，一键就可以买到雕刻收藏、沉香佛珠、香道熏香等沉香相关产品，快捷高效。这二者都算是行业内的电商先行者，这是一个很好的现象，同行可以借鉴。相信，快捷、高效、经济的电商模式，将为沉香文化的传播和企业的发展带来春天。

由于这些新媒体的出现和新的品牌传播方式的出现，国内沉香木行业的品牌格局很可能会因为互联网而洗牌。未来能在互联网电商这一部分做好品牌的，必然能取得不错的市场规模。

六　市场交易形式多元化

沉香的春天起始于2011年，在此之前，沉香在拍卖品市场都表现平平。据可查询到的资料显示，国内最早有关沉香的拍卖是在1995年北京翰海春拍上，一件"明晚期沉香木八仙祝寿摆件"，成交价为 60500 元。沉香市场的爆发点在 2011 年，6 月 4日一件"江春波雕刻山水人物沉香杯"拍至 392 万元，创下新纪录。4 个月后，中国嘉德秋拍卖会上，一盒重约 3 千克的清代沉香料以 713 万元的成交价迅速打破这一纪录。此后沉香市场被激活，不断升温。2014 年中国艺术品交易额达 4000 亿元，其中沉香交易额超过千亿规模。近几年，随着香文化的推广，沉香因其即可收藏升值，还能养生等特点备受青睐。据不完全统计，在艺术品市场整体表现平平的情况下，沉香交易市场市场再次呈现出一片火热态势，2015 年前十个月，在互联网金融如火如荼发展之际与金融市场不断动荡的局面之下，沉香行业电商化、金融化、艺术品拍卖等多元化交易再次推到公众面前。

在信息技术日益成熟和电商平台应用快速发展的背景下，沉香制品进入网络、开启电商市场已经是很多规模型沉香企业的选择，沉香行业市场实现了由线下走向线上的电商化、网络化的态势。同时，由于沉香市场的升温，沉香已经成了金融化产品，一些金融机构已经开展了沉香抵押贷款、沉香理财等多种金融业务，沉香市场与金融市场融合，呈现向金融化发展的态势。

沉香市场的多元化市场，早在 2007 年沉香市场回暖以后就已经启动；2011 年以后，沉香市场处于火热的上升期，沉香制品更是以电商、金融投资、艺术品等形式竞相融入沉香市场，沉香行业市场呈现出交易形式多元化的特征。未来几年，沉香制品市场多元化的表现形式只会强化，不会削弱。沉香制品市场表现形式多元化也是其发展的一个重要趋势。所以，随着优质沉香价格的增长，以及沉香金融化、品牌化趋势得越来越明显和重要，沉香也将成为未来投资市场上的一个重要组成部分。

第三节　中国沉香行业存在的问题

一　产能不足，供需缺口大

近几年，中国年均消费沉香都在500吨以上，但国内沉香产量年均只有100吨左右，供需间存在80%以上的供给不足的缺口。供给不足部分多数都是通过进口越南、马来西亚、菲律宾、印度尼西亚等国所产的沉香来弥补。尽管在市场需求火爆的推动下，中国广东、海南、广西、云南、福建等地已经开始加大人工种植沉香的力度，但由于沉香形成周期长，短期内人工沉香难以上市，无法填补国内供给的巨大缺口。

随着东南亚各国对沉香贸易限制的趋严，沉香进口的难度也在加大。例如，根据香港法例，任何人出口沉香标本或用野生活体沉香用作商业用途，都必须申请渔护署签发的许可证，而进口沉香标本，必须出示由出口地发出的有效出口许可证。违反《保护濒危动植物物种条例》就附录Ⅱ物种的许可证规定，将面临50万元及一年监禁的最高刑罚。越南政府很多年前已明令禁止出口沉香，而有关沉香的交易由越南政府所控制，买卖都由官方管控，这也是越南沉香价格高昂的一个原因。据印尼《千岛日报》2015年9月11日报道，中国将会成为印尼沉香木最大的进口国，但印尼每年沉香出口配额仅632吨，他们只是调整了沉香木出口目标国家，并没有随之增加出口配额。目前，沉香产区国家都有对沉香的不同的保护措施，或明令禁止，或采取配额，但沉香，特别是天然野生沉香仍被过度采伐，最大诱因就是高额的利益驱使，还有不断扩大的市场需求，相信这种情况在未来的一段时间内还将持续。因而，在中国国内对沉香需求继续增加的条件下，沉香市场的供需短期内很难平衡，市场价格继续上扬无法避免。

二　假货泛滥、亟须规范

当前市场上的沉香制品主要有沉香手串、沉香山子、沉香笔筒等，其中又属沉香手串最受追捧，也是造假者的主要目标。据业内人士透露，最常见的造假方法就是以次充好和以假乱真。印尼、缅甸、越南等地也都产沉香，但中国海南沉香为上品。有人就混淆产地，用越南、印尼等地的沉香冒充海南沉香，牟取暴利。另外，用沉香木冒充沉香，也是近年最常见的欺骗手段。把没有结香的沉香木放在水中浸泡至木质发黑，再加入药渣蒸煮，添加化学香精，便可做出假沉香。也有人通过高压法压缩沉香体积来增加密度，甚至以针管向香内注射水银，使其在水中能够下沉。

这几年，沉香市场的行情越来越好，价格持续飙升。一些商家为了利益，不惜制假售价。媒体报道数据显示，2005 年，沉香市场假货率为 22%；2006 年上升至 35%；特别是到 2007 年，随着沉香市场的升温，假货率也快速提升到 53%；到 2015 年市场假货率高达 83%。这两年，沉香市场更是出现了"十货九假"的乱象。有收藏专家指出，中国沉香市场存在假货多，冒用品牌制假、售假的乱象。调查也显示，目前沉香市场上九成为假货和劣质货，而且造假货的手段往往比较高明，从外观到气味，一般人很难分辨，而沉香的鉴别手法要求"看、摸、闻、烧"，普通消费者很难掌握。据此，业内专家指出，目前沉香还没有被大多数消费者认可，处在很敏感的发展时期。如果消费者一再被假货坑害，无疑会对市场失去认同。

假货产生的原因应该有三个方面：一是沉香行业市场处于起步阶段，属于后起之秀，尚无相关权威检测机构，《拍卖法》搞乱了沉香拍卖市场。二是媒体误导、舆论炒作。媒体大肆夸大宣传沉香功用和价值，而且现在的很多电视和媒体节目都是轻文化、淡价值、重价格。三是相关部门监管制度不健全、不到位。专家指出，治理沉香市场乱象的根本出路在修法建制。"法"是指建立完善的法律手段和措施；"制"即建立完整的鉴定体系，其中包括鉴定机制、鉴定机构、鉴定标准。

此外，需有关部门加强监管。据悉，目前社会上还没有一个专门的打假机构对沉香市场进行监管。业内人士透露说，质监局的工作只是鉴别沉香的质量标准，工商局只能维护市场管理，中国最权威的木材鉴定机构——中国林业科学研究院也只是负责木材的鉴定，如果拿沉香去鉴定，一般也只能鉴定出是否某种沉香树而已，并不会告知结香时间以及沉香油脂的真假。利润丰厚的沉香市场并没有一个专业机构来监管，怎样合理整顿和管理，还需要整理出新的思路。

目前，在法制规范不到位，监管部门不明确、执法无力、监管缺位的条件下，为了维护沉香市场的秩序，最紧要的是行业之间能够形成联盟，诸多品牌商要联合起来，一致对抗冒牌和假货。相关部门与行业之间共同努力，一同打击和整顿混乱的沉香市场，对沉香文化的复兴也会有更大的意义。而且，投资收藏者们也一定不要抱着捡便宜的心态，想以小博大。因为现在新造假材料和新造假手段的不断出现，原有的鉴别知识不断更新，更不能迷信以往的经验，要找到正规品牌商去购买，但是也要当心冒牌和"高仿"商家。

三　价值颇高，标准难定

沉香的魅力，还在于它独具的浓郁香味和药用性。作为香料，沉香自古就被佛、道教认为是唯一能通"三界之灵"香料，是各大宗教的熏香和供奉上品；也是传统皇家贵族以及文人墨客的熏香用品。作为药材，沉香被认为有"理气通窍"之功效，是名贵中医药才。明代名医李时珍也在《本草纲目》中称：海南沉香，一片万钱，冠绝天下！作为工艺品，沉香雕刻品古朴浑厚、深沉润泽，别具风韵，极具收藏价值。因而，沉香制品无论是以香料、药材还是工艺品的形式出现，都是价格高昂，普通人难以企及。但问题是，对价格高昂的沉香制品无论是沉香原料还是制作工艺都缺乏评价和衡量的标准。目前多是依据沉香原料的产地及其沉香树脂的大致含量进行粗略分类，这样，造成沉香市场的风险极高，一般消费者不敢涉足，能够进入市场消费的主要是持有资金、执着爱香的收藏者。标准的缺失和市场风险的高企必将会限制沉香行业的发展，这已经引起了相关部门的重视，相关行业协会、企业等都在努力，但至今没有相关标准出台。究其原因在于，真正的沉香专家在民间，而那些高学历、高文化素养的专家虽多年研究沉香，但由于理论与实践脱节等原因导致他们对沉香和沉香工艺并不了解，很难制定相关标准。

四　产业无序，缺乏品牌企业

目前，沉香行业市场规模尚小，还没有形成有序稳步发展的格局，产品在消费者的盲目追捧下呈现高端化、奢侈化的局面，产品大众化、规模化、多样化的水平不够。沉香企业层面也没有出现具有相当规模且能引领市场秩序的企业，行业集中度低，市场比较分散，这样，容易鱼龙混杂，假冒伪劣出现，影响整个行业的稳定发展。在这样的市场环境中，也很难产生具有相应诚信的品牌企业，也制约了行业的有序发展。

整体上看，由于沉香木行业处于发展初期，企业竞争无序化，行业规模非常不集中，一直没有引领市场的品牌，所以产业集中度不高。但趋势是不断往上，相信随着行业发展的成熟，沉香木行业的集中度将会大幅上升，形成几家大型企业。

第四节　相关国家和地区的贸易政策

目前，各沉香出产国都有对沉香的不同的保护措施，或明令禁止，或采取配额，但沉香，特别是天然野生沉香仍被过度采伐，最大诱因就是高额的利益驱使，还有不断扩大的市场需求，相信这种情况在未来的一段时间内还将持续。

一　中国大陆沉香政策

20 世纪 90 年代末，中国就将沉香树列为国家二级保护植物和国际保护树种，禁止砍伐和出口。目前，中国海南、两广、云贵等地沉香已基本绝迹，少量的国产沉香很多都是早年民间留存的料子，特别是一些特级品级的沉香，基本都在专业的藏家手中，根本不会在市面流通。

二　中国香港沉香贸易政策

在香港法例中，沉香所属的品种都在《保护濒危动植物物种条例》附录 Ⅱ 中。根据法例，任何人出口沉香标本或用野生活体沉香作商业用途，都必须申请渔护署签发的许可证，而进口沉香标本必须出示由出口地发出的有效出口许可证。违反《保护濒危动植物物种条例》附录 Ⅱ 物种的许可证规定，将面临 50 万元及一年监禁的最高刑罚。

三　越南沉香贸易政策

越南政府多年前也已明令禁止出口沉香，而有关沉香的交易由越南政府所控制，买卖都由官方管控，这也是越南沉香价格高昂的一个原因。当然，也有不少当地人在采集到沉香后将之私自倒卖给各地的采购商。在越南，人们是不分沉香品种与产地的，不管是芽庄沉香、红土沉香，还是其他什么沉香，行内人士只根据死料、活料、味道、含油量来分级定价。越南产的沉香，味道清香甘甜，含少许花香味，并有淡淡的凉意，是印尼等地的沉香无法相比的，因此越南是目前全球最为优质的沉香产区。

四　印尼沉香贸易政策

印尼是目前沉香最大的出口地，这里的沉香产量占世界沉香产量的 70%，据统计这里还蕴藏着世界 60% 的天然沉香。印尼也是对沉香出口实施贸易管制和出口配额的国家。2015 年 9 月 11 日，据印尼《千岛日报》报道目前印尼每年沉香出口配额仅 632 吨，而中国已要求每年进口沉香木 500 吨，占印尼全年总配额的 79%。印尼沉香协会总主席马苏尔在林业部出席印尼向中国首轮出口沉香木仪式后表示，一直以来，中东国家进口印尼沉香木的比例为 60%—70%，但今后，中国将会成为印尼沉香木最大的进口国。他表示，目前印尼仅仅调整了沉香木出口目标国家，并没有随之增加出口配额。

第五节　中国沉香行业协会组织

一　行业协会的组织功能

行业协会作为一种重要的非营利性组织，是市场经济深入发展和社会分工在市场领域细化的必然产物，是市场经济体系一个重要的有机组成部分。其在信息、沟通和协调方面具有无可比拟的优势，不仅是市场、政府与企业进行协调、沟通的桥梁，也是企业与企业进行交流、合作的重要平台，对内可通过行业自律规范企业行为，维护行业利益的最大化；对外可代表企业向政府表达利益诉求，影响公共政策的制定，并帮助政府有效实施。

（一）行业协会的特征

行业协会应具备以下四种特征：一是"行业性"，行业协会是以市场经济中客观存在的业种、品种、工种等行业差异作为组织标识，形成不同类型的行业协会，主体是同行业的企业及相关组织，但不包括个人；二是"自发性"，强调行业协会的建立、运作和发展要基于民意，应由企业家自发、自觉、自愿和民主地形成；三是"互益性"，行业协会既不像企业那样谋取自身利益，也不是为整个社会谋福利的公益组织，而是一种为特定群体服务的互益性组织，其宗旨是维护和增进行业的共同利益；四是"非营利性"，行业协会的运作不以营利为目的，不能开展以营利为目的的经营活动，是非营利性的社会团体。

（二）行业协会的功能

第一，行业协会是中介性组织。行业协会在促进企业与其他主体之间的沟通和协调方面起着不可替代的作用。其不仅是沟通行业企业与政府的中介，也是联系行业中一个企业与其他企业的中介，还是处于市场和单个企业之间的一个中介。

第二，行业协会的主要宗旨是为会员企业服务。因为行业协会的主要收入是会费，所以其宗旨是为会员企业服务。行业协会的会员企业主要是同行业的企业。这里所说的同行业通常指的是以生产同类产品（或提供同类服务）为标准来划分的行业。由于会员企业提供的产品是相同或相近的，所以他们之间既有相同的利益要求，又相互竞争。行业协会协调他们的内部关系，以促进行业的健康发展。这里需要指出的是，还存在一种垂直型的行业协会，即成员虽来自同一行业，但处于生产和流通的不同阶段，如日本的汽车零部件商通常组成行业协会。

第三，行业协会是非营利组织。行业协会不以利润最大化为目的，其主要收入是会费收入，主要支出是为会员企业提供服务的花费。作为非营利性组织，社会团体与公司、企业等营利性组织的主要区别不在于是否营利，而在于营利所得如何分配。社会团体的资产及其所得，任何成员不得私分、不得分红；社会团体被注销后，剩余财产应移交给同类其他非营利性组织，用于社会公益事业。

二　国内沉香协会情况

（一）广东省沉香协会

广东省沉香协会是由广东省民政厅批准成立，由业界知名企业单位共同发起、自愿组织建立的，是目前国内首个省级沉香协会。

其协会业务为考察交流、展览展销、咨询服务、编辑刊物、人才培训、创办实体、制定行业标准、收藏鉴定、产业园策划实施。

协会是由广东省沉香种植企业、沉香产品加工企业、沉香收藏企业、沉香产品销售等企业及沉香爱好者和沉香产业从业人员自愿组成的非营利性社会团体组织，并在宪法、法律和法规规定的范围内开展活动，接受广东省民政厅的业务指导与监督管理。

协会秉承"传承中国香文化，弘扬中国香能量"的建会原则，用丰富多彩的活动、和谐的氛围及强大的凝聚力吸引和团结沉香企业和有识之士，搭起沉香爱好者之间彼此合作的平台，助推会员、企业共同成长，最大限度地发挥协会的平台效能，为广东的经济发展做出贡献。

协会宗旨为发挥协会作为社团组织应有的桥梁和纽带作用，团结、教育、引导全省沉香企业从业人员守法经营，配合政府主管部门组织社会力量发掘民间传统香文化资源，促进沉香产业的健康发展，为广东省沉香产业经济大发展做贡献。

（二）福建沉香协会

福建省沉香协会于 2014 年 4 月 14 日成立，现有个人会员 365 名，其中会长 1 名、常务副会长 9 名、副会长 31 名、常务理事 11 名、理事 85 名。会员中，中级以上技术职称的有 35 人，其中国家级工艺美术大师 1 人，省级工艺美术大师 2 人，高级工艺美术师 5 人，省级以上工艺名人 9 人。

中共十八大代表、中国工艺美术大师、高级工艺师、善艺

（李氏）工艺有限公司董事长李凤荣当选为福建省沉香协会首届理事会会长；美诚达（李氏）工艺有限公司董事长李凤强当选为秘书长。协会聘请了全国人大常委会原副委员长陈至立同志担任协会荣誉会长；聘请了中国人民解放军武装警察部队原司令员、中国长城书画家协会会长吴双战，国家文化部原副部长、中国艺术研究院院长王文章，中央宣传部秘书长官景辉，福建省人民政府原副省长、福建省企业与企业家联合会李川，福建省政协原副主席、福建省工商联原主席李祖可等担任名誉会长；聘请中国工艺美术协会会长周郑生、中国工艺美术学会常务副会长兼秘书长赵之硕、福建省工艺美术协会会长陆开锦、福建省工艺美术学会会长顾正为高级顾问。

协会主要职责：（1）向政府及行政主管部门反映会员的意见和要求；（2）为会员提供信息和政策咨询等服务；（3）受委托承办上级举办的各类展会和产品推介拓销等活动；（4）组织开展国内外经济技术合作与交流、行业培训、技术咨询、信息交流，为会员的生产经营提供技术开发研究与培训推广等服务；（5）协调处理有关贸易纠纷等。

协会的宗旨：为会员提供服务，维护会员合法权益，保障行业公平竞争，沟通会员与政府、社会的联系，团结、教育、引导企业从业人员守法经营，促进工艺品业的健康发展。

业务范围：行业调研、技术培训、编辑出版、会展招商、产品推介、中介咨询服务、国内外信息技术交流等。

活动原则：按照核准的章程开展活动，严格遵守有关的法律、法规、规章和政策，遵守社会道德风尚；诚实守信、公平公正；不以协会名义从事经营活动；遵循"民主集中制"和"自主办会"原则，做到工作自主、人员自聘、经费自筹。

（三）海南省沉香文化协会

海南省沉香文化协会2012年7月15日于海口市成立，是经海南省民政厅批准成立、接受省社科联业务指导的非营利性社会团体组织。

该协会旨在团结、教育、引导海南省沉香种植、加工、销售企业守法经营，加强沉香爱好者之间交流和学习，以促进该省沉香文化产业健康发展，提升海南国际旅游岛的文化软实力。

协会的业务范围：（1）组织会员认真学习党的路线、方针、政策和国家的法律、法规，进行政治思想教育、法律教育和职业道德教育。解放思想，更新观念，以适应改革开放的新形势，为促进和推动海南文化产业大发展、为国际旅游岛建设助力。（2）通过协会这个平台，及时传达政府关于文化产业及相关方面的政策，并及时向政府部门反馈、反映会员的合理意见、呼声和要求，主动协调与各方面的关系，充分发挥好桥梁和纽带作用。（3）为维护会员的合法权益，建立必要的工作班子，提供法律、税务、财务、资产评估等方面的咨询与服务。（4）加强调查研究，协助政府部门制定产品标准和技术标准。组织开展业务培训、人才交流、项目推介、合作联谊等活动，帮助解决沉香文化产业发展的困难和问题。（5）开展国内外沉香文化动态和信息的交流与沟通，组织参加国内外考察、产销会、洽谈会等活动，加强与海外沉香文化社团的联系，开展海外沉香文化业务，为会员单位参与国际竞争创造条件，积极传播海南沉香文化。（6）加强会员单位行业自律，协助政府和有关部门对会员单位进行有效的引导、监督和管理。（7）积极开展公益活动，不断壮大队伍，加强海南沉香文化协会建设。

（四）亚洲沉香文化协会

亚洲沉香协会是负责在全亚洲范围内协调、促进沉香产业发展、保护，实现亚洲沉香产业化、专业化的国际性组织。亚洲沉香文化协会以"文化、合作、保护、发展"为宗旨，以"传播沉香文化，普及沉香教育，促进沉香及相关行业产业化进程"为目标，意在通过普及推广沉香文化，以利提高民众对沉香文化的保护意识，推动社会和谐化发展。

亚洲沉香文化协会由常务委员会、专家委员会、理事会、秘书处组成，下设办公室、新闻中心、产业发展中心、技术发展中心、宣传部、外联部、培训部、学术部等常设办事机构，以为学术品鉴、大众学习、工作开展和行业发展提供科学、完善、前沿的咨询信息和保障服务。

亚洲沉香文化协会将联络世界各国高新科技沉香研发产业、种植企业和从事医药研究的机构，依照各家相关政策，在各国范围内发展不同类型的沉香合作成员单位，设立各级办事处、指导站、联合服务中心、服务站、养生品鉴会馆等。企事业和相关单位可以向亚洲沉香文化协会申请爱心企业、协作单位、示范单位沉香种植基地等。

亚洲沉香文化协会广泛与各国政府、企事业单位、文化教育系统、科学界、权威人士、医药（保健）行业、健康、美容、休闲、养生、绿色、环保、低碳产业等相关体系建立多边的合作关系，联合开展与沉香相关（学术、科技、科普）的交流研讨会、论坛、科技产品推广、香文化讲座等活动，通过媒体宣传，构建涵盖信息资讯、文化传播、教育培训、引导规划等服务功能的非营利性协作平台，以推动各国沉香产业的整体发展和民族文化素质的提高，为构建和谐社会而努力奋斗。

沉香文化是中国传统文化的重要组成部分，国家为提高大众传统文化的普及教育工作，投入了很大的人力、物力、财力。亚洲沉香文化协会将秉承宗旨，以科学发展观为指导思想，为沉香文化的普及和推广做出应有的贡献。

（五）中国市场学会沉香专业委员会

中国市场学会是经国家民政部批准成立的，由国内从事市场流通、市场营销、信用管理、法学等理论与实务研究的著名专家学者、企业及经济管理部门的高层主管，根据自愿的原则联合组织的全国性社会团体。

中国市场学会沉香行业专业委员会成立于 2015 年 11 月 21 日，是中国市场学会的分支机构，是在中国市场学会指导下从事沉香市场营销研究、探索沉香市场营销与管理模式的专业学术性团体。中国市场学会沉香行业专业委员会的成立，是沉香行业市场发展的需要，顺应了行业内外各界专家学者、行业企业、各界群众的民意和呼声，是社会主义沉香市场经济发展的需要，是进一步发展药品市场的需要。为了保障人民群众用上好的、真的沉香药品，用上好的、真的沉香保健品，收藏好的、真的沉香艺术品、收藏品，迫切需要联合、团结沉香业内一切有识之士、沉香行业相关专家学者、沉香行业企业界英才，呼吁给予中国市场学会沉香行业专业委员会、北京国香医学研究发展中心全力支持，为杜绝、消灭一切假冒伪劣沉香药材、沉香保健品、沉香收藏品，为促进沉香行业市场规范、有序、可持续地健康发展共同努力。其主要工作范围是根据国家有关政策法规，研究行业营销及发展规律，研究行业质量标准、行为规范的理论，为促进中国沉香行业市场规范有序地发展献计献策；开展市场调查研究，推动沉香行业实现产品标准化检测鉴定和评估，建立对应的数据库；培养教育行业人才，与科研机构配合研发沉香精油等沉香产品；推动沉香行业的创新发展；推动沉香类新技术的应用推广和商务电子平台的建设等。反映会员要求，维护其合法权益；努力强化服务意识，为会员提供有关专项服务；努力开拓创新，提高服务水平。推动并组织全国沉香行业开展理论研究；编辑出版中国沉香产业发展报告书。

北京国香医学研究发展中心隶属于中国市场学会沉香行业专业委员会，是该委员会全资控股的专职从事沉香医用产品研发的专业机构，拥有国内具有代表性的野生沉香树培植保护基地，储存有较大的沉香原料资源，近几年在沉香医用研发领域投入巨额资金并取得了初步成就。北京国香医学研究发展中心与北京中药研究所的合作将产生新的动力，有力地推动沉香医药产品的开拓与创新，为中国民众的健康发挥积极、广泛的影响。

沉香树已经被列为中国二级保护植物，沉香资源极其珍贵，尽力保护沉香资源、引导市场科学合理地开发利用沉香资源，是沉香行业专业委员会的宗旨。沉香行业专业委员会愿意为研究、改善中国沉香行业的市场营销环境，促进沉香市场的规范化管理，为沉香市场运行制度的完善与发展提供服务和智慧，并希望与民众一道学习和交流中国博大精深的沉香文化。

由中国市场学会沉香行业专业委员会、北京国香医学研究发展中心主持下的沉香博物馆 2015 年 11 月 14 日已经落成并且正式开馆。沉香博物馆坐落于北京市东城区国瑞北路 3 号，开馆日首批展品百多件，其中沉香古木木雕及数百年的沉香古树老料，是国内首次公开展示的珍稀展品。沉香博物馆出现在京城，尚属首次。这是一所了解、认识沉香的学校，对向大众普及沉香知识、传播沉香文化大有裨益。

三　国内沉香协会存在的问题及对策

（一）协会之间缺少沟通合作，行业标准不统一

在沉香市场运作上，关于沉香的鉴别方法很多，都不太统一，真假难辨，特性不分，没有一个统一的辨别标准，导致沉香市场混乱。鉴于目前沉香及其产品技术要求尚未有国家标准、行业标准和地方标准可循，因此十分必要制定沉香国家标准来规范沉香及其产品市场；另一方面，随着市场的扩大，有些不法商户以次充好、以假充真、价格随意，导致消费者和经营者纠纷时有发生，因此也急需制定国家标准作为质量责任事故的判定依据。而沉香专业协会之间缺乏沟通合作，更加剧了沉香行业的乱象。基于此，各沉香协会应与国家标准委、国家林业局、国家林科院、省质监局以及相关沉香行业组织统一行业标准，避免恶性竞争，提升整个行业的美誉度。

（二）吸引会员的能力差，社会公信力低

沉香行业协会代表着会员企业的利益，在维护公平竞争、维护会员利益、加强行业自律等方面发挥着重要作用。但实际情况却是很多企业不愿意加入行业协会。分析造成这种现象的原因，首先是缺乏合法性依据，行业协会无法有效地发挥自身职能，社会公信力降低；其次是内部民主机制执行不到位，在重大问题的决策方面，会员没有话语权，未能参与到决策的制定过程，反映

不出会员的诉求，从而导致会员不愿意加入行业协会；再次是诚信建设水平低，在市场中，会员的竞争非常激烈，有时为了追求利益而采取不正当竞争行为，这就需要行业协会发挥其监管职能，进行有效的遏制和处罚，从而维护正常的市场竞争秩序和会员合法权益，如果行业协会没有有效监管市场，会造成不正当竞争行为的持续恶化，从而降低整个行业的诚信建设水平，致使行业协会内的企业对行业协会失去信心。

（三）沉香行业协会众多，管理混乱

目前国内沉香协会众多，省级层面的沉香协会、市级层面的沉香协会、区域层面的沉香协会，相互交错，管理混乱。不同的协会隶属于不同的政府机构，包括省、市的林业局、民政局等政府机构，还包括没有政府背景的民间自发成立的沉香协会。在这样的情况下，政府职能部门和社会各界更是把沉香行业协会看作可有可无的隐形机构，随时可以开设或取缔。也正因为目前全国的行业协会所必须履行的职能没有明确的法律来规范或作为依据，只能通过各种各样的方式依附于政府部门，无法做到与业务主管部门真正脱钩。民间自发的沉香行业协会为了获得更多的项目合作，履行更多的职能，就要积极与主管部门沟通、协调和争取。从现实方面来说，大部分沉香行业协会在由来背景、人员构成、机构设置等方面与同行业的政府职能机关既保持着不可分割的联系，又对自身的进一步发展造成空间限制，进一步形成了这些官办社会组织和纯民间组织的先天不平等竞争。

第四篇

◈

沉香精英：沈楚轩

第十章　沈楚轩的沉香缘

沉香位列众香之首，其香气通达三界，为神之信使，被五大宗教奉为供奉上品。历经磨难成沉香，以香示人享尊贵是沉香香品对人生哲学的启示。以香品显人品、以人品见香品是品香的文化内涵。结香缘就是结难缘、结贵缘，可谓无难不香，无香不难。与万香之王的沉香结缘，尤显难能可贵，更是与磨难和历练结缘，与尊贵结缘。

第一节　沈楚轩的香趣

一　焚香得炉

沈楚轩出生于历史上盛产莞香的广东潮汕，幼时并不识香，只是对沉香有所耳闻；但受潮汕香文化传统的影响，自幼爱香。一位小伙伴知道楚轩爱香，特意以沉香相赠。楚轩第一次见到心仪已久、梦寐以求的沉香，视若珍宝。有一年农历八月十五，几位好友中秋节团聚。在明月高照、秋高气爽、家庭团聚、呼朋唤友的祥和夜晚，他们闻着院内飘散着的泥土芬芳，意兴大发，心情舒畅，十分快意。为了提升意境，一位好友取出特意带来的小香炉一盏，并燃一炉。朋友围炉而坐，伴随袅袅香烟升起，大家在香气四溢中品茶评香，平添了几多雅兴，平日的操劳、心中的烦恼顿消。其中，一友人说，熏香料品类很多，但沉香实属上品，若有沉香入炉，我等更是快乐！楚轩有沉香，但视为珍品，不忍焚烧，但大家兴之所至，焚之增趣可为。楚轩将自己的宝贝沉香取出，好友也知道是珍品，乃小心翼翼从整块沉香上面轻轻刮了一撮粉末，倒进香碟，顿时香气四溢，令众人神清气爽。散席时，朋友把香炉送给了沈先生。这就是年轻时沈楚轩焚香得炉的故事。从此，沈先生爱上了熏香。这时的他虽喜欢上了熏香，但此时对于沉香依然没有深入的了解。

二　熏香病愈爱沉香

焚香得炉之后，沈楚轩喜欢上了熏香，但只是喜欢熏香香气四溢、静心提神，对熏香的了解并不多。沈楚轩患有慢性鼻炎，经常流轻涕，严重时还会头痛。自从熏点沉香之后，他发现令自己烦恼的慢性鼻炎症状逐步缓解，不久竟然痊愈了。为什么鼻炎莫名其妙地好了呢，多日思之也不得其解。有一天，闲来无事，看到案上的香炉，他恍然大悟，原来品香这一新的习惯，无意中治愈了连医生都没办法的慢性鼻炎。沉香神奇的效用使他大为吃惊，惊讶之余，他渐渐成为一个"香友"。这样，沈楚轩开始"痴迷"沉香，收集沉香成为他的业余爱好。

三　夜半奇香惊醒

沈楚轩"痴迷"沉香的原因，除了沉香"意外"治愈了折磨他多年的慢性鼻炎之外，还有他夜半被奇香惊醒的故事。

作为沉香爱好者，他开始收集沉香。每当他收集到一些沉香后，就把沉香放在枕席旁，品味、享受一下天然沉香珍品带来的小快乐。然而，突然有一天，当他把鼻子紧紧地贴在沉香块上时，竟闻不到熟悉的香味。这让他好生疑惑。怎么自己收集到的沉香没有什么香味？莫非自己鼻子失灵了，还是自己被打眼、买到赝品了？很多想法不由自主地涌了出来。由于白天工作忙碌了一整天，他手捧沉香，迷迷糊糊地就睡了。

夜半时分，一阵又一阵的奇香钻入鼻孔，香味缕缕不绝，神奇的香味把他惊醒了！怎么这么香？难道有什么异物进屋来了？！这么想着，沈楚轩一激灵从床上爬了起来，赶紧打开灯，四处张望，没有人。他蹬上鞋，在房间内搜寻一遍，确认没有人进来。

他坐在床沿上，低头看向枕旁的沉香，此时，一阵又一阵的幽香扑面而来，他惊呆了……原来是夜间沉香突然发出香味，就像有些名贵的奇葩，在夜深人静的时候绽放一样，沉香竟然也是夜阑时分才发出奇香来！由于自己不知道沉香有这个特点，倒着实把自己吓了一跳，想一想刚才自己的疑神疑鬼，沈楚轩不觉会心地笑了起来。

第二天天亮后，沈楚轩把昨夜的神奇经历告诉了朋友。直诉自己不知道个中缘由，沉香为什么会在夜深人静的时候发香？有朋友们分析说，沉香的里面有纤维管道，使得沉香油脂里的某些成分可以沿着纤维管道四处流动，当它急速流动的时候，香味就飘出来了，人们可以闻到一阵又一阵的浓郁香味，当这种物质蛰伏不动的时候，人们就嗅不到香味。到底是什么物质、到底是什么原因让沉香夜半发香，对沈楚轩来说，始终是个未解之谜。

四　品香怡情提性

伴随时间的推移，沈楚轩接触和收集到的沉香越来越多了，他对沉香的品性认识也越来越深，对沉香的识别能力也不断提高，品香水平逐步得到了提升。在紧张操劳之余，他会点燃一支沉香，随着沉香那幽幽的芬芳吸入肺腑，身上的疲劳感渐渐消失，仅一刻工夫，就会神清气爽，仿佛换了一个人。

时常品香，也提高了沈楚轩的品位和修养。宋代陈去非的《焚香》，就是沈楚轩特别欣赏的古诗词之一：

> 明窗延静昼，默坐消尘缘；
> 即将无限意，寓此一炷烟。
> 当时戒定慧，妙供均人天；
> 我岂不清友，于今心醒然。
> 炉烟袅孤碧，云缕霏数千；
> 悠然凌空去，缥缈随风还。
> 世事有过现，熏性无变迁；
> 应是水中月，波定还自圆。

通过识香、爱香、藏香和品香，沈楚轩收获颇丰；通过收藏把玩沉香，心情愉悦；通过品味香气的悠忽变化，体味人生的有无转换；通过品味沉香气味的醇厚，体悟人生厚重的深意；通过品味沉香以香气示人的精神，领悟奉献为善、快乐之道。

总之，通过多年的品香之旅，沈楚轩的修养和品味得到很大的提升，领悟到了以香品悟人品、以香性悟人性、以香变悟人生哲学的深意。

五 识道建馆

沈楚轩爱香、品香、收集沉香几十年，随着他接触沉香渐多，他越来越感觉到沉香文化的博大精深，不明白的地方似乎愈来愈多了。正所谓：

> 少年不足言，识道年已长。事往安可悔，馀生幸能养。
> 誓从断臂血，不复婴世网。浮名寄缨佩，空性无羁鞅。
> 夙承大导师，焚香此瞻仰。颓然居一室，覆载纷万象。
> 高柳早莺啼，长廊春雨响。床下阮家屐，窗前筇竹杖。
> 方将见身云，陋彼示天壤。一心在法要，愿以无生奖。
>
> （唐·王维《谒璿上人》）

今天，沈楚轩回首自己从接触沉香、初识沉香，到成为沉香收藏家，乃至建立北京第一家沉香博物馆，背后的动力就是来自他对沉香文化博大精深这一点的感悟。

第二节 沈楚轩的沉香成就

沈楚轩作为北京国香医学研究发展中心的董事长、法人代表，是国内沉香业界的精英人物。早年，沈楚轩即与沉香结缘，从此便一发而不可止，几十年如一日，栉风沐雨、一心一意，以全副精力与心血研究沉香。岁月如织，日月荏苒，随着他经年不断地收藏沉香，如今已经是硕果累累，他自己也已经成为国内熟悉沉香品类和特性的大师级人物。

一　收藏硕果惊人

在北京沉香博物馆里，陈列了两百余件沉香、沉香木收藏级的精美展品，仅沉香就有几十个品类。这些沉香分别来自中国海南文笔峰、越南芽庄、老挝朗姆拉邦、印度尼西亚加里曼丹等地，结香于瑞香科沉香属的白木香树、蜜香树、鹰木香树等不同树种，香气高雅。博物馆里树龄500年的野生沉香古树也是第一次亮相京城。难能可贵的是，这些珍稀展品，全是沈楚轩的个人收藏。据说，博物馆内的展品仅是他多年来收藏到的沉香的一小部分。

凡是去沉香博物馆看过的人，无不惊讶感叹，沉香木雕就更不用说了，全是艺术品、收藏品的范儿，每一件，光是雕工就得几个月，甚至经年，看得人流连忘返。有的观众看过之后，呼朋唤友再来第二次，可见展品之精美、稀罕！现今，沈楚轩作为中国市场学会副主任、沉香行业专业委员会主任，收藏可谓惊人，图10—1展示了沈楚轩的部分藏品。

二　野生古树量可观

在国内外沉香资源面临枯竭之际，更显出沈楚轩几十年前保护野生沉香资源的远见卓识和一番良苦用心。沈楚轩不仅悉心收藏国内外罕见的野生沉香原木，而且以坚忍不拔的毅力，热心开拓了一座沉香野生古树种群培植保护基地。在这里，野生沉香树

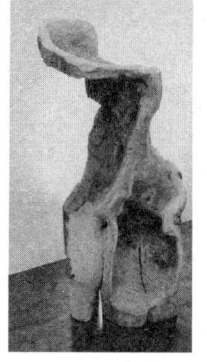

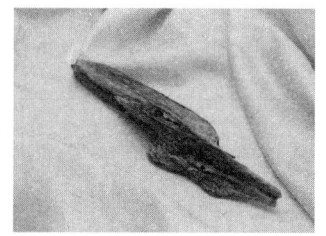

图10—1　沈楚轩部分藏品

都是生长于明清时期，树龄都在百年以上，生长于清康乾年间的，距今300年以上树龄的野生沉香古树占了80%以上，有若干棵树龄高达500年以上，为明成化年间（1464—1487）的古沉香树，不愧为名副其实的沉香野生古树种群培植保护园（见图10—2）。

图10—2　沈楚轩保护古沉香树林

在沈楚轩的精心呵护下，一株株野生沉香古树郁郁葱葱、生机盎然。现在位于祖国南疆的这块价值连城的野生沉香古树培植保护基地，已经成为国家开拓稀缺沉香资源的珍贵财富，沈楚轩立足于中华民族的长远利益，矢志不移，坚韧不屈，以淡泊名利、日月可鉴之心，为保护野生沉香资源做出了卓绝的贡献。

三　香道功底深厚

沈楚轩潜心学习和研究沉香，旨在传承香道文化，他的足迹遍及南国沉香产地，通过在产地对沉香实地勘察、探索、研究、对比，他练就了一双识别沉香的超人眼力，在辨别沉香真伪和等级方面积累了极其丰富的经验，并且形成了一整套关于沉香的理论。沈楚轩慧眼独具，联手中国国家级工艺美术大师、国家非物质文化遗产潮州木雕传承人陈培臣大师，制作和监制各种沉香木潮州木雕艺术精品，大力扶持国家非物质文化遗产潮州木雕艺术项目，助其发扬光大，为提升沉香工艺品的文化价值和收藏价值，做着持续不懈的努力。

四　新品开发成果显

沈楚轩率先在国内使用国际领先的沉香精油萃取技术，发掘沉香再利用资源，为沉香精油在医药和保健等方面的广泛应用打下了良好的基础。他积极推动北京市中药研究所等科研机构共同组成战略研发团队，从而汇集了国家高顶尖中医药研究人才，重点研发和推广沉香应用类药品。2016 年 7 月，"沉香通关油""沉香肤康油"上市，为患者送达福音实惠。在生产过程中采用先进科技手段的组合，极大地提高了产品使用效果，使其成为同类产品中的佼佼者，例如"沉香通关油"采用高速逆流分离、移动摇床悬混、超低温法析出、电磁共振组合，结合生物手段，导入类似细胞因子 EGF、DDGF 等材料，从而使其对治疗颈椎疼痛、腰腿疼痛及关节疼痛等症有较好的效果。

第三节　沈楚轩的沉香贡献

结缘沉香几十年来，沈楚轩通过结缘、识香、熏香、爱香、品香、收藏、珍赏的历程，逐步实现了以香品显人品、人香合一的境界。在与沉香相伴的几十年中，经历了种种磨难和奇遇，成就了目前的沈楚轩；沈楚轩也建立了沉香野生古树种群培植保护基地、北京第一家沉香博物馆，正在推进沉香现代加工技术和工艺，弘扬中国香文化。整体来看，沈楚轩在沉香领域四个方面做出了卓越的贡献。

一　建古树种群基地

在国内外沉香资源面临枯竭之际，沈楚轩在深圳建了沉香野生古树种群培植保护基地。沉香树属于珍稀植物，沉香古树移载育活难，技术难度高，花费成本巨大。做任何事，第一次做尝试的人是要魄力的，要富于牺牲精神。沈楚轩为沉香古树付出了巨大的努力和代价，为此也做出了金钱和精神方面的巨大牺牲。沈楚轩的身上似乎已经具有了"苦乐自知，香气示人"的沉香品性。

二　建野生沉香木储存库

沈楚轩将自己多年收集的大型、野生沉香原木统一储存起来，建立了大型沉香和野生沉香木的储存库。储存库内的沉香木有许多生长于明清时期，绝大多数结了香，为今后中医药学研究提供了充足的后备资源。

三　建沉香博物馆

为了让更多的人认识沉香、了解沉香，沈楚轩将自己个人收藏的沉香、沉香木200余件捐出，用以在北京建立沉香博物馆。建立北京沉香博物馆，需要克服许多困难。例如运输难，从深圳运到北京，千里迢迢，路途遥远；运送的东西又极其珍贵，需要特殊保护。沉香树、沉香原木体积大，笨重，大师雕刻的沉香木艺术品精细珍贵，这些都增加了运输准备工作的难度。汽车进京、进城难，由于博物馆选址于市区，运货的车只能半夜进城，这造成接货难，必须半夜接货。

用沉香木雕刻潮州木雕是前所未有的事，沈楚轩请潮州木雕文化遗产项目代表性传承人陈培臣大师雕刻沉香木大型艺术品；陈培臣大师为文化部确认的潮州木雕文化遗产项目代表性少数传承人之一。潮州木雕是用樟木雕刻，沈楚轩请陈培臣大师用沉香木雕刻潮州木雕，是以前没有的事。沉香木是珍贵木料，沈楚轩用这一举动支持了潮州木雕文化遗产项目，助其发扬光大，也为提升沉香工艺品的文化价值和收藏价值做着持续不懈的努力。

四　引进现代加工技术

工欲善其事，必先利其器，沈楚轩为开发出最好的沉香产品，首先注意引进现代加工技术和工艺。为此，他四处拜师学习，亲自询问了解，并购买进口的、先进的、新型提炼设备。2016 年上市的"沉香通关油""沉香肤康油"等产品的生产都采用了先进科技手段的组合，极大地提高了使用效果，使其成为同类产品中的佼佼者。

五　弘扬沉香文化

沉香文化博大精深，源远流长，沈楚轩为沉香文化所倾倒。他的卧室、会客室、起居室都摆放沉香和沉香木雕艺术品。为了弘扬沉香文化，他做的第一件事情就是在北京建一座沉香博物馆。沉香博物馆有沉香沉香木展品 200 多件，博物馆设有沉香、沉香木、沉香木雕展览厅，沉香研究室，香道表演厅等，每周开放 5 天，供大众免费参观。沉香博物馆以收藏、展示、保护、研究沉香及沉香树木资源为宗旨，面向大众宣传普及沉香知识。沉香博物馆展示的全部是沈楚轩的个人收藏。

另外，他还提供资金主办一份沉香杂志，杂志主旨是弘扬沉香文化，保护国粹，提倡学习沉香精神，普及宣传沉香文化和沉香知识，提高大众对沉香资源的自觉爱护意识，研究促进沉香市场规范有序健康地发展等共有十几个栏目，内容涵盖沉香文化的许多方面。杂志是全彩的画报形式，沈楚轩为画报提供自己拍的全部照片。

六　成立沉香行业专业组织

为了扭转沉香行业假冒伪劣盛行、市场混乱无序发展的乱象，推进沉香行业的组织化、规范化、有序化和稳定健康发展，沈楚轩积极联系相关部门，共同推动建立了中国市场学会沉香行业专业委员会。中国市场学会沉香行业专业委员会的宗旨就是"研究与促进全国沉香市场稳定有序地健康发展"。委员会的建立对于推进行业沉香产业的健康发展具有里程碑式的意义。目前，市场上的沉香以假乱真现象严重。沈楚轩认识到这个问题的严重性，会同国家相关部委、科研机构，就沉香行业的标准化的研究和制定问题达成共识，他决心提供有利条件，为净化全国沉香市场作出努力！

第十一章　沈楚轩的沉香产业宏图

在以人力、投资和资源为基础的规模扩张式的传统经济发展模式遇到瓶颈，国家大力推进经济结构调整和转型升级的背景下，以信息技术和互联网为支撑、以创新和消费为驱动力的新经济发展模式应运而生。沈楚轩保持着年轻人的心态，随时关注互联网、信息技术革命带来的变化，为使沉香产业融入新经济产业链做着持续不懈的努力，也在勾勒着沉香产业发展的宏图。

第一节　沈楚轩的沉香产业链

一　联合学界成立沉香行业组织

针对目前沉香行业假冒伪劣泛滥、危及沉香行业健康发展的乱象，沈楚轩积极联合学界、业界和政府相关部门，积极推动成立国家层面的行业委员会。经过不懈的努力，中国市场学会于2015年6月批准成立沉香行业专业委员会，11月21日，中国市场学会沉香行业专业委员会成立大会在北京举行。中国市场学会沉香行业专业委员会是中国市场学会的分支机构，是在中国市场学会指导下从事沉香市场营销研究，探索沉香市场营销与管理模式的专业学术性团体。

沉香行业专委会将联合业内企业，针对目前沉香市场上的假冒伪劣乱象，开展一系列打假扶优工作，一方面为货真价实的优质沉香药品、保健品、艺术品、收藏品拓展出市场空间，另一方面有效保护消费者权益，促进沉香行业市场规范、有序、可持续发展。沉香专业委员会将努力扶持中国真正优秀的沉香企业，规划出影响世界的成果，创造一流的品牌效应。为中国优秀的沉香企业跻身于世界名企前列提供强大的科研及技术平台。

沉香行业专业委员会的成立对风起云涌的沉香市场来说，是一件大事，引起了媒体的广泛关注。人民网 2015 年 11 月 21 日率先报道，题目是《中国沉香行业组织研究机构在京成立》，报道说，中国市场学会沉香行业专业委员会的成立，是沉香行业市场发展的需要，顺应了行业内外各界专家学者、行业企业、各界群众的民意和呼声，是社会主义沉香市场经济发展的需要，是进一步发展药品市场的需要。为了保障人民群众用上好的真的沉香药品，用上好的真的沉香保健品，收藏好的真的沉香艺术品、收藏品，迫切需要联合、团结沉香业内一切有识之士、沉香行业相关专家学者、沉香行业企业界英才，为杜绝、消灭一切假冒伪劣沉香药材、沉香保健品、沉香收藏品，为促进沉香行业市场规范、有序、可持续地健康发展而共同努力！

二　联合研发机构国香医学研发中心成立

2015 年 11 月，北京国香医学研究发展中心成立。北京国香医学研究发展中心是中国市场学会沉香行业专业委员会的直属机构，承担中国市场学会沉香行业专业委员会"沉香医药学研究及应用"任务，以规范沉香市场、发展沉香文化、开拓沉香类药物研发应用为己任，为增进人类健康福祉做贡献。中心拥有全国领先的沉香和野生沉香木原材料大型储备库，并开辟有世界珍稀植物百年野生沉香树培植保护基地。

北京国香医学研究发展中心由专家委员会、药品研发部、珍品研发部、产品检测中心、标准化编制中心、沉香博物馆等部门组成，总部设在北京。旗下拥有新型的高科技研发和制药企业，药品生产基地位于湖南。中心依托丰厚的沉香资源储备、强大的药品科研团队和雄厚的资金实力，与北京中药研究所等科研机构组成战略研发团队，研究并推广沉香应用类药品，以颈椎病、皮肤病、烫伤、火器外伤、褥疮等疾病作为主要对象，研发和生产特效治疗药物。目前生产的药品有烫疮油、肩痛宁、沉香通关油（主治颈椎疼痛）、沉香肤康油（主治牛皮癣及顽固性皮肤病）、褥疮康健喷剂（主治褥疮）等。

目前研发团队拥有国家药品发明专利一件、"药准字"号药品两类，"消字号"药品三类，均为行业领先的药品研发成果。2016年6月30日，北京国香医学研究发展中心在北京股权交易中心四板市场成功挂牌上市，从此迈入资本市场，为今后的发展打下良好基础，公司发展跨上了一个新台阶。

中心珍品研发部联手国家级工艺美术大师、非物质文化遗产"潮州木雕"传承人陈培臣，秉持"缔造传世瑰宝，共悟惊世沉香"的宗旨，制作国之瑰宝——以正宗传统"潮州木雕"技艺制作的沉香木雕艺术品，积极扶持国家非物质文化遗产"潮州木雕"艺术的发展，取得了突出成绩，部分作品在北京沉香博物馆展出。

北京国香医学研究发展中心自成立以来，在中国市场学会、中国市场学会沉香行业专业委员会领导的关怀和支持下，取得了较大的发展。第一，完成了深圳野生沉香树培植基地的沉香谱系档案建立和排序工作，保证了沉香及沉香提取物的科学性管理。第二，完成了北京国香医学研究发展中心湖南研发生产基地的建设工作，保证了药品生产原辅材料来源的正统性及规范化生产。第三，完成了对华仁堂药业公司的收购和生产线扩充工作，保证了所有药品生产都能按照国家 GMP 车间要求，高质量地生产。第四，完成了"沉香通关油""沉香肤康油"的研制工作，取得了国家相关部门批准检验证书，为产品进入市场打下了基础。第五，国香医学研究发展中心完成在北京股权交易中心挂牌上市工作，进入资本市场，为今后公司发展、资金募资及分阶段拓展铺平了道路。

三　新品开发成果初显

对沉香的深入研究和开发应用，已经是当代科技界和医药界的一个重要话题。充沛的沉香资源是开展沉香医药学研究与开发的重要物质条件，北京国香医学研究发展中心具有得天独厚的优越条件，其沉香及野生沉香树储存量足以满足沉香医药学研究与开发应用的需要。

中心依托丰厚的沉香资源储备、强大的药品科研团队和雄厚的资金实力，与北京中药研究所等科研机构组成战略研发团队，研究并推广沉香应用类药品，重点开展沉香医药类新药研究及应用。以颈椎病、皮肤病、烫伤、火器外伤、褥疮等疾病作为主要研究对象，研发和生产特效治疗药物。目前研发团队拥有国家药品发明专利一件，"药准字"号药品两类，"消字号"药品三类，均为行业领先的药品研发成果。"沉香通关油"和"沉香肤康油"就是其研究成果之一，已经中心全资子公司湖南华仁堂药业发展有限公司负责生产。

"沉香通关油"由沉香、贯众、重楼、红花、细辛、香附、紫草、黄柏、黄芩等十几种中药材配伍组成。经国家医疗卫生相关部门检验，对大肠杆菌、金黄色葡萄球菌、绿脓杆菌、溶血性链球菌滋生有显著抑制效果，使颈椎及关节感染炎症部位卫生舒适，效果明显。

"沉香肤康油抑菌液"由沉香、贯众、黄芩、防风、蛇床子、石菖蒲、地肤子、白藓皮、紫花地丁等十几种中药材配伍组成。经国家医疗卫生相关部门检验，对大肠杆菌、金黄色葡萄球菌、绿脓杆菌、溶血性链球菌滋生有显著抑制效果，使皮肤癣疣瘙痒真菌感染部位卫生舒适，效果显著。

除了这次推出的"沉香通关油"和"沉香肤康油"外，今后还将继续推出沉香类新药系列产品。中心丰厚的沉香资源储备、强大的药品科研团队和雄厚的资金实力以及中药研究所先进的科技手段、经验丰富的专家和科研团队是其研发能力的基础和保障，当前，沉香新药研究重点实验室即将组建完成。

四　生产基地基牢可靠

湖南华仁堂药业发展有限公司成立于1997年，拥有大型GMP认证生产车间，是北京国香医学研究发展中心全资子公司。1997年，公司自主研制开发的湖南省邵阳市第一个国家级新药——烫疮油（原名中华烫疮奇油），在烧烫伤和皮肤溃疡治疗技术上有重大突破和创新。该药 2000 年获国家发明专利（专利号：ZL96118155.9）；2001 年列为湖南省高新技术产业化项目；2002 年获国家新药证书（国药证字 Z20020043），并取得国家进出口资格证书；2003 年列为国家光彩事业重点项目，并被卫生部列为援外药品；2004 年被卫生部列为国家医保乙类用药（中药外科用药第 567 号），并被各省市选用；2005 年在地方政府各相关部门的帮助指导下进行扩产技改，当年 7 月正式取得国家《药品GMP 证书》。烫疮油被列入湖南省高科技产品和高新技术产业化项目，同时进入国家药典名录。

北京国香医学研究发展中心研发的"沉香通关油"和"沉香肤康油"由于疗效确切、见效快，一经推出就受到广大消费者的认可。国香医学决心把拥有自主知识产权的药品做成著名品牌，在继承传统中不断创新和发展优秀产品，以造福中外患者，为使中医药在世界医药之林占有应有的地位而添砖加瓦。

五　创立沈楚轩沉香拍卖有限责任公司

当下中国的沉香木和沉香产品市场分散、信息极不对称，假冒伪劣产品充斥市场，除少数产品进入工艺品拍卖市场外，多数产品都只能在消费者极其缺乏认知的情况下进行交易，价格发现机制缺失，不仅不能合理引导产业发展，而且对消费者的权利保护构成负面影响。针对这种状况，沈楚轩于 2016 年 10 月出资创立了"沈楚轩沉香拍卖有限责任公司"。公司由中国工商行政管理局登记注册，公司地点设在北京。公司的发展战略是构建沉香产品拍卖市场，组织会员和非会员入场交易，为会员和消费者提供有关沉香产品的技术质量信息、交易和价格信息，为沉香产品市场构建价格发现机制，从而引导沉香产业发展和科学合理消费。

公司将设立会员部、交易部、公司网站和沉香博物馆四个部门。会员部通过发展会员，团结和联络沉香行业的企业和生产经营者，为他们提供有关的信息技术服务，提供进入市场交易的有关服务。交易部的职能是组织拍卖活动，沟通买卖双方的信息，同时组织线下和线上的交易活动。公司网站将不断登录和更新各类沉香产品的技术和质量信息，为建立企业和行业标准积累相关数据，同时公布各类交易和价格信息，在此基础上组织网上交易活动。沈楚轩沉香拍卖有限责任公司的创立，标志着沉香产品市场向规范、有序的方向迈开了重要步伐，标志着沉香产品的价格发现机制和产品标准化的基础设施建设开始提到了产业现代化的日程。

第二节 沉香市场研判

一 药用市场大

沉香在中药材中是非常珍贵的。在中国传统中医学、印度传统医学和藏医学里，将沉香入药已有几千年的历史。沉香是人们保持健康和治疗疾病不可或离的伙伴。

沉香作为珍贵药材，其药性仍然有神秘的部分有待医药科研部门进一步揭示。例如沉香是自然界中少数的具有强烈抗菌性能的药材。另外，不同于大部分的中药材，沉香是一种极为速效的治疗药，沉香对症状的治疗是明显而速效的。最新药理学研究发现，沉香具有明显的抗癌药理表现，沉香的热水提取物体外实验对 JTC-26 抑制率为 70%—90%；从沉香的茎皮中提取两种细胞毒成分，经淋巴性白血病的 388 细胞系统体外实验，它们分别在 0.8ug/mg 和 0.0022ug/mg 浓度上显示活性，均达到该系统体外实验规定的半数有限量 EDSO4ug/mg 的标准。以上是些专业数据，医药专业研究人员确信，据此可研制沉香的抗癌药物。这是鼓舞人心的好消息。沉香新药的研制，将会进一步扩大沉香在传统药材市场的份额。

迄今为止，中国共与 173 个国家和地区有中药贸易往来，亚洲稳居中国中药出口的榜首位置，占中国中药出口 63.29% 的份额，中国对亚洲国家和地区中药出口额达 22.73 亿美元，同比增长 14.3%。其中，中国香港以及日本、韩国、印度、印尼是主要目标市场，占对亚洲地区总出口额的近 50%。

2014 年，中国中药类产品出口 35.92 亿美元，其中沉香中成药的出口，对中成药出口数据也做出一定的贡献。香港继续蝉联中药出口冠军之位，出口额 6.91 亿美元，占比为 19.25%。令人欣喜的是，日本市场开始复苏，2014 年，中国对其出口额达 5.28 亿美元，同比增速达 16.33%，一改往年大幅下滑的态势。此外，美国连续多年跻身中国中药出口的前三大市场，全年业绩也可圈可点，2014 年全年中国对美国出口中药 4.69 亿美元，占中国中药出口的 13.05%。"一带一路"沿线国家的市场也开始活跃起来。

二　保健品、日用品市场潜力强

沉香是药材，对沉香能治病人们深信不疑。当前，随着科技进步和生活水平的提高，人们对沉香的保健作用深怀期待，盼望有新的沉香衍生保健品投入市场，以满足人们对养生、美容以及健康生活的各种不同需求；因而，沉香保健品和日用品市场是亟待大力开发的市场。近年来，一些沉香保健品和日用品陆续面世，如沉香茶、沉香食品、香空气清新剂、沉香防晒霜、沉香牙膏、香皂及洗发精、沉香烟丝等以及沉香的木材、树头和树根制作的高级家居熏香等都比较受消费者的欢迎。

沉香茶具有通经脉及安神之效，气若不顺或心浮不定时，可取沉香泡饮或品尝沉香茶，对脑部及上半身有很好的功效。沉香中含有人参素，还具有抗癌效果。但需有上品沉材，未经染色及上腊处理，并且树油脂丰富者，始可作泡茶使用。

除去传统冲泡沉香的用法，得益于现代科技，沉香与其他材质搭配，可以制成方便的沉香茶品、沉香食品；沉香也可以提炼沉香精油，少量加入水中不仅可以作为香品饮料饮用，更可以在沐浴、按摩时使用。沉香中的有益成分通过口服或皮肤渗透进人体，可以使人精神放松、舒缓压力，有滋阴补阳之功效。

沉香之香味具有刺激中枢神经与兴奋作用，可平衡情绪，对治疗晕眩、麻痹有效。芳香疗法对身体也有直接治愈效果，可以起到抗菌、镇定、安抚抗敏等作用，可自行操作，获得改善。在使用时对一些芳香精油的知识需有所了解，才能得心应手加以运用。

2014 年中国保健品出口额达 2.7 亿美元，出口数量的增长成为主要驱动因素。但沉香保健品的出口还几乎是空白，因此，沉香保健产品仍有待大力研发。

三　宗教香品、香料市场稳

沉香是五大宗教公认的供奉圣品，宗教用香需求量较大、市场比较稳定。

佛事中用香可分为两大类：熏香与焚香。诵经、拜佛、禅修时焚香，袅袅升起的香烟有上达天庭及连通三界的意义。

道家更把沉香视为不可或缺的祈神、打坐、参禅、驱邪、熏修的必备。

伊斯兰教有香熏仪式，因此好的沉香油价格虽高，但在原产地早就被阿拉伯人收购走了。顶级沉香皆销往中东国家，市场上一直供不应求，销售价格令人咋舌。

基督教及天主教视沉香为是基督降世以前，三位先知带来世间的三件宝物之一（沉香、沉药、乳香）。

沉香是宗教礼仪上最普遍的供养仪物，供养诸佛菩萨表诚敬之意，对修持者有解秽留芳、驱虫避邪、正念清神之效。其香利于摄定心神，帮助行气入定，适合静坐修禅使用。

四　工艺品市场前景广

工艺品来源于生活，却又创造了高于生活的价值，是人民智慧的结晶，充分体现了人类的创造性和艺术性，这是一个热点选起的市场。沉香木自古以来就是非常名贵的工艺品材料。明、清时期，宫廷皇室都崇尚用此木制成各类文房器物。沉香木制成的文房器物，工艺精细，与优秀的犀角制品齐名。由于沉香木金贵且多朽木细干，难以雕刻，少有大材。沉香可以制成沉香木手链或把件用以摩挲把玩，在把玩过程中可以享受香气，能够怡情、养气、除秽、辟邪。佩戴沉香 工艺品往往是有品位的标志，多为时尚风气的引领人士。当前拥有一串沉香手珠或佩件，是高贵和儒雅的象征。随着在当代拍卖市场上沉香木制品身价不断看涨，它也渐渐走出"深闺"。沉香盒子、腰带、首饰、乐器上的装饰等不一而足，颇受青睐。

在现代艺术品市场中，沉香作品占据重要的地位。高质量的沉香多用于雕刻，以其原材体积与质量上的要求，雕制作品几乎均是精美的艺术作品。沉香价格翻番，带火了艺术品拍卖市场。今后沉香艺术品市场是现代艺术品最有潜力的市场之一。

伴随着大国的崛起，每个国家每个地区都会在不同的历史时期诞生出一些具有长远影响力的文化大师，而且都与国家发展同步。具有千年历史的沉香文化在国内国际都占了举足轻重的地位。即便是艺术品拍卖市场的调整期，沉香价格依然坚挺，占据了各交易市场的成交头筹，堪称艺术品行业的宠儿。

2014 年欧洲艺术基金会《TEFAF2014 全球艺术品市场报告》数据显示，中国连续两年蝉联全球艺术品交易的第二位，仅次于美国，占全球艺术品市场份额的 24%。未来，中产阶层将是保持中国艺术品市场活力的基础。

有调查机构曾在 2013 年针对中国中产阶层收藏者展开调查，89% 的受调查者表示准备在近期购买至少 1 件艺术品；68% 的人愿意花费收入的 10% 购买艺术品，其中有 8% 甚至愿意将收入的 30% 用于收藏。未来中产阶层将是保持中国艺术品市场活力的基础，而收入为 10 万—100 万美元的高端中产阶层则是未来中国艺术品市场发展的重要动力。

五　投资、收藏市场增长快

沉香的特殊性、珍贵性和稀有性，决定了沉香投资和收藏市场是经济效益最显著、价值增长最快的市场，因而沉香成为最值得收藏的宝物之一。不论古今，收藏沉香都是一种时尚，其中收藏高级天然香材、香品及雕刻品最为常见。

目前，野生沉香在自然界已经愈来愈少，因此收藏到上等的沉香是一种极好的投资增值方法。据相关数据统计，沉香收藏的交易额已超过千亿元规模，并处于上行趋势。沉香在高端艺术品收藏市场上已经成为重要的艺术投资品。沉香所独具的投资小、升值速度快以及越来越受人们重视的养生魅力等，将会促使沉香收藏市场得到进一步的开发和上升，千亿市场下的沉香收藏将会迎来另一个峰值。当前受国家将大力发展文化艺术产业作为新的经济增长点的政策影响，高端艺术品收藏市场开始出现逐步回暖的征兆，而沉香作为艺术品市场上具有极高收藏价值的艺术品，必将会受到投资机构和收藏者的关注和欢迎。

六　精油、美容市场沉香称王

在美容香品市场，沉香称王。沉香是各种高级香料和美容品的香味固定剂，只要极其微量的沉香末，就可使香水和脂粉的味道保持得更持久。中医古籍《普济方》中记载，沉香具有活血美肤、消除黑斑、去油脂的美容功效，适合于油性皮肤、易长青春痘的朋友。沉香不仅可使皮肤润泽、舒适，还可去掉难以除去的斑痕。

沉香香熏，具有安神、解郁之功效，可令人容颜白嫩，皮肤细滑，皱纹减少，并能使内在精神保持快乐从而影响外表美丽，让人从内而外散发自在光彩。沉香木蒸馏提炼成"沉香油"，一方面可以做高级香水定型剂，另一方面亦可用来为身体"涂香"，具医疗保健之效，是安神养生之方，能是使人心旷神怡，并可降脂平肝、调脾肺、利胸胃。

七　其他市场蓄势

香道文化正在复兴，而这也正是相当多的现代白领减压和修身养性的时尚方式。现代社会既需要"动"也需要"静"。焚燃沉香，品之香味，能拂去心灵上的污秽，使精神放松，灵魂得以感悟和净化。据中医验证，沉香的熏燃效果不但能帮助人体微循环系统恢复健康，缓解压力、治疗失眠，使人体保持在最佳状态，而且沉香研成粉末内服，或以沉香片、沉香粉冲泡饮用，还具有活血行气、补养气血之功效。沉香在燃烧前几乎没有任何香味，但是其燃烧时所产生的清灵香味，是沉香风靡世界的主要原因。根据药典记载，沉香的香味是诸香中唯一具有治疗效果的自然资材，这更是增添了沉香作为"香"的价值。

家中置放沉香摆件，认为可以调节屋宅风水。沉香品相纯阳，气通三界；用于风水能冲阴合阳而后呈化生机，如太极之理可品语化机之妙。以沉香之阳与周围自然环境相呼应，清静家宅，令阴不生聚。顾守家园聚气生财，助旺磁场，能驱蚊蚋，使居者健康，增添福寿。置于庭院能接宇宙天地灵气；置于职场能远小人生权贵名禄；摆放客厅能促进家庭和谐融洽；用于坛场可使法喜充满正气缭绕。以沉香之味、油可制煞驱魔、消除罪孽、了累世因果业障。是故，沉香的生旺之气，非一般植物或水晶摆饰可以比拟。

　　因为具有强烈的抗菌效能，沉香为最佳的天然防腐剂。除了用于高级香水的防腐作用之外，沉香亦是制作古埃及木乃伊的必需品。在《圣经》中，耶稣去世之后，他的一个极为富有的弟子Nicodemus，依照古礼，将沉香粉涂抹在耶稣的身上，以防止尸体腐烂。

　　沉香树为深根系树种，是最好的水土保护者。沉香树还有一神奇特性是驱虫而不杀虫，不会排斥其他植物物种，可与周边植物共生共荣，从而是生态维护的有力助手，益于净化空气、美化环境。

　　综上所述，沉香是集多重经济价值于一身的传世宝物。未来，沉香将在财富及文化的传承方面产生更大作用，市场前景看好。

第十二章　沉香精油产品开发

中国拥有悠久的香文化历史，自古以来就有"沉檀龙麝"四大香料，沉香列于众香之首，备受人们的关注和喜爱，沉香不仅是养生香薰的香料，更是一种中药材，还可以用来做首饰材料，利用价值颇多，那么沉香都具有哪些功效与作用呢？

第一节　沉香的药用价值

一　制作中成药

沉香是一种药用价值很高的中药材，能和很多补药一起熬制中药，治疗各种疾病，也是很多中成药的主要原材料之一。

二　治疗失眠

沉香在古代最古老的用法是香薰，点燃沉香，使其慢慢燃烧碳化，在这个过程中袅袅白烟升起，香气浓郁持久，使人舒畅、放松、促进睡眠，尤其对失眠患者具有很好的改善睡眠的作用。

三 麻醉作用

在古代很多将领在打仗之前除了运送大量的军粮之外都会带有上好的沉香木，这可不是拿去香熏的，而是在将士们受伤后，拿去当麻醉药用的，能缓解疼痛，帮助治疗外伤。

四 凝神静气

养生不仅仅需要一个优雅安静的环境，更重要的是需要保持心绪宁静，沉香的香气持久，具有净化环境、宁心静气、缓解情绪的功效，能使人放下身心的疲惫，享受忙碌生活中少有的宁静。

五 炼制香精

沉香中含有多种化合物，其中沉香醇、沉香螺醇、沉香呋喃、去甲沉香等都具有香气，具有一定的挥发性，是香熏的优质原材料。尤其是沉香醇，香精世界里所有带有香味的日常用品几乎没有不含沉香醇的，从高档的香水到最常用的香皂，都含有沉香醇，只是含量有差别。

六 美容祛斑

沉香还可以作为各种高级香料和美容品的香味固定剂，佩戴沉香不止可使皮肤润泽、舒适，还可去掉难以除去的斑痕。

服用沉香可以祛除五脏六腑中的邪气秽物，在服用过程中，由于个人体质不同，有可能造成连续数日的腹痛或腹泻现象，这是正常的，不需要多担心，如果无法忍受不适，可以减少服用量；气虚火旺者要慎服沉香。

正因为沉香如此珍贵，我们为了充分利用资源，将艺术雕刻产生的沉香木碎片与沉香木次品进行深加工，从其中摸索到了一条采取现代先进科技手段提取其有效成分供药材使用的新路子。

第二节　沉香精油的提取方法及过程

一　沉香精油提取

沉香木的精油含量很低，在技术上只有采用水汽蒸馏法、溶剂萃取法和超临界萃取法才可以得到能够产生经济效益的精油。为了尽可能多地提取出沉香木中的精油成分，通常都需要把沉香木进行粉碎处理，使得其精油成分能够更容易分离出来。

利用水汽蒸馏法，直接从油水分离器里得到的粗油呈奶白色或者淡黄色，流动性比较差。在5℃左右转变为蜡状，看起来有点像炼乳。其挥发速度为中板，醇厚香甜，有凉意，没有令人不快的异味。一次油和精制精油从外观上来看要更加清澈，但是其他物理性质（气味、颜色、流动性）与粗油是基本相同的。需要注意的是，从物理性质上来看，使用不同等级的沉香木，使用水汽蒸馏法得到的结果只有量的差别，没有质的差别。也就是说，使用高等级沉香木可以得到更多的精油，但是其物理性质与使用低等级沉香木制备的沉香油是基本一样的。

利用溶剂萃取法，经过蒸馏或者蒸发祛除溶剂后得到的浸膏为金黄色，在数量比较大的情况下由于透明度太低的原因呈现为黑色。这是因为溶剂萃取法会溶解出分子结构比较复杂的植物蜡、树脂和色素。在室温下（15℃左右）流动性看起来很好，这是因为其中残留有相当数量的溶剂。在真空条件下再次除去残留溶剂，经过精馏得到的精制精油（挥发性成分）为淡黄色，与水汽蒸馏法得到的产物在外观上类似，但是比其颜色稍深（这一点不是非常肯定，因为精油因存放不善等原因也会变质而改变颜色）。精馏残余物的颜色非常深，流动性非常差，有时在15℃左右便转变为蜡状（因为这里面含有大量的植物蜡）。

利用超临界萃取法得到的粗油呈金黄色，流动性很差，在10℃左右即转变为蜡状，这是因为里面含有大量的树脂和植物蜡。粗油的味道与水汽蒸馏法的味道非常相像，但是在其头香中多了一种腥气。这种腥气是植物本身的气味，但是没有出现在水汽蒸馏法的产物中，估计是煮熟之后这种含有腥味的物质发生了某种转化。此外，超临界萃取法得到的精制精油的物理性状与溶剂萃取法得到的精制精油类似。

采用如上三种方法制备精制沉香精油，其收率有所差别，但是都非常有限。以市面上平均价格为5000元1千克的海南沉香片作为原料，其收率通常在千分之一二。精制沉香精油的昂贵由此可见一斑。

沉香精油是多种化学成分的混合物，比较复杂，下面根据有关文献做以总结，有些内容没有经过实证检验。

沉香精油中的挥发性成分可以通过气相色谱来进行分析。主要包括白木香酸、白木香醛醇、沉香螺旋醇、沉香螺旋醛、沉香呋喃倍半萜、去氢白木香醇、异白木香醇。这些成分在用水汽蒸馏法、溶剂萃取法、超临界萃取法得到的精油中都是存在的。

沉香精油中的非挥发性成分包括多种色酮、三萜、卡拉酮和呋喃酸。这些成分通常出现在通过溶剂萃取法和超临界萃取法得到的浸膏和粗油当中。水汽蒸馏法得到的产物仅包括沉香木中的高挥发性成分，所以没有监测到这些物质。

色酮是沉香结香的一个重要标志。在人工促进沉香结香方面的研究当中，通常采用监测色酮的方法来监测某种人工促进结香的方法是否有效。

二　沉香精油制备法

（一）水汽蒸馏法

沉香精油的成分，起沸点通常在 150℃—300℃，在常压下有一定的挥发性。在加热条件下，可以随水蒸气逸出。将植物的含香部位粉碎之后进行蒸馏，精油和水在蒸馏釜中发生共沸，经过冷凝装置后凝聚出油滴，进行油水分离之后分别得到精油和花水。在具体操作上，又有常压蒸馏、加压蒸馏、减压蒸馏，也有浸水蒸馏和隔水蒸馏。从油水分离器分离出来的精油称为"粗油"，需要进行静止、澄清、脱水处理，得到"直接油"。将直接油进行脱水、过滤、净化后得到精制精油。水汽蒸馏法得到的精油通常只能够得到植物芳香成分中的高挥发性成分，因此萃取率比较低。沉香精油采用此种方法业内不多见。

（二）溶剂萃取法

这种方法也称为溶剂浸提法，是利用挥发性有机溶剂将植物含香部位的某些成分溶解出来，又利用有机溶剂低沸点和高挥发性等特点通过蒸馏或者蒸发的方法祛除溶剂，从而得到植物精油。经常采用的有机溶剂包括乙醇、乙醚、丙酮、石油醚、苯、甲醛等。简单地讲，能够溶解于水的物质大部分可以溶解于有机溶剂，所以溶剂萃取法得到的结果包含水蒸气蒸馏法得到的大部分物质。另外，有机溶剂的溶解能力远强于水，有一部分原来不能够被水溶解的物质会溶解到有机溶剂中来，因此溶剂萃取法得到的结果还包含水蒸气蒸馏法不能够得到的物质，主要是色酮、植物蜡、树脂和色素。此种方法业内采用较普遍，通过溶剂萃取法制备精制沉香精油，其获得的比率比水蒸气蒸馏法要高，保留的沉香挥发物成分丰富。

（三）超临界萃取法

该方法可以理解为是溶剂萃取法的一种特殊形式，使用的不是普通溶剂，而是在高压状态下的液态二氧化碳。在高压条件下，二氧化碳可以是一种液态物质，具有很强的溶解能力，可以将植物含香成分中的萜烯类化合物、色酮、植物蜡、树脂和色素溶解出来。这些化合物和液态二氧化碳被转移到分离釜后进行减压，在常压下二氧化碳变成气体逸出，剩下的就是萜烯类化合物、色酮、植物蜡、树脂和色素的混合物（粗油）。通过真空精馏的方法对这些混合物进行处理，就可以得到精制精油。

以上三种方法均可制取沉香精油，技术含量、设备成本的投入越高，回报率也越高。

三　沉香精油生产工艺过程

我们比较各种方法的优劣，首先采用了临界二氧化碳萃取方法进行提取，再通过医用乙醇精制得到品质优良、收率高的沉香精油。其工艺过程表示如下。

沉香木粉碎达到 60 目，经过超临界二氧化碳萃取装置提取得到浸膏混合物，分离得到萃取母液和浸膏，母液经精馏浓缩得到相当水蒸气蒸馏法制得的高挥发性沉香精油，同时精馏得到沉香露。浸膏用乙醇浸取，分离的乙醇母液经精馏回收乙醇，并获得品质好的醇提沉香精油。分离的醇渣再用丙酮浸取，获得酮提沉香精油，分离的酮渣主要含植物蜡、树脂和色素。

通过生产统计精油得率可达到 0.16% 以上，比单纯用水蒸气蒸馏法和溶剂法提取率高出一倍以上，而且品质好，用时短，损耗低。

第三节　沉香精油系列产品的开发与规划

一　精油产品系列规划

北京国香医学研究发展中心经多年潜心研制已形成其沉香精油基本系列初级产品（见图12—1）。

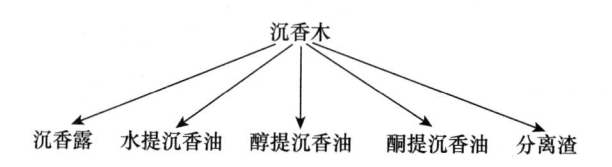

图12—1　沉香精油系列产品

在此基础上中心与中国科学院中医药研究院通力合作，发扬中国中医药优良传统，以沉香油为基础吸取中医药特效药方精华进行深加工，研制成功三个品种用于人们保健养护，它们是沉香通关油、沉香肤康液与沉香鼻康喷剂，分别对缓解人体关节疼痛、皮肤毛病，以及鼻炎起作用。沉香油的特殊性能还可用于治疗恶性痔疮炎症，防治肺部感染疾病，防治心脑血管猝急症；另外沉香防感冒酊、沉香救心露等制剂共八个品种制剂正在临床测试中。

二　沉香精油的开发

第一，已完成一次性产品系列：包括沉香露，水提沉香精油，醇提沉香．油，酮提沉香油，沉香分离渣。

第二，已注册取证的加工产品：包括沉香通关液、沉香肤康油，沉香鼻康喷剂。还有烫疮油、肩通灵。

第三，正临证申请注册的加工产品：包括沉香消痔灵，沉香防感冒酊，沉香救心露。

第四，待开发注册的深加工产品与系列：包括沉香佛冠香酊，沉香复合香水系列；沉香复合止痛精油系列，沉香复合按摩油系列。

三　沉香产品深加工研制方向与前景

第一，利用沉香功能特征，结合中医传统秘方创建更好的中医药保健养生精品。

第二，利用沉香制品所具有的奇异功能，结合龙脑樟精油的功能，探索一条预防兼保养的制剂，服务于人体。

第三，对疑难杂症与急症，利用沉香油与龙脑油的共性与特性，根据传统中药秘方研制对付疑杂急症的应急制剂，并起到预防与急救的作用。

四　沉香系列产品介绍

序号		名称	配方及性状	功能主治及用法用量	备注
（一）沉香提取系列产品	1	沉香露	沉香木在 CO2 提取过程中浓缩萃取分离母液精馏而得	可用于洗涤液、增湿剂、净化剂等基液	
	2	水提沉香油	在 CO2 提取沉香木过程中浓缩萃取分离母液而得	其组分与直接水蒸气提取沉香组分相当，是调配沉香系列香水、制取系列沉香芳疗精油产品直接原料	
	3	醇提沉香油	乙醇浸取 CO2 萃取分离浸膏经过滤而得	沉香复合精油主要原料 含沉香中药产品的基料 芳香沉香系列产品原料	
	4	酮提沉香油	丙酮浸取醇提分离渣而得	外用沉香精油与药用沉香产品原料	
（二）沉香油深加工产品	1	沉香通关油	沉香、贯众、重楼、红花、细辛、香附、紫草、黄柏、黄芩、冰片、龙脑、檀香、芳香油类 本品为棕红色透明液体	抑制大肠杆菌、金黄色葡萄球菌、绿脓杆菌、溶血性链球菌滋生，使关节感染炎症部位卫生舒适 不适处清洁后，擦涂适量即可。严重者每天2—4次，配合按摩手法使用本品效果更佳	[执行标准]：Q/GBFQ001－2016 [许可证号] [湘]卫消证字[2016]第0027号 [产品备案]（技监）2016－008

续表

序号		名称	配方及性状	功能主治及用法用量	备注
	2	沉香肤康油	沉香、贯众、黄芩、防风、蛇床子、石菖蒲、地肤子、白鲜皮、紫花地丁。辅料为冰片、龙脑、芳香油类 本品为淡棕色透明液体	抑制大肠杆菌、金黄色葡萄球菌、绿脓杆菌、溶血性链球菌滋生，使关节感染炎症部位卫生舒适 不适处清洁后，擦涂适量即可。严重者每天 2—4 次。每次适量	[执行标准]：Q/GBFQ002－2016 [许可证号] [湘]卫消证字[2016]第 0027 号 [产品备案]（技监）2016－009
（二）沉香油深加工产品	3	沉香鼻康喷剂			
	4	烫疮油	紫草、冰片、当归、白芷、血蝎、虫白蜡、甘草、麻油等 本品为红色油状液体；具香气	清热止痛、解毒消肿、祛腐生肌，用于烧伤热毒患者外用，涂患处。一日 1—2 次。	[执行标准] 国家食品药品监智管理局国家药品标馆 WS3－012（Z－001）－2005（Z）[批准文号] 国药准字 Z20020043
	5	肩痛灵	制草乌、制马钱子、威灵仙、红机、三棱、莪术、姜黄、冰片等 本品为棕红色液体，具冰片香气	祛寒通络、止痛。用于寒湿血烟，阻络肩周炎，也可用于风湿痛，关节痛的辅助治疗 外用。涂搽患处，按摩 5—10 分钟，使患处发热，一日 2—3 次	[执行标准] 国家食品药品监智管理局标准（试行）WS－5008（B－0008）－2005 [批准文号] 国药准字 B20050012
	6	肤炎净			
（三）具临床申报产品	1	沉香消痔灵	由沉香浸膏、天然冰片、紫槿精油、龙脑精油、乳香、没药精油、红花油等经小麦胚芽油与凡士林等调配而成	清热解毒、化瘀止痛、收敛止血、消痰祛痒 用于内痔、肛裂、肛周炎、混合痔	

续表

序号		名称	配方及性状	功能主治及用法用量	备注
（三）具临床申报产品	2	沉香防感冒酊	由水提沉香精油、龙脑樟精油、薄荷油、薰衣草油等，经乙醇、离子水调合而成	祛风解毒、通气透脑、解除感冒、头痛、咽炎、胸痛，可鼻熏，涂抹人中与太阳穴	
	3	沉香救心油	由醇提沉香、龙脑樟、檀香、迷迭香、薄荷、乳香、木香、苏合香、麝香与天然冰片等经植物油调和而成	芳香通窍、理气止痛、痰痉昏迷、心复猝痛、驱风醒脑、解郁通神、可内服外用，涂鼻、人中或太阳穴部位	
（四）待研产品	1	沉香佛冠香酊	沉香油经冷冻沉渣精制超滤，再经离子水与乙醇调制而成呈棕红色透明液体味苦，性温，芳香	调和理气、益补脏腑，调和气血舒缓疲劳，平缓情绪护肾养肝，帮助循环代谢毒素增强免疫收敛生肌，消炎杀菌，祛痘消疮润肤平肌，促生细胞安眠抗郁，舒缓醒脑安眠镇静平酯祛痘，杀菌消炎，修复生肌	
	2	沉香复合香水精油系列	由沉香精油、玫瑰精油、迷迭香精油、百里香精油等，再经乙醇、离子水调和而成		

续表

序号	名称	配方及性状	功能主治及用法用量	备注
2	美白精油	沉香、柠檬、玫瑰、甜杏仁、洋甘菊、茉莉等	美白嫩肤，保湿抗皱，干性调理，收缩毛孔，杀菌抗炎，清爽舒畅	
	安眠精油	沉香、薰衣草、檀香、洋甘菊、甜橙等	安眠醒脑，消除疲劳，抚平焦虑，镇静安神，清心解烦，抗郁解燥	
	祛痘精油	沉香、茶树、薰衣草、尤加利、葡萄籽、茉莉等	祛痘消疮，消炎除疤，延缓衰老，净化黑斑，消除妊娠，活化肌肤	
3	沉香复合止痛精油系列	沉香、薰衣草、洋甘菊、迷迭香、薄荷、乳香、佛手柑等	肌肉酸痛，关节疼痛，头痛牙痛，消炎消肿	
4（四）待研产品	沉香复合按摩油系列	由沉香复合精油配以各种天然植物基础油组成		
	美白按摩油	由美白精油2%加上荷荷巴油或葡萄籽油或甜杏仁油或小麦胚芽油或蒸馏水等调配而成	美白嫩肤，保湿抗皱，干性调理，收缩毛孔，杀菌抗炎，清爽舒畅	
	安神按摩油	由安神精油2%加上玫瑰果油或葡萄籽油或荷荷巴油或甜杏仁油或小麦胚芽油或蒸馏水等调配而成	安眠醒脑，消除疲劳，抚平焦虑，镇静安神，清心解烦，抗郁解燥	
	止痛按摩油	由止痛精油2%加上红花油或乳香油或没药油或荷荷巴油或蒸馏水等调配而成	肌肉酸痛，关节疼痛，头痛牙痛，消炎消肿	

结束语

　　沉香树作为一种世界性的珍稀物种在中国两千多年前早已为先民所认知。沉香作为沉香树分泌物的精华。首先以香料产品的形式进入市民社会，特别是进入了皇室和贵族的日常生活。香料产品贸易是古代丝绸之路的重要贸易品，也是香港得名的由来。它不仅可以成为香料，而且具有神奇的药用价值，作为一种中草药，它早已经被《本草纲目》所记载。它的其他药用价值，在缺乏科学认知和工业技术提取的情况下，也由各种神秘传说所流传。它结合着香料功用和药用这两种对人类有益的功能，因而被引入宗教的殿堂，而且同时与五大宗教结缘，说明它具有东西方文明共同欣赏的优点。

　　斗转星移，人类社会进入工业社会和现代文明。沉香木和沉香产品不仅没有被现代消费者所遗忘，也没有被现代化学品所完全替代，它仍然在显示着它独特的消费功能。然而，现代社会要更好地利用它来为人类服务，则需要利用科学的知识和工业文明的技术来掀开它各种神秘的面纱，同时还需要对这种珍稀物种进行更严格的保护和合理开发。这就是我们这个时代的沉香精英所要从事的事业。这个时代的沉香精英需要对沉香和沉香产品进行科学研究，运用现代生物化学知识来分析它的成分并鉴定它的品质，需要利用工业技术对它的有效成分进行提取，需要组织专业化生产；需要组织市场，构建价格发现机制，进行有序的市场交易；需要传播有关沉香及其产品的知识，引导人们进行合理消费。同时，还需要对沉香木这种珍稀物种给予有效保护，采取移植、引种等各种措施，延长物种的寿命，并探讨原料产品的替代开发。只有完成这一系列创造性的工作，沉香才能实现从传统文明向现代产业的历史跨越，才能更有效、更广泛地造福于人类。

本书呈现给读者的就是这样一条历史线索，作为当今社会已经呈现出来的个性化、差异化的消费趋势，沉香这一千年古曲翻为新的作品，以满足当今消费者的新需求，应当是中国新经济历史潮流中的一朵浪花吧。

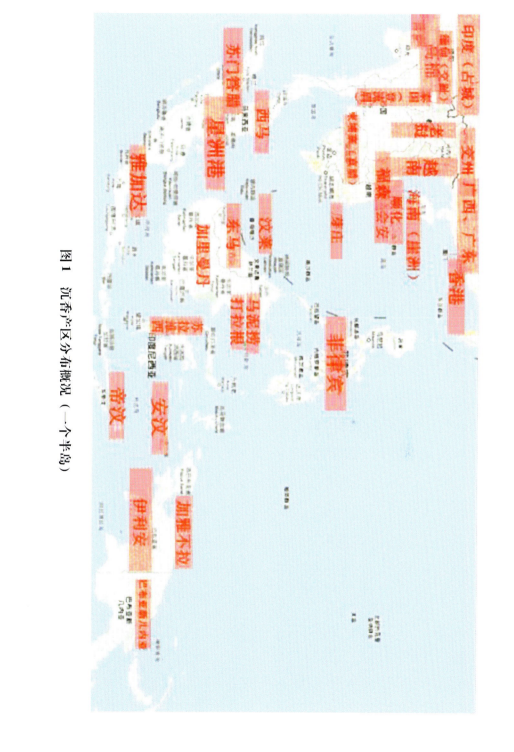

图1 沉香产区分布概况（一个半岛）

图 2　沉香产区分布（两个系）

图 3　倒架

图 4　水沉

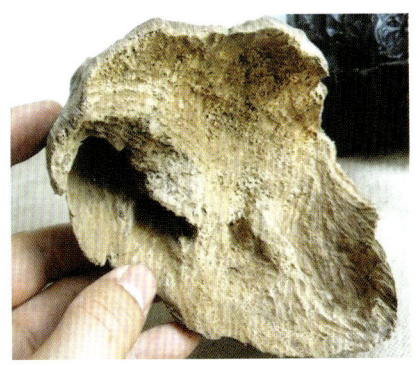

图 5　土沉　　　　　　　　　　图 6　蚂沉

图 7　活沉

图 8　奇楠

图 9　沉香精英——沈楚轩

图 10　沉香木雕——乡情悠悠

注：规格：130×30×64（cm）；用材：野生沉香古木香材，树龄 300 年以上，栽种于清朝康熙年间，产地海南乐东县。

图 11　沉香木雕——农家乐

注：规格：129×75×20（cm）；用材：野生沉香古木香材，树龄 300 年以上，栽种于清朝康熙年间，产地海南乐东县。

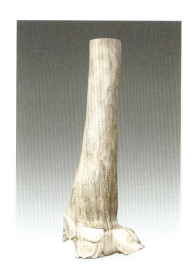

图12 沉香树原木品名——大乘之象

　　注：规格：310×132（cm）；产地：中国海南万宁县境内黎母山；材料：野生沉香古木，栽种于清朝顺治八年（1651）前后，树龄距今300年以上。

图13 沉香树原木品名——辨山

　　注：规格：216×94（cm）；产地：越南顺化省境内；材料：野生沉香古木，栽种于越南后黎朝熙宗时期，相当于中国清朝康熙四十年（1701）前后，树龄距今300年以上。

图 14 沉香——烈焰升腾

注：规格：43×21（cm）；产地：中国海南万宁县境内黎母山。

图 15 沉香——万安

注：规格：107×22（cm）；产地：越南芽庄。

图 16 古沉香树

注：产地：海南省乐东县境内；规格：730×41（cm）；树龄：栽种于清乾隆年间早期，距今 280 年。

图 17 古沉香树

注：产地：海南省保亭县境内；规格：700×33（cm）；树龄：栽种于清乾隆年间早期，距今 260 年。